Moritz Bürki Bernhard Frutschi Wolfgang Schloz

Pflanzenschutz

an Zier- und Nutzpflanzen

Krankheiten und Schädlinge
erkennen, vorbeugen und
richtig behandeln

THALACKER MEDIEN

Autoren
Moritz Bürki, Gärtnerfachlehrer, Langendorf
Bernhard Frutschi, Gärtnerfachlehrer, Koppigen
Wolfgang Schloz, Pflanzenschutzberater, Egg

Bearbeiter für die Bundesrepublik Deutschland
Dr. Frank Burghause, Mainz
Dr. Lutz Gündel, Mainz

Bildmaterial
700 Farbbilder von
Andermatt Biocontrol AG, Grossdietwil
Arthur Auer †, Schaffhausen
Moritz Bürki, Langendorf
Walter Dürig †, Roggwil
Bernhard Frutschi, Koppigen
Werner Grossmann, Ersigen
Forschungsanstalt Weihenstephan, Deutschland
Eidg. Forschungsanstalt für Wein-,
Obst- und Gartenbau, Wädenswil
Dr. R. Maag AG, Dielsdorf
Neudorf GmbH KG, Emmerthal, Deutschland
Plüss Stauffer AG, Oftringen
Wolfgang Schloz, Egg
Siegfried Agro AG, Zofingen
Fritz Wiedmer †, Bellach

Bildnachweis am Ende des Werkes, Seite 309

Die Originalausgabe erscheint unter gleichem Titel bei Fischer Media, AG für Verlag und Publishing, CH-3110 Münsingen-Bern

Die Deutsche Bibliothek – CIP-Einheitsaufnahme

Pflanzenschutz an Zier- und Nutzpflanzen :
Krankheiten und Schädlinge erkennen, vorbeugen und richtig behandeln / Moritz Bürki ; Bernhard Frutschi ; Wolfgang Schloz. [Bearb. für die Bundesrepublik Deutschland: Dr. Burghause ; Dr. Gündel]. – 3., aktualisierte und erw. Ausg. – Braunschweig : Thalacker-Medien, 1999 (TASPO-Wissen)
ISBN 3-87815-125-X

Satz und Druck: Fischer AG für Data und Print, CH-3110 Münsingen-Bern
Umschlaggestaltung: Hansgeorg Barkowsky, Braunschweig
Lithos: Schwitter AG, Allschwil, und Fischer AG für Data und Print, CH-3110 Münsingen-Bern
Einband: Eibert AG, Eschenbach

ISBN 3-87815-125-X

Vorwort zur 3., aktualisierten und erweiterten Ausgabe für Deutschland

Dieses Werk mit ausgewähltem Bildmaterial von Kultureinrichtungen, Nützlingen, Schädlingen, Krankheiten, Schadenbildern und sachdienlichen, kurzgefassten Textangaben in Steckbriefform hat sowohl in Fachschulen wie auch in der Praxis eine hohe Wertschätzung erlangt. Bereits die 3. Auflage musste neu bearbeitet werden. Im wesentlichen blieb ein grosser Teil des hervorragenden Bildmaterials bestehen, zum Teil wurden einige Bilder durch bessere ersetzt, und der Text wurde soweit nötig den neueren Erkenntnissen angepasst.

Neu aufgenommen wurden infolge der akuten Ausbreitung in Europa der **Feuerbrand** sowie auch das **Rhododendron-Knospensterben** und der **Rotfadenpilz beim Rasen.**

Da in den letzten Jahren im Bereich des **biologischen Pflanzenschutzes** eine Reihe von wirkungsvollen Nützlingen in der Praxis Eingang gefunden haben, wurde auch dieser Abschnitt ausgebaut.

Damit glauben wir, dass diese 3. Auflage dem heutigen Standard entspricht, und so wünschen wir diesem Werk die gebührende Beachtung. Unser Ziel ist nach wie vor, dem interessierten Gärtner und Pflanzenfreund ein gutes Hilfsmittel in die Hand zu geben, damit er Schäden richtig diagnostiziert und die bestgeeignetsten Massnahmen einleitet!

Dieses Pflanzenschutzbuch ist inzwischen auch in französischer und in italienischer Sprache erschienen!

Das Autorenteam

Inhaltsverzeichnis

Lilienhähnchen mit Larve

Warum Pflanzenschutz?

Das Ziel des Pflanzenschutzes ist seit seinen Anfängen jedem Fachmann und jeder Fachfrau bekannt, es heisst *Schutz der Kulturpflanzen vor Schädlingen, Krankheiten und Unkräutern. Die Kulturpflanzen dienen der Menschheit, aber auch Tieren als Ernährungsgrundlage.* Es geht also darum, Ertragsausfälle zu verhindern oder zu vermeiden, wobei der Pflanzenschutz eine wichtige Rolle spielt. Wurden vor der Jahrhundertwende vor allem mechanische Pflanzenschutzmassnahmen ergriffen, so sind besonders nach den Kriegsjahren laufend neue Pflanzenbehandlungsmittel chemischer Art entwickelt worden. Durch den Übergang von kulturtechnischen zu chemischen Massnahmen rückten vor allem Rationalisierungsbestrebungen in den Vordergrund, was die Anwendung neuer Produktionstechniken ermöglichte.

Wir stellen heute fest, dass eine grosse Anzahl von chemischen Präparaten auf dem Markt sind, dies weil einerseits die chemischen Produkte preisgünstiger sind, einen relativ kleinen Arbeitsaufwand mit sich bringen und meist auch schnell und durchschlagend wirken. Anderseits kann festgehalten werden, dass immer noch ungefähr ein Drittel der Welternte von Kulturpflanzen durch Schaderreger vernichtet werden. In der Dritten Welt sind die Verluste bis zu 50 %. Durch die Bevölkerungsexplosion zählte die Erdbevölkerung 1985 zirka 5 Milliarden Menschen, davon waren ungefähr 50 % unterernährt. Mit der Vervielfachung der Weltbevölkerung gehen der Landwirtschaft jährlich viele Quadratkilometer Kulturland verloren. Dies ist mit ein Grund, dass die Ernten durch Pflanzenschutzmittel geschützt werden müssen, um Ausfälle zu vermeiden oder Fruchtfolgen zu vereinfachen. Im weitern sind in der westlichen Welt die Produktionsmittel, wie Maschinen, Löhne, Sozialleistungen usw., stark angestiegen, ohne dass die Preise für Fertigprodukte angehoben werden konnten. Die Produzenten waren nun versucht, den Preiszerfall mit Kosteneinsparungen (Löhne) oder Ertragssteigerungen aufzufangen. Die Gegebenheiten führten vielerorts dazu, dass vermehrt Pflanzenschutzmittel eingesetzt wurden.

Dieser Pflanzenschutzmitteleinsatz bringt aber nicht nur Vorteile mit sich, sondern auch *Rückstandsprobleme* und zum Teil *Belastung der Umwelt,* die sich für unsere Natur, seien es Pflanzen, Tiere oder Menschen, nachteilig auswirken. Es spielt dabei keine Rolle, ob ein Hilfsstoff für die Umwelt giftig ist oder nicht; den natürlichen Kreislauf stört es auf jeden Fall.

Können wir den heutigen Teufelskreis durchbrechen? Es hängt von jedem persönlich ab, wie wir diesem Problem entgegentreten, sei es als Zierpflanzenproduzent, als Hobbygärtner oder als Konsument.

- *Kann der Konsument auf kleine Qualitätseinbussen bei Früchten, Gemüsen und Pflanzen eingehen?*
- *Kann der Hobbygärtner im eigenen Garten Ertragsausfälle verkraften?*
- *Sind dem Gartenbauer die Standortansprüche der Pflanzen bekannt und nimmt er bei der Pflanzung darauf Rücksicht?*
- *Hat der Zierpflanzenproduzent das Klima und die Umweltfaktoren in seinen Gewächshäusern im Griff?*

Um diese Fragen beantworten zu können, sollte sich zum Beispiel der Zierpflanzenproduzent im Anbau von Pflanzen auf die Klima- oder Umweltfaktoren konzentrieren. Diese stellen unter Umständen für die Kulturpflanzen eine Bedrohung dar, zum Beispiel

- grosse Hitze (Temperatur)
- Kälte (Frost)
- Wind (Luftfeuchte)
- Regen (Bewässerung)
- Abgase (Luft, CO_2) usw.

Ist diese Bedrohung weitgehend gebannt, so kann auch die *Anfälligkeit von Schädlingen und Krankheiten* auf ein Minimum reduziert werden. Es können somit gesunde Pflanzen heranwachsen, die wirtschaftlich gute Erträge bringen, und weniger schlechte Qualitäten, die nicht vermarktet werden können. Ein wichtiger Punkt ist die *Hygiene.* Diese wird besonders im Umgang mit schwer oder überhaupt nicht bekämpfbaren Krankheiten wie Bakteriosen und Virosen zur Existenzfrage. Durch neuzeitliche Vermehrungsmethoden unter Laborbedingungen (Meristem- und Gewebekultur) hat man es in der Hand, gesunde Mutter- und Jungpflanzen erzeugen zu können. Diese bleiben jedoch nur so lange gesund, wie sie durch hygienische Vorbeugemassnahmen von Krankheitserregern verschont bleiben. *Es gilt daher, jede mögliche Infektion, sei es über die Erde, die Stellflächen, die Gefässe, die Werkzeuge, selbst auch über unsere Hände und Kleider zu verhindern.* Die Kette dieser Massnahmen ist jedoch nur so stark wie das schwächste Glied davon. Sorgen wir dafür, dass die Kette durchgehend stark bleibt. Manche Gärtner finden solche hygienischen Massnahmen in vorbildlichen Betrieben als übertrieben, weil sie vom Ausführenden Disziplin und Ausdauer erfordern. Dabei sollte es der Stolz der Gärtner sein, dass ihre Pflanzen gesund bleiben. Besonders bei bakteriellen und virösen Erkrankungen von Pflanzen können dem Gärtner viel Ärger, grosse finanzielle Einbussen und Verlust von Kunden erspart bleiben und sein Ruf als seriöser Pflanzenlieferant in Frage gestellt werden. Dies sollte vermieden werden.

Der integrierte Pflanzenschutz

Der *integrierte Pflanzenschutz,* der besonders in der Landwirtschaft gut Fuss gefasst hat, kann auch auf andere Anbaugebiete ausgeweitet werden, um sich in einem vernünftigen Mittelfeld zu bewegen. Durch sorgfältige Kontrollen werden anhand der bisherigen Erfahrungswerte sogenannte «wirtschaftliche Schadschwellen» ermittelt, die uns die Entscheidung erleichtern helfen, ab welcher Befallsdichte sich ein Einsatz von chemischen Pflanzenschutzmitteln als notwendig erweist. Bei geringerem Befall als der kritischen Wertgrenze würde der Aufwand an Zeit und Material teurer zu stehen kommen als der zu erwartende Schaden. Nicht nur dieser muss dabei gewichtet werden, sondern auch die zu erwartende Belastung durch das eingesetzte Produkt selbst und der Umwelt im allgemeinen.
Mit anderen Worten heisst das: Nicht mehr nur das ökonomische Denken in den Vordergrund zu stellen, sondern vermehrt zuerst die ökologischen Grundsätze zu beachten. Beim *integrierten Pflanzenschutz* gehen wir nach folgenden Punkten vor, und zwar vom Beginn bis zum Ende einer Kultur:

1. *Richtige Kulturführung,* Kulturansprüche kennen, standortgerechte Sortenwahl.
2. *Biologische Massnahmen abklären,* zum Beispiel vorbeugender Nützlingseinsatz, Nützlinge fördern usw.
3. *Physikalische Massnahmen einsetzen,* wie Bodenlockerung, mechanisch oder manuell; Schädlinge manuell entfernen.
4. *Beim Überschreiten der Schadschwelle chemische Massnahmen ergreifen,* aber zuerst nützlingsschonende Produkte einsetzen und eher weniger giftige Wirkstoffe gezielt verwenden.

Bei der Beachtung dieser ökologischen Grundsätze ergibt sich erfreulicherweise, dass damit auch der Belastung des Bodens mit Pflanzenschutzmitteln sowie der möglichen Beeinträchtigung des Grundwassers Rechnung getragen wird. Pflanzenschutz wird daher mehr und mehr auch zur Gewissensfrage für den Verbraucher. Es liegt auch an der Chemieindustrie, dem Gärtner, Landwirt usw. die geeigneten humanen Produkte zur Verfügung zu stellen. Heute haben bereits viele Produzenten von Nahrungsmitteln und auch Zierpflanzen auf die IP-Produktion (= Intgrierte Produktion) umgestellt. Sie erhalten für ihre Produkte in der Regel auch höhere Preise. Den Gegnern von chemischem Pflanzenschutz möchten wir zu bedenken geben, dass in der Natur viele giftige Organismen existieren, zum Beispiel die Eibe (Taxus), der Knollenblätterpilz, die Giftschlangen usw. Schon Paracelsus hatte vor ungefähr 500 Jahren festgestellt:

«Alle Dinge sind Gift,
und nichts ist ohne Gift.
Allein die Dosis macht,
dass ein Ding Gift ist.»

Wir hoffen aber trotzdem, mit diesem Werk mitzuhelfen, den chemischen Pflanzenschutz auf ein Minimum reduzieren zu können. Damit dem Produzenten das Erkennen eines Schädlings oder einer Krankheit erleichtert wird, haben wir in diesem Werk eine Reihe von äusserst charakteristischen Bildern der Erreger und ihrer Schäden zusammengetragen. Wir erhalten zudem nähere Angaben über *die Lebensweise,* die entsprechenden *Vorbeuge- und möglichen Pflanzenschutzmassnahmen.* In einem Anhang finden wir Tabellen zum richtigen Anwendungsgebiet, den Schaderreger und die zugelassenen Wirkstoffe für den Einsatz. In den Listen der zugelassenen Wirkstoffe finden wir den üblichen Pflanzenbehandlungsmittel-Namen, die Gefahrstoffklasse, die mit abgekürzten Buchstaben aufgeführten Anwendungsgebiete und auch die Wartezeiten.
Das Werk wäre unvollständig, wenn auf der anderen Seite nicht auch der *biologische Pflanzenschutz* eingehend dargestellt würde. So finden wir einen Abschnitt mit den bis heute bekannten Nützlingen und in Ergänzung dazu die einsetzbaren Fallen, wie Sexuallockstoffe, Geruchsfallen, optische Fallen und andere. Ein Schwerpunkt liegt auch auf der *Verhütung von möglichen Kulturfehlern* durch unsachgemässe Pflegemassnahmen. Hier sind die Schadursachen in der Praxis noch relativ hoch. Der Gärtner und Gartenliebhaber sollte danach trachten, in erster Linie *die Ansprüche der Pflanzen optimal zu erfüllen* und erst in zweiter Linie mit Hilfe der chemischen Produkte die Pflanzen vor möglichen Schädlingen oder Krankheiten zu schützen.
Damit hoffen die Autoren, dass dem interessierten Produzenten von Zier- und Nutzpflanzen ein wertvolles Hilfsmittel in die Hand gegeben wird, das beim Ergreifen von Massnahmen Erleichterung und Sicherheit bringen soll.

Wir wünschen dazu viel Erfolg! M. B. / B. F.

Voraussetzungen für gesunde Pflanzen

Die Kulturführung

Die Gesundheit der Pflanzen hängt von verschiedenen Faktoren ab. Der Gärtner als Kultivateur wird immer dann am wenigsten mit Problemen konfrontiert, wenn es ihm gelingt, *der jeweiligen Pflanzenart die Verhältnisse ihrer ursprünglichen Heimat optimal zukommen zu lassen.* Es heisst also, die spezifischen Ansprüche der einzelnen Pflanzenarten eingehend kennenzulernen und geeignete Massnahmen zu treffen (heizen, lüften, schattieren, die Luft befeuchten und anderes), sowie durch technische Einrichtungen wie Steuergeräte diese Ansprüche bestmöglich zu erfüllen.
Anerkannte Pflanzenschutzfachleute schätzen, dass 50 bis 60% der Kulturausfälle durch Nichterfüllen der Pflanzenansprüche hervorgerufen werden. Geschwächte Pflanzen sind anfälliger für Krankheiten und Schädlinge. Daher wollen wir in der Folge die hauptsächlichen möglichen Kulturfehler auflisten, damit auch von dieser Seite her die Pflanzen vor Schädigungen (physiologischen Störungen) besser geschützt sind.

Das Licht

Ohne Licht kann eine Pflanze nicht gedeihen! Nur mit Licht, angemessener Wärme, Wasser, Nährstoffen und CO_2 aus der Luft werden in den grünen Chlorophyllkörperchen die lebensnotwendigen Baustoffe (Kohlenhydrate) erzeugt. Nun kann sowohl zuviel wie auch zuwenig Licht das Wachstum empfindlich stören und die Pflanzen schädigen (siehe Schadbilder S. 249).

Zuviel Licht: Besonders im Übergang vom sonnenarmen Winter in den Frühling mit Optimalwerten für die Pflanzen (10 000 bis 20 000 Lux) und Überschreiten derselben kann es bei plötzlicher Sonneneinstrahlung nach vorausgegangener, langer, trüber Witterung zu starken Verbrennungen kommen. Grund: Die Epidermis ist zu schwach ausgebildet, die schützende Kutikula mit Wachsschicht oder Behaarung fehlt weitgehend. Eine rote Verfärbung der Blätter ist bei einigen Pflanzenarten eine Folgeerscheinung von zu hohen Lichtwerten. Im Extremfall kann die Epidermis durch Zerstörung der Zellen gelb bis braun werden. Dabei sind die Lichtbedürfnisse je nach Pflanzenart unterschiedlich. Typische Schattenpflanzen wie Farne, Saintpaulien, Selaginella und andere müssen schattiger gehalten werden als beispielsweise Sukkulenten wie Kakteen, Sansevieria, Echeveria, Aloe und ähnliche. Stete Beobachtungen lassen die richtigen Grenzwerte erkennen.

△ Aluschattierung (Abb. 11a)
▽ Innensschattierung (Abb. 11b)

△ Aussenschattierung (Abb. 11c)
▽ Pflanzenrotor mit Assimilationsbelichtung (Abb. 11d)

Zuwenig Licht: Im Winter wachsen viele Pflanzenarten, besonders solche aus den Tropen und Subtropen, bei uns unter Lichtmangel. Die Assimilationsleistung ist gering und demzufolge ist auch das Wachstum reduziert. Bei zu hohen Temperaturen bilden sich zudem lange Internodien und kleine Blätter (= die Pflanzen vergeilen). Auch die Blüten verblassen und werden kleiner. *Es gilt daher, die Gewächshäuser bei Wintereinbruch von alter Schattierfarbe und sonstigem Schmutz (Öl- und Staubrückstände der Heizung) zu befreien (abwaschen).* Sehr lichtbedürftige Pflanzen sollten zudem in die hellsten Kulturräume, wo möglich auf Hängetablare, gestellt werden. Unter den Hängetablaren sind sinngemäss eher schattenverträgliche Pflanzen zu plazieren.

Zusatzbelichtung: Für die Mutterpflanzen- und Jungpflanzenanzucht durch den Winter lohnt es sich, mit Zusatzlicht zu arbeiten. Wichtig ist dabei das gewählte Lichtspektrum, das im Sonnenlichtbereich liegen sollte. Man verwendet dabei Intensitäten von *mindestens 1000 bis 3000 Lux,* um die Assimiliationssteigerung wesentlich zu beeinflussen.

Störlicht: Pflanzenarten, die auf den Kurztag reagieren, müssen im Winterhalbjahr zur Erreichung eines vegetativen Wachstums (Mutterpflanzen, Jungpflanzen, Anzuchtphase) während der Nacht mit sogenanntem Störlicht belichtet werden. Dabei wird den Pflanzen der zu kurze Tag so weit verlängert, dass sie über der kritischen Tageslänge bleiben und dadurch vegetativ weiterwachsen. In der Berechnung Lampenzahl pro Flächeneinheit ist es wichtig, die Lichtintensität zu kennen. Es gibt heute ein grosses Lampenangebot, ausgehend von den gewöhnlichen Glühlampen (mit grossem Strombedarf) bis zu den Halogen- und Quecksilberdampflampen.
Auf den Pflanzenspitzen müssen während der Belichtung in der Nacht mindestens 70 bis 100 Lux gemessen werden. Euphorbia pulcherrima kommen mit etwas weniger aus, hier dürften 40 bis 50 Lux genügen.
Bei Euphorbia pulcherrima konnten schon Blühverzögerungen festgestellt werden, wenn das Gewächshaus in nächster Nähe von starker Strassenbeleuchtung steht.

Die Wärme

Die Wärmeansprüche der Pflanzen sollten gemäss ihrer geographischen Herkunft optimal erfüllt werden. Dies kann bei Grosskulturen mit speziell klimatisierten Gewächshäusern weitgehend erfüllt werden. Wenn jedoch verschiedene Pflanzenarten mit unterschiedlichen Ansprüchen in einem einzigen Gewächshaus gehalten werden müssen, kann es zu grossen Qualitätseinbussen und sonstigen Ausfällen kommen.

Zu warm: Geiler Wuchs und lange Internodien sowie blasse und kleine Blüten sind Folgeerscheinungen. Hohe Wärme und zu trockene Luft fördern zudem verschiedene Schädlinge wie Thrips, Spinnmilben, Weisse Fliegen und Zikaden.
Bei frühen Freilandchrysanthemensorten ist zu beachten, dass diese nicht auf den Kurztag reagieren, sondern auf die Wärme. Sie induzieren ja bereits im Juli und blühen schon ab August/September. Während der Anzuchtphase (Mutterpflanzen, Vermehrung und vegetatives Wachstum) müssen die Pflanzen nicht belichtet, sondern möglichst kühl kultiviert werden. Temperaturen unter 15 °C ermöglichen ihnen dies trotz kurzen Tageslängen auch im Winter. An sehr warmen Tagen muss daher angepasst gelüftet und notfalls schattiert und überbraust (Verdunstungskühlung) werden.

Zu kühl: Bei tiefen Temperaturen steigt die Luftfeuchtigkeit, wobei es gerne zu Fäulnisherden (Botrytisbefall) kommen kann. Das Giessen muss dabei äusserst vorsichtig gehandbabt werden. Man giesse quantitativ weniger und warte, bis die Erde wieder leicht angetrocknet ist. Besonders fein strukturierte Substrate weisen bei Nässe oft eine schlechte Luftführung auf, worauf es zu Wurzelfäule kommen kann. Viele Kurztagespflanzen induzieren trotz effektivem Kurztag unter der kritischen Tageslänge nicht, wenn die Temperatur unter eine gewisse Schwelle fällt. Die geplanten Blühtermine können dann nicht eingehalten werden und die Kulturflächen bleiben über Wochen oder Monate länger belegt, was zu Schwierigkeiten mit den Folgekulturen führen kann (Platzmangel, dichter Stand, geiler Wuchs und anderes).

Die Luft

Die Luft hat verschiedene Einflüsse auf die Pflanzen. Einmal ist es das Kohlensäuregas CO_2, das in der Luft in einer Dosis von 0,03 % enthalten ist und zur Assimilation benötigt wird. Anderseits wird der Sauerstoff O_2 zur Atmung und Energiegewinnung gebraucht. Zudem ist das Klima (Luftbewegung, Luftfeuchtigkeit, Wärme, Licht) der bestimmende Faktor für das Pflanzenwachstum.

Stagnierende Luft: Wenn zuwenig gelüftet oder ventiliert wird, kann die Luftfeuchtigkeit hohe Werte erreichen, was zu Botrytisbefall und anderen Pilzkrankheiten führen kann (Falscher Mehltau, Septoria, Ascochyta, Alternaria und andere). *Abhilfe = mehr Luftbewegung durch Ventilation oder Lüften* (und heizen) = Durchmischen der Luft und Abhärten der Pflanzen. Auch wird das etwas schwerere CO_2, das sich bei stagnierender Luft in Bodennähe konzentriert, auch in höhere Lagen gewirbelt, wo es dann zwecks Assimilation auch den Pflanzen zur Verfügung steht. Zudem wird besonders auf Hängetablaren nahe Glas eine Niederschlagsbildung mit Botrytisflecken an den Blüten verhindert.

CO_2-Mangel: Im Winter kann es bei stark abgedichteten Gewächshäusern an sonnigen Tagen zu einem CO_2-Mangel kommen. Es lohnt sich dabei, jeweils kurz zu lüften oder besser, lichtabhängige Propangasgeräte zu installieren. Der CO_2-Gehalt kann dabei wieder auf den Normalwert von 0,03% oder bei Sonneneinstrahlung bis auf 0,05% oder mehr gesteigert werden (300 bis 500 ppm). Die Assimilationsleistung wird dadurch wesentlich gesteigert, was besonders bei Mutterpflanzen, Gemüse und Schnittblumen höhere Erträge ermöglicht.
CO_2 entsteht auf natürliche Weise durch Verwesung oder Zersetzung von organischen Stoffen = Abbauprozess. Mit Rindenschnitzel unter den Tischen oder auch Pferdemist kann die Normaldosis mit einfachen Mitteln angestrebt werden.

Zu trockene Luft: Wie unter dem Abschnitt Wärme erwähnt, fördert trockene Luft die Anfälligkeit für Thripse, Weisse Fliegen und Spinnmilben. Durch Befeuchten der Wege und Übersprühen der wenig empfindlichen Kulturen bei warmer Witterung kann die Luft kühler und feuchter gehalten werden = bessere Erfüllung der spezifischen Klimaansprüche der Pflanzen.

Das Wasser

Das Wasser, als Lösungs- und Transportmittel, als Baustoff für die Pflanzen und der Verdunstung (Abkühlung) dienend, darf als Wachstumsfaktor nicht unterschätzt werden. Je nach Grösse und Beschaffenheit der Töpfe (Ton- oder Kunststofftöpfe), des Substrates und der Pflanzen selbst wird der Bedarf recht unterschiedlich sein.

Zu nass: Wasser verdrängt die Luft in den feinen Poren des Substrates. Lang andauernde Nässe führt besonders bei kühler Witterung zu Wurzelschäden, die oft in Wurzelfäulen, Pythium, Rhizoctonia und andere Pilzkrankheiten ausmünden. Hier gilt es, das Giessverhalten zu ändern und das Substrat gröber in der Struktur zu wählen. Auch empfiehlt es sich, zwecks besserer Luftführung und Durchlässigkeit, besonders für Kunststofftöpfe, noch 10 bis 15% Styromull, Perlite, Leca oder Grodan blau beizumischen.

Zu trocken: Bei vorübergehender Trockenheit im Erdballenbereich kann es zu empfindlichen Störungen des Wachstums bis zum Totalverlust der Pflanzen kommen. Zuerst welkt die Pflanze, die Spaltöffnungen schliessen sich; nun kann die Pflanze kein Wasser mehr verdunsten (Abkühlung). Es kommt zu Überhitzungen der Blattflächen und zum Eintrocknen vom

△ Ventilatoren zur Luftbewegung (Abb. 13a)
▽ CO_2-Brenner (Abb. 13b)

△ Flachdüsenbewässerung (Abb. 13c)
▽ Nebelwaage in Vermehrung (Abb. 13d)

Blattrand her. Besonders bei stark torfhaltigen Substraten stellt man oft Versalzungsschäden fest. Da die Salzwerte im trockenen Boden oft höher liegen als in der Pflanze, zieht der höhere Wert das Wasser aus den Pflanzen = umgekehrte Osmose! Typische Blattrandschäden und Wurzelverbrennungen sind dabei weit mehr verbreitet als allgemein angenommen wird (siehe Schadbilder Seite 251).

Vorbeugung: Nie zu hohe Grunddüngergaben auf Vorrat verabreichen und wenn möglich einen angemessenen Anteil Ton oder Landerde beimischen = gute Pufferung gegenüber Extremwerten. Zudem während warmen Witterungsphasen vermehrt giessen. Trockenstehende Pflanzen sind vor dem Düngen jeweils auszugiessen!

Sauberes Giesswasser: Bassinwasser kann Pilz- und Bakterienerreger enthalten. Werden damit Aussaaten und Stecklingsvermehrungen überbraust oder gegossen, kann es zu grossen Ausfällen kommen. Daher sollten Aussaaten und Stecklingsvermehrungen immer nur mit sauberem und temperiertem Leitungswasser gegossen werden!

Blattflecken: Besonders bei Pflanzen aus der Gesneriaceae (Saintpaulia, Sinningia, Naegelia, Rechsteineria, Columnea, Aechynanthus, Streptocarpus und andere) können Wassertropfen, die bei Sonneneinstrahlung auf die Blätter gelangen, durch sogenannte Prismawirkung die Chlorophyllkörperchen der Epidermis und des Pallisadengewebes zerstören, was gelbe Flecken bis Ringe verursacht. Auch kann zu kühles Giesswasser (mehr als 3 bis 4 °C Differenz zur Lufttemperatur) ähnliche Vergilbungen auslösen. Daher sollte morgens früh oder nur bei guter Schattierung mit temperiertem Wasser gegossen werden (siehe Schadbilder Seite 250).

Die Nährstoffe

Pflanzen werden bezüglich ihres Nährstoffbedarfes grob in 3 Gruppen eingeteilt:

1. Schwachzehrer, 2. Mässigzehrer und 3. Starkzehrer. Aufgrund dieser spezifischen Ansprüche gilt es, *die angepassten Düngermengen zu verabreichen, die in harmonischer, auf die jeweilige Pflanzenart bezogene Zusammensetzung abgestimmt sind.* Auch ist zu vermerken, dass Jungpflanzen und Sämlinge etwa 50% weniger Nährstoffe ertragen als ausgewachsene Pflanzen. Als Faustregel gilt: *Wenn möglich öfters, dafür aber schwächer düngen.*

Zu hohe Nährstoffgaben: Das Wurzelwachstum ist gehemmt bis gestört. Bei Trockenheit kommt es zu Salzschäden. Vorbeugung: Nur mittlere Gaben als Grunddüngung verabreichen und später nach Bedarf gezielt flüssig düngen!

Zu geringe Nährstoffgaben: Die Blätter weisen eine fahlgrüne Farbe auf und sind klein ausgebildet. Typisches Merkmal: Die Wurzeln sind ausserordentlich zahlreich ausgebildet und oft weiss verfilzt. Hungernde Pflanzen werden gerne von Blattläusen, Schildläusen und Spinnmilben befallen. Durch vorübergehend erhöhte flüssige Nährstoffgaben kann oft in Kürze abgeholfen werden. Die Nährstoffmenge ist jeweils dem Wechsel der Jahreszeiten anzupassen. Wenig Licht und geringeres Lichtangebot im Winterhalbjahr bedingen reduzierte Nährstoffgaben, während im Sommerhalbjahr bei viel Licht und Wärme sinngemäss das Nährstoffangebot nicht unterschätzt werden darf. Bodenanalysen geben im Zweifelsfall die nötigen Hinweise über den effektiven Nährstoffbedarf.

Das Gesetz des Minimums

Das Wachstum und der Ertrag der Pflanzen richten sich nach demjenigen Nährstoff oder Wachstumsfaktor, der im Verhältnis zum Bedarf in geringster Menge vorhanden ist.

N-betonte Dünger fördern dabei das vegetative Blatt- und Triebwachstum, machen die Pflanzen aber anfälliger für Pilzkrankheiten. So sind mit einseitigen N-Gaben gedüngte Lagergemüse und Obstarten im Keller weniger haltbar. Anderseits fördert K-betonte Düngung die Widerstandskraft gegen Pilzkrankheiten und verleiht Obst, Beeren und Gemüsen ein besseres Aroma. Daher sind besonders Wurzelgemüsearten und Beerenpflanzen mit K-betonten Düngern zu ernähren. Auch Topfpflanzen und Schnittblumen sind vor dem Verkauf mit Vorteil K-betont zu düngen, um ihre Haltbarkeit zu verlängern.

P-Mangel bewirkt einen schlechten Blütenansatz, er beeinflusst auch die Ausbildung der Früchte und Samen negativ.

Magnesiummangel erzeugt bei Poinsettien besonders in Torfsubstraten die bekannten «Geisterflecken». Durch vorbeugende Mg-Gaben können diese vermieden werden.

Auch die Spurenelemente sollen nicht vernachlässigt werden. So erzeugt Bormangel bei Randen, Sellerie und Zuckerrüben unter anderem die Herzfäule. Borhaltige Dünger verhindern diese Erscheinung.

Das Substrat

Besonders in unporösen Kunststofftöpfen leiden die Wurzeln oft unter mangelnder Luftzufuhr. Bei zu feinen Substraten gibt es zudem oft Staunässe mit der Folge: Wurzelfäule. Auch kann das Substrat zu leicht sein. Torfhaltige Substrate nehmen, einmal ausgetrocknet, das Wasser nur langsam auf, und es kommt leicht zu Verbrennungs- und Salzschäden. Eine schwerere Erde anderseits ist wohl sehr gut gepuffert, hemmt aber besonders bei Jungpflanzen die Bildung von neuen und kräftigen Wurzeln. Ein Mittelwert zwischen beiden Extremen bringt oft die gewünschten Resultate.

Der pH-Wert

Ein den Bedürfnissen der Pflanzen angepasster pH-Wert ist Voraussetzung für eine optimale Kulturführung. Ein tiefer pH-Wert (4 bis 4,5) wird durch Verwendung von Hochmoortorf erreicht, während ein schwach saurer bis neutraler pH-Wert (6 bis 7) durch erhöhte Landerdezugaben erreicht werden kann. Auch kohlensaurer Kalk (Dolomitkalk) hebt den pH-Wert im Boden an.

Bei einem falschen pH-Wert werden oft bestimmte Nährstoffe im Boden blockiert, so dass sie den Pflanzen nicht oder in zu geringen Mengen zur Verfügung stehen. Oft wird zum Beispiel Eisen festgehalten, worauf es zu schweren *Chlorosen* kommen kann. Stete pH-Wertmessungen sind daher angezeigt (siehe Seiten 16 und 253).

Bei blauen Hortensien muss ein tiefer pH-Wert im Bereich 4 bis 4,5 vorhanden sein, damit das verabreichte Alaun aufgenommen werden kann. Auch soll mit kalkfreiem Wasser gegossen werden, um keine Missfarben entstehen zu lassen.

Falsche Sorten

Für einen bestimmten Zweck sollten aus dem riesigen Sortenangebot nur die dazu bestgeeigneten Sorten ausgesucht werden. Bei Freilandkulturen sollten sie unser Klima gut ertragen und eine natürliche Widerstandskraft gegen Pilzkrankheiten und Schädlingsbefall aufweisen. Sorten sollten anderseits auch den Wünschen der Kunden Rechnung tragen. Auch sind bei blühenden Pflanzenarten, die ganzjährig angebaut werden, im Jahresablauf farbspezifische Anpassungen unumgänglich. Das Motto sollte lauten: «Kultivieren, was der Markt verlangt!»

Auch die angebauten Mengen sollten auf den Markt abgestimmt sein. Was nützen die schönsten Produkte – mit grossem Kostenaufwand erzeugt –, wenn sie in zu grossen Mengen angeboten und vom Markt nicht verkraftet werden?

Wachstumsregulatoren

Wir unterscheiden: wachstumsfördernde und wachstumshemmende Stoffe. Wuchsfördernde Stoffe (Gibberellinsäure) werden eingesetzt bei der Gehölztreiberei, bei der Treiberei von Azaleen zur Brechung der Knospenruhe, ebenso bei der Kultur von Pelargonien- und Fuchsienstämmchen (fördert das Längenwachstum) und gelegentlich als Notlösung in der letzten Kulturphase bei Poinsettia und Chrysanthemen zur schnelleren Entwicklung der Blüten.

Wuchshemmer sind im Zierpflanzenbau sehr wertvoll, wenn sie sortenspezifisch richtig angewendet werden. Trotzdem stellt man hier immer wieder Ausfälle fest, die falsch behandelte Pflanzen unverkäuflich machen. Durch die Wuchshemmstoffbehandlung will man stark- und raschwachsende Sorten stauchen, damit sie in kurzer Zeit kompakte Pflanzen ergeben. Es muss dabei berücksichtigt werden, dass im Winter bei gleicher Behandlung eine Stauchung viel ausgeprägter erfolgt = oft zu kurze Pflanzen. Bei hoher Wärme im Sommerhalbjahr bauen sich die Wirkstoffe in der Pflanze rascher ab, und das Resultat ist dann oft eine zu lange Pflanze. Im Winter müssen daher die empfohlenen Gaben angepasst, reduziert und im Sommer möglicherweise sinngemäss gesteigert werden. Betriebseigene Praxisversuche können mithelfen, die bestmöglichen Konzentrationen zu jeder Jahreszeit herauszufinden (siehe Schadbilder Seite 16).

Wir kennen dabei 2 Applikationsmethoden:

1. Giessen

Voraussetzungen: Die Pflanzen müssen gut durchwurzelt sein! Die Giessmethode erfolgt nur bei feuchter Topferde.

Wirkung: Die Giessbehandlung hat eine nachhaltige Wirkung, weil die Wirkstoffe im Substrat gespeichert und im Laufe des Wachstums während längerer Zeit wieder abgegeben werden. Zudem wird CCC (Wirkstoff: Chlor-cholinchlorid + Cholin-chlorid) bei der Giessbehandlung relativ langsam abgebaut. CCC oder Cycocel-Extra reduzieren nur das Längenwachstum der Internodien, ohne die Blattgrössen zu reduzieren. Zudem wird das Blattgrün dunkler gefärbt, die Pflanzen stehen stabiler im Topf, und die Blütenbildung wird zusätzlich gefördert.

Anwendung: In der Regel werden zirka 10% des Topfvolumens als Giesslösung verabreicht. Dies entspricht für einen 8- bis 9-cm-Topf 50 bis 60 ml, für einen 10- bis 11-cm-Topf 80 bis 100 ml und für einen 12- bis 14-cm-Topf 100 bis 140 ml.

Bei CCC-Gaben im Giessverfahren stellt man immer wieder Blattvergilbungen bis Verbrennungen fest, wenn die Lösung in Tropfenform auf den Blättern haften bleibt. Hier hilft eine einfache wie sichere Massnahme: *Sofort nach der CCC-Giessbehandlung mit Wasser fein abbrausen und Pflanzen schattieren!*

Weitere Schädigungen durch physiologische Störungen und Witterungseinflüsse siehe Seiten 248–257!

△ Rhododendron mit zu hohem pH-Wert (Abb. 16a)
▽ Aufkalken bei zu tiefem pH-Wert (Abb. 16b)

△ Zu starke Wuchshemmung im Winter (Abb. 16c)
▽ Blattflecken nach CCC-Giessbehandlung (Abb. 16d)

2. Spritzen

Voraussetzungen: Die Spritzlösung ist mit sehr feinen Düsen und mässigem Druck auf das Blattwerk zu bringen. Es soll eine gleichmässige Taubildung erzielt werden. Die Wirkung ist dann am grössten, wenn die Lösung relativ langsam antrocknet, also abends spät oder morgens früh, bei relativ kühlen Temperaturen und hoher Luftfeuchtigkeit. Während mindestens 12 Stunden nach einer Spritzbehandlung darf nicht überbraust werden, auch sollen keine anderen Spritzlösungen (Pflanzenschutzmittel) appliziert werden.

Wirkung: Spritzbehandlungen über das Blatt können bereits nach dem allfälligen Verpflanzen vorgenommen werden, denn der Wurzelbereich wird nicht tangiert. Der Wirkstoff wird über die Blattoberhaut (Epidermis) aufgenommen. Bei sehr wüchsigen Pflanzen oder Sorten im gleichen Pflanzenbestand hat sich das Blattwerk auch besser entwickelt, folglich werden diese Pflanzen mehr Wirkstoff aufnehmen können, wodurch sie gegenüber kleineren Pflanzen mit weniger Blattmasse auch mehr gehemmt werden – natürlicher Ausgleich.

Anwendung: Da die Dosierungen bei der Spritzbehandlung in geringeren Dosierungen als bei der Giessbehandlung ausgeführt werden müssen, sollten für eine optimale Wirkung die Spritzbehandlungen bei längerer Kulturzeit und wüchsigen Sorten oder Arten 2- bis 3mal wiederholt werden.
Man beachte die arten- und oft auch sortenspezifischen Empfehlungen der Lieferantenfirmen!
Basacel kann im Spritz- und Giessverfahren eingesetzt werden, Topflor nur im Spritzverfahren.
Grundsätzlich ist bei der Spritzbehandlung zu beachten, dass es besser ist, in kleinerer Dosierung mehrmals zu behandeln als einmal in grosser.
Atrinal hat eine gewisse Stauchewirkung, wird aber besonders zum «chemischen Pinzieren» eingesetzt, wodurch eine Vielzahl von Seitentrieben gebildet werden, die insgesamt kompakter wachsen, als wenn nur wenige Triebe ungehemmt «in die Höhe schiessen»! Beispiel: Fuchsia-Hybriden.

Unkrautbekämpfung

Unkraut hat auf das gesunde und qualitativ bestmögliche Wachstum negative Auswirkungen. Durch Unkrautwuchs zwischen den Kulturpflanzen werden Wasser und Nährstoffe entzogen; zudem fehlt den Pflanzen im unteren Bereich das Licht, wodurch die unteren Blätter vergilben und die Pflanzen oft vergeilen. Als weitere Negativwirkung ist die Übertragung von Krankheiten und Schädlingen von Unkräutern auf Kulturpflanzen nicht ausser acht zu lassen. Auch ist das Mikroklima wesentlich verändert, die Durchlüftung und Abhärtung fehlt im unteren Bereich.

Vorbeugung: Die Erdsubstrate oder Kulturflächen sollten vor dem Pflanzen oder Aussäen mit Dampf oder chemisch desinfiziert werden. Neben Unkrautsamen werden durch das Dämpfen auch Bodenpilze und Schädlinge vernichtet, zudem werden vorhandene schwerlösliche Nährstoffe aufgeschlossen. Bei der chemischen Behandlung sollte vor dem Pflanzen der Kressetest durchgeführt werden.

Direkte Bekämpfung: Neben der arbeitsintensiven Handarbeit kommen gezielte Applikationen mit Selektiv- oder Totalherbiziden in Frage. Da hier aber oft mit Schäden durch Windverwehungen und Rückständen in der Erde und im Grundwasser (Trinkwasser!) zu rechnen ist, erheischt deren Einsatz gewissenhafte Überlegungen und fachgerechte Vorsichtsmassnahmen.
Für eine schonendere Wildkrautbeseitigung wird heute auch *die Technik der Infrarot-Abbrenngeräte* verwendet.

Der wichtigste Vorteil dieser Geräte besteht darin, dass es gegenüber Herbiziden keine Resistenzen bei den Kräutern gibt. Sie sind grundsätzlich auf allen Flächen verwendbar, wie zum Beispiel: *Pflastersteine, Platten, Plätze, Kiesgehwege, Strassenränder, Kulturflächen usw.* Die Energiekosten werden als niedrig bezeichnet und bei einem längerfristigen Gesamtvergleich mit der manuellen Wildkrautbeseitigung schliesst die Infrarottechnik besser ab. Es wird dabei die Bodenfauna geschont und die Oberflächenfauna zum Teil geschädigt. Viele Stadt- und Gartenbauämter im In- und im Ausland haben diese Geräte bereits im Einsatz. Es wird sich zeigen, ob sie auch in der Pflanzenproduktion (Landwirtschaft, Gemüsebau, Zierpflanzenbau) Einzug halten werden.

B. F. / M. B.

▽ Mangelnde Hygiene im Gewächshaus (Abb. 17a)

Hygiene im Gartenbau

Unter Hygiene im Gartenbau verstehen wir Massnahmen, deren Ziel die Gesunderhaltung unserer Kulturen durch Ausschaltung und Beseitigung aller Schädigungsmöglichkeiten durch Pathogene ist → Prophylaxe.

Bei der Bekämpfung vor allem von Krankheiten bakterieller, pilzlicher und viröser Art, aber auch bei der Schädlingsbekämpfung unterscheiden wir zwischen präventiven (vorbeugenden) und kurativen (heilenden) Massnahmen. Präventive Massnahmen sind überall dort angezeigt und empfehlenswert, wo, auf die gärtnerische Praxis bezogen, Ausfälle an unseren Kulturen durch pathogene Erreger nicht ausgeschlossen werden können beziehungsweise den Pathogenen mit kurativen Methoden schlecht oder nur mit grossem Aufwand beizukommen ist. Wir alle kennen die Regel: *«Vorbeugen ist besser als heilen.»* Bei der Hygiene handelt es sich also um vorbeugende (präventive) Massnahmen. Ihre Wichtigkeit ist in vielen Bereichen anerkannt, so auch im Gartenbau und hier speziell in der Produktion.

Welcher Gärtner hatte in seinen Kulturen nicht schon Ausfälle durch pathogene Erreger erlebt, die durch präventive Massnahmen hätten vermieden werden können? Wir unterscheiden zwischen den präventiven **Hygienemassnahmen vor Kulturbeginn** und zum Beispiel den präventiven **Pflanzenschutzmassnahmen während der Kultur.** In der Folge wollen wir nur auf erstere, die präventiven Hygienemassnahmen vor Kulturbeginn, näher eingehen.

Vorbeugende Hygiene

Bei der **vorbeugenden Hygiene** *in der gärtnerischen Praxis gilt es, das Risiko der Krankheitsübertragungen auf ein Minimum zu verringern, indem Infektionsquellen erkannt und ausgeschaltet werden.* Ist die Hygiene im Bereich der verwendeten Geräte und Materialien noch irgendwie einleuchtend und zumutbar, so ist sie beim Personal, gegenüber Berufskollegen oder gar bei Kunden und Besuchern schon eher ausser Reichweite. Und doch, würden wir den Gedankengang konsequent zu Ende führen, müssten nicht die uns allen einigermassen bekannten Hygienemassnahmen, zum Beispiel in den Spitälern oder zumindest in den lebensmittelverarbeitenden Betrieben, ein Massstab sein?

Im Bereich Vermehrung und Jungpflanzenanzuchten muss es heutzutage praxisüblich sein, die präventiven Hygienemassnahmen durchzuführen. Vor allem wenn diese Jungpflanzen für den Weiterverkauf an Berufskollegen vorgesehen sind, denn sie bezahlen dafür und haben deshalb Anrecht auf einwandfreie Jungpflanzen. In der In-vitro-Vermehrung sind lückenlose Hygienemassnahmen sogar unumgänglich.

Hygienemassnahmen in der gärtnerischen Produktion sind weitgehend eine Sache der gedanklichen Erfassung, der Organisation und des Einbaus in den Arbeitsablauf.

Das bedeutet, dass die Hygienemassnahmen am Anfang von jedem Kulturablauf stattfinden müssen, denn je jünger das Kulturstadium, desto höher sind die Ansprüche an die Hygiene.

Desinfektionsmittel

Was wird dem Kultivateur derzeit an Desinfektionsmitteln angeboten?

In Deutschland ist derzeit nur MENNO-Florades (Wirkstoffe sind organische Säuren wie Benzoesäure u. a.) als Desinfektionsmittel im Gartenbau ausgewiesen.

Wirkungsspektrum:

Pilze: Pythium, Botrytis, Fusarium, Rhizoctonia, Cylindrocladium, Aspergillus usw.

Viren: TMV, ToMV, TBRV, PFBV, PLCV, PLPV, ArMV, TSWV usw.

Bakterien: Xanthomonas, Pseudomonas, Erwinia, Clavibacter usw.

Anwendung:

Sofern möglich, gründliche Vorreinigung durchführen!

Stellflächen: abgiessen (Anstautische 0,2 l/m², Vliesmatten 2 l/m²)

Kuturgefässe, Geräte, Messer: tauchen

Anwendungskonzentration und Einwirkzeiten:

	Stellflächen, Kulturgefässe	Messer, Geräte
Viren (ArMV, PFBV, PLPV, TBRV, TSWW)	1%/16 h	2%/3 min.
Viren (TMV, ToMV)	4%/16 h	3%/3 min.
Bakterien, Pilze	1%/16 h	1%/3 min.

MENNO-Florades besitzt keine Gasphase und ist sehr pflanzenverträglich. Dennoch wird vom Hersteller empfohlen, an einigen Pflanzen einen Verträglichkeitstest durchzuführen, bevor die gesamte Kultur (Wurzeln!) mit den desinfizierten Stellflächen in Kontakt gebracht wird.

Chemische Desinfektion

Im Bereich der **chemischen Substratdesinfektion** *stehen andere Verfahren im Vordergrund:*

Basamid (Dazomet) ist das einzige zugelassene chemische Bodendesinfektionsmittel. Es darf bei allen Kulturen, zum Beispiel auch vor dem Gemüseanbau, angewendet werden. Einschränkungen bestehen allerdings in Wasserschutzgebieten.
Basamid ist fein granuliert, die Aufwandmengen betragen 40 bis 60 g/m^2 beziehungsweise 250 g/m^3. Basamid wirkt über die Gasphase. Diese entsteht erst nach der Einarbeitung ins Substrat in Verbindung mit Feuchtigkeit und Temperatur. Das Gas durchdringt den feinkrümelig bearbeiteten Boden und wird wirksam gegen pilzliche Erreger, Bodenschädlinge inklusive Nematoden und gegen Unkräuter. Ausgenommen sind Unkrautsamen in der Vollruhe. Die optimale Bodentemperatur beträgt 12 bis 20 °C, die optimale Bodenfeuchtigkeit 60 bis 70 % der möglichen Wasserkapazität. Unter diesen optimalen Bedingungen beträgt die Wartefrist von der Basamidanwendung bis zur Belegung der Flächen mit Kulturpflanzen etwa 10 bis 15 Tage. Der Kressetest gibt Auskunft.

Physikalische Desinfektion

Die beschriebenen Hygienemassnahmen, vor allem die der Substrat- und Bodenbehandlungen, werden in der Praxis vielfach auch physikalisch durchgeführt. Die zu desinfizierenden Substrate und Materialien werden mittels Dampf hohen Temperaturen ausgesetzt, um die desinfizierende Wirkung zu erzielen. *Sauberste Arbeit und durchdringende Temperaturen von 90 °C während mindestens 15 Minuten sind Voraussetzung, dass die pathogenen Erreger lückenlos erfasst werden.* Die Neubesiedlung der Substrate durch Mikroorganismen im weitesten Sinne erfolgt nach der physikalischen Desinfektion schneller als bei der chemischen, was vor- und nachteilig sein kann. Der Aufwand an Technik und Energie ist bei der physikalischen Desinfektion grösser, die chemische ist rationeller durchzuführen. Die physikalische Desinfektion kann auch bei tieferen Temperaturen durchgeführt werden, allerdings mit wesentlich höherem Aufwand an Energie und Zeit. Bei der chemischen Desinfektion sind bei tieferen Temperaturen mindestens die Wartefristen länger oder gar Grenzen gesetzt. Somit kann es

▽ Dämpfapparat (Abb. 19a)

△ Alte Töpfe werden chemisch desinfiziert (Abb. 19b)

△ «Hängende Töpfe» = Schutz vor Infektionen (Abb. 19c)

▽ Dämpfen der Vermehrungsbeete (Abb. 19d)

△ Hygiene in Dänemark:
«Hast Du Deine Hände gewaschen?» (Abb. 20a)

△ Messerdesinfektion in 70-%-Äthylalkohol (Abb. 20b)
▽ Fussmatten zur Desinfektion (Abb. 20c)

durchaus interessant sein, vorgängig abzuklären, welches Verfahren das sinnvollste, rationellste, preisgünstigste und somit zweckdienlichste ist.
In Kulturräumen mit zusammenhängender Rinnen- oder Ebbe-Flut-Bewässerung könnte die Krankheitsübertragung über das Wasser im Sinne des Wortes «zentral» erfolgen. Eine UV-Lampe wird über die Rinne montiert. Das Wasser sollte nahe und langsam unter der UV-Lampe durchfliessen, um die möglicherweise vorhandenen pathogenen Erreger sicher abzutöten.

Messerdesinfektion

Beim Stecklingsschnitt können Pilze, Bakterien und auch Virosen leicht übertragen werden. Mit Vorteil verwendet man 2–3 Messer pro Person, die in eine Lösung von 70% Alkohol gelegt werden. Nach jedem Schnitt wird das Messer gewechselt = volle Desinfektion!

Schl.

Resistenz im gärtnerischen Pflanzenschutz

Unter Resistenz verstehen wir: Ausdauer, Härtegrad, Widerstandsfähigkeit.
Im gärtnerischen Bereich beziehungsweise im Pflanzenschutz werden wir demnach im Zusammenhang mit Resistenzen mit 2 Hauptbereichen konfrontiert:

a) *der Widerstandsfähigkeit,* in diesem Fall von Pflanzen, gegenüber negativen Einflüssen wie zum Beispiel Kälte, Wärme, zuwenig oder zuviel Licht, aber auch gegenüber pathogenen Erregern wie Schädlingen, Krankheiten usw.
b) *der Möglichkeit von Pathogenen (Krankheitserregern), sich gewissen Wirkstoffen (Konzentrationen, Mengen) beziehungsweise Behandlungsverfahren anzupassen, und den daraus resultierenden Chancen, widerstandsfähige Populationen aufzubauen.*

Vereinfachend kann Resistenz etwa folgendermassen formuliert werden: Es ist die Fähigkeit von Individuen beziehungsweise Organismen, ungünstigen Einflüssen zu widerstehen. Im Zusammenhang mit Resistenzen in der gärtnerischen Praxis wird über Abschnitt a) relativ wenig diskutiert, oder – mit andern Worten – dieser Bereich wird zuwenig beachtet. Dies kann verschiedene Gründe haben:

1. Sortenfrage

– Einmal haben wir die Zwangslage, bevorzugt Sorten zu kultivieren, welche der Markt verlangt. Farbe, Habitus und äusserliches Aussehen, bei Gemüse und Obst beispielsweise auch Geschmack, Transport- und Lagerfähigkeit usw. sind die Kriterien.

2. Widerstandsfähige Sorten

– Sind die Kenntnisse immer vorhanden und werden sie von Züchtern und Vertretungen immer weitergegeben, welche Sorten auf bestimmte Erreger widerstandsfähig oder empfänglich sind? Spontan denke ich an Chrysanthemen und den Weissen Chrysanthemenrost, an Viola-Wittrockiana-Hybriden und den Falschen Mehltau, an Rosen mit ihren Krankheiten. Die Reihe könnte beliebig fortgesetzt werden.

3. Resistenzzüchtung

– Von den Zuchtzielen her gesehen, so macht es jedenfalls den Anschein, sind ebenfalls andere Prioritäten gesetzt. Gefragt sind die Züchtungsziele: kürzere Kulturzeit, optimaler Pflanzenaufbau, bei Gewächshauspflanzen geringere Temperaturansprüche, bei Feld- und Gemüsepflanzen höhere Ernteerträge. Und die Resistenzzüchtung gegenüber pathogenen Erregern? Man nimmt sie als positive Nebenerscheinung noch gerne zur Kenntnis. Mehr echte und vor allem dauerhafte Resistenzen im Kulturpflanzenbereich gegenüber Pathogenen wären sicher gefragt und ein dankbares, zukunftsorientiertes Betätigungsfeld.

Zur anderen Seite (Abschnitt b):
Von Resistenzen pathogener Erreger gegenüber chemischen Pflanzenschutzmitteln in gärtnerischen Kulturen wurde in vergangener Zeit in der Fachliteratur einiges geschrieben, in der Praxis aber noch viel mehr darüber geredet. Viel zuviel, wie mir scheint, weil alles, was irgendwie unwirksam erschien, als Resistenz abgeurteilt wird. Dies ist so nicht immer richtig. Sowohl Entomologie (Insektenkunde) wie auch Phytopathologie (Lehre von den Pflanzenkrankheiten) sind wohl mit dem Resistenzproblem konfrontiert, haben aber auch genaue Vorstellungen, was als echte Resistenz gegenüber Pflanzenschutzmitteln bezeichnet werden kann und darf und was nicht.

Nachlassende Wirkung der Pflanzenschutzmittel

Nicht jede Äusserung, Pflanzenschutzbehandlungen hätten nicht den gewünschten Erfolg gebracht, darf mit Resistenz in Verbindung gebracht und die Behandlung zum «Sündenbock» gestempelt werden. Solche Äusserungen sind oftmals nichts als Behauptungen; gezielte Labortests geben da sicheren Aufschluss. Wenn dann das Pathogen aus der Praxis bei genau gleicher Behandlung dieselbe Empfindlichkeit aufweist wie dasjenige gleicher Art aus dem Labor, kann von Resistenz kaum die Rede sein. Ich möchte noch einen Schritt weitergehen und ein praktisches Beispiel anführen: Die Bekämpfung der Weissen Fliegen ist, so scheint es, ein Dauerthema, aber nicht nur in der Gegenwart. Gegen Ende der sechziger Jahre war es nicht viel anders. Damals standen einzig andere Wirkstoffe zur Diskussion.
Geredet wird heute über und angewendet wurden in den letzten Jahren vielfach die pflanzlichen und synthetischen Pyrethroide zur Bekämpfung der Weissen Fliegen im Freiland wie auch im Gewächshaus. Bei anfänglich sehr guten Bekämpfungserfolgen liessen diese mit zunehmendem Einsatz der verschiedensten Pyrethroide unter Praxisbedingungen bald einmal zu wünschen übrig.
Was war geschehen? Durch den wohl gewünschten vermehrten Einsatz dieser Insektizidfamilie ging mit der Zeit ein Teil im Wirkungsmechanismus verloren, nämlich derjenige auf das zentrale Nervensystem der Fliegen. Gerade dieser Effekt hatte aber bei einer Behandlung die sehr bedeutende Aufgabe, die Fliegen zu aktivieren, ja sogar im wahrsten Sinne des Wortes «nervös» zu machen. Diese Nervosität unterstützte aber den Bekämpfungserfolg dieser Kontaktpräparate ganz wesentlich. Bei den Pyrethroiden ist dieser

Effekt weitgehend verlorengegangen, bei anderen Wirkstoffgruppen war er so nicht existent. Was nun? Bleibt in solchen Fällen nur noch die direkte Kontaktwirkung. Diese ist aber in der Praxis eher problematisch. Erstens bedingt es, dass wir, wollen wir mit Pyrethroiden erfolgreich sein, *die Weissen Fliegen an ihrem Aufenthaltsort, das heisst blattunterseits (!), mit der Spritzbrühe (!) treffen.* Dies ist bei niederwachsenden Pflanzen kaum lückenlos möglich, bei höherwachsenden zumindest zeitaufwendig. Zweitens sind die ausgewachsenen Tiere durch ihren gepanzerten Schild am Kopf und den betalgten Flügeldecken dermassen gut geschützt, dass zumindest Spritzbrühen mit ungenügender Benetzungskraft «abperlen» und über Kontakt so gut wie nichts ausrichten können. *Bei guter Netzkraft der Spritzbrühen und Pyrethroid (oder ein anderer Wirkstoff) und aktiven Weissen Fliegen, welche von der Spritzbrühe voll benetzt werden, wird die Bekämpfung in den meisten Fällen (immer noch) erfolgreich sein.*
Hier sei die Frage erlaubt, um wieder beim Titel zu sein: Kann aus der dargestellten Situation eine echte Resistenz abgeleitet werden?

> Echte Resistenz gegenüber Pflanzenschutzmitteln ist dann gegeben, wenn ein einziger Wirkstoff oder eine Wirkstoffgruppe, während eines mehr oder weniger langen Zeitraumes gegen ein bestimmtes Pathogen eingesetzt, in der Wirkung rapide nachlässt und für die Bekämpfung völlig unbrauchbar wird.

Wie kann eine solche echte Resistenz im Bereich Pflanzenschutz entstehen?
- Vorab durch Selektion widerstandsfähiger Individuen.
- Durch die Vermehrung dieser selektierten Individuen. Je schneller die Entwicklung, je kürzer der Zyklus, desto grösser ist die Möglichkeit einer Resistenz.
- Durch Variationen, Adaptationen und Mutationen, aber auch durch verminderte Wirkstoffaufnahme oder verstärkten Wirkstoffabbau von Wirtspflanzen und Pathogenen.

Wie kann echter Resistenz im Pflanzenschutz vorgebeugt werden?
- Pflanzenschutzmittel überlegt auswählen und einsetzen.
- Pflanzenschutzarbeiten immer gründlich ausführen, auch blattunterseits.
- Empfohlene Dosierungen einhalten, Überdosierungen vermeiden, eventuell wiederholen.
- Wirkungsmechanismen und Wirkungsspektren der Präparate beachten.
- Sinnvolle Kombinationen machen, zum Beispiel bei der Schädlingsbekämpfung Larvizide und Ovizide mit einbeziehen.
- Wirkstoffgruppen überlegt wechseln.
- Systemisch wirkende Präparate nur einsetzen, wenn Pathogene sowie auch die Wirtspflanzen aktiv sind.
- Die Wirkung systemischer Präparate nicht überschätzen.

Was tun bei vermeintlicher oder echter Resistenz? Pflanzenschutzfachleute konsultieren und mit ihnen ein Behandlungsprogramm ausarbeiten.

Einige Fachausdrücke im Zusammenhang mit Resistenz (Resistenz = R.)

Abiotische R.	R. gegen Kälte (Frost), Hitze, Dürre, Feuchtigkeit
Jugend-R. *Alters-R.*	R. im Verlauf der Entwicklung veränderlich
Monogene R. *Multigen-R.*	R. von einem bis vielen Genen kontrolliert
Konstitutive R.	angeborene, natürliche R.
Induzierte R.	erworbene R.
Allgemeine R.	gegen mehrere Erreger resistent
Verliehene R.	erhöhte R. durch Einwirkung chemischer Stoffe
R.-Mechanismen	spezifische Eigenschaften bestimmter Pflanzenarten beziehungsweise -sorten, den Angriffen von Schaderregern zu widerstehen
Mechanische R.	R. durch morphologische Eigenschaften, beispielsweise harte Kutikula, betalgte, schützende Flügeldecken usw.
Biozid-R.	bei Schädlingen R. gegenüber Insektiziden, bei Krankheiten gegenüber Fungiziden
Rassenspezifische R.	R. abhängig vom Wirt-Parasit-Verhältnis
Resistenztest	Verfahren zur Ermittlung des R.-Verhaltens
Resistenzverlust	wenn Pathogene die angeborene Widerstandsfähigkeit eines Wirtes überwinden

Schl.

Gesunde Pflanzen aus Gewebekultur

In den letzten Jahren hat man in der Anzucht von gesunden Pflanzen aus Gewebe- oder Meristemkultur gewaltige Fortschritte gemacht. *Die Meristem- und Gewebekultur ist bei einigen Pflanzenarten* ***die*** *Lösung schlechthin,* da die Pflanzenbestände durch Virosen und Bakteriosen und andere Schwächeerscheinungen derart verseucht werden, dass eine gesunde und ertragverheissende Kultur oft zum voraus in Frage gestellt war.

Was ist ein Meristem? Meristeme sind die obersten Vegetationspunkte eines Sprosses, in denen die Zellteilung als Auslöser des Wachstums stattfindet. Ein Meristem ist also ein kleiner Zellhaufen an der äussersten Triebspitze, der noch nicht differenziert ist und demzufolge die Fähigkeit hat, sich vorerst durch quantitative Zellteilung massenhaft zu vermehren. Dieses Meristem wird unter sterilsten Bedingungen unter dem Mikroskop mittels Skalpell in einem Labor in der Grösse von 0,5 bis 1 mm herausgeschnitten und auf eine sterile Agar-Agar-Lösung mit Nähr- und Wuchsstoffen sowie Vitaminen aufgesetzt und in einem Brutkasten unter optimalen Wärme- und Lichtverhältnissen zur Zellteilung gebracht.

△ Triebspitze mit Meristem (Abb. 23b)

▽ Meristemzellgewebe (Pelargonium) (Abb. 23a)

▽ Gesunde Pflanze aus Gewebekultur (Abb. 23c)

△ Saintpaulia aus Gewebekultur (Abb. 24a)
▽ Saintpaulia aus Gewebekultur (Abb. 24b)

△ Saintpaulia aus Gewebekultur (Abb. 24c)
▽ Verkaufsfertige gesunde Jungpflanzen (Abb. 24d)

Aus dem winzigen Zellhäufchen bilden sich grössere Zellverbände, die noch keine Blättchen, Wurzeln, Oberhaut und Seitenknospen entwickelt haben. Durch Umsetzen auf ein anderes Agar-Nährmedium und durch gezielte Wuchs- oder Förderstoffe werden in der Folge Blättchen, Triebe und auch Wurzeln gebildet. Aus einem einzigen winzigen Meristem können sich innert Monaten Hunderte bis Tausende von gesunden und gleichförmigen Jungpflanzen entwickeln, wo sie als Mutterpflanzen als Ausgangsmaterial für Jungpflanzen Verwendung finden.

Wann spricht man von Gewebekultur? In der Fachliteratur gehen die Begriffe zum Teil weit auseinander. Allgemein wird als Gewebekultur eine etwas grössere Triebspitze als beim Meristem entnommen, deren untere Zellpartien bereits differenziert sind, das heisst, die Anlagen für Oberhaut, Blättchen und Blüten sind bereits vorhanden. Entnimmt man ein solches Gewebeteilchen in der Grösse von 1,5 bis 2 mm und legt dieses auf eine Agar-Nährstofflösung, so entwickelt sich sehr rasch ein einzelner Trieb, der als Ausgangsmaterial für gesunde Mutterpflanzen (Beispiel Geranien) verwendet wird. Bei der Gewebevermehrung können aber auch andere Pflanzenteile zur Massenvermehrung in vitro (unter Glas) herangezogen werden. Bei Saintpaulien werden beispielsweise vorbehandelte Blätter in quadratische Stücke von 1 cm^2 Grösse geschnitten und darauf in Petrischalen auf ein Nährmedium gelegt. Nach einigen Wochen bilden sich an den angeschnittenen Blatträndern Kallusgewebe und in der Folge eine Vielzahl von kleinen Adentivknospen. Sobald diese eine gewisse Grösse erreicht haben, werden die Blattstücke in 4 Teile geteilt und erneut in Petrischalen gelegt, wo wiederum Adventivknospen entwickelt werden. Nach weiteren Teilungen und «Umpflanzungen» gelangen die kleinen neuen Pflänzchen schliesslich in Plastikschalen und mit diesen zum Jungpflanzenproduzenten, der die Pflänzchen einzeln in Schalen mit Erdsubstrat pikiert, wo sie sich normal weiterentwickeln. Das Resultat beim Jungpflanzenempfänger: eine kürzere Kulturzeit dank freudigerem Wuchs, einheitliches Pflanzenmaterial und Sortenreinheit.

Warum sind Meristem- und Gewebekulturen gesund?
Durch vorausgegangene Wärmebehandlungen und strenge Selektion werden die sortentypischen Pflanzen mit all ihren positiven Eigenschaften auf möglichst gesundes Material vorbehandelt. Aus diesem Grunde sind Meristeme immer gesund und das daraus entstandene Pflanzenmaterial ebenfalls. Sorgen wir dafür, dass mittels der notwendigen Hygiene (siehe Seite 18) die aus Meristem- und Gewebekultur erzeugten Jungpflanzen auch gesund bleiben! M. B.

Biologischer Pflanzenschutz

Bio heisst Leben, logos bedeutet Gesetz oder Lehre, zusammenhängend also lebensgesetzlich. Mit dem biologischen Pflanzenschutz strebt man ein Gleichgewicht zwischen Schädlingen und Nützlingen an.

Allgemein wird heute ein Pflanzenschutz ohne Einsatz von chemisch erzeugten, oft giftigen Stoffen, die an und in den Pflanzen unerwünschte Rückstände hinterlassen können, angestrebt. Gesünder leben ist die Devise, nachdem man jahrzehntelang eher eine gesteigerte Produktion mit allen uns zur Verfügung stehenden Mitteln anstrebte.
Im Rahmen der Darstellung von Schadbildern und ihren Verursachern als tierische Schädlinge oder als Krankheiten im Bereich der Mykosen (Pilze), Bakteriosen und Virosen sollen auch die uns bis heute bekannten Nützlinge vorgestellt werden. Ihre Bedeutung, besonders im Anbau von Konsumgütern, die der Ernährung dienen (Gemüse, Obst und Beeren), muss daher ebenfalls Erwähnung finden. Da auch die Forschung intensiv in die biologische Richtung arbeitet, kommen stets neue Erkenntnisse dazu. Dieses Thema kann daher nie abschliessend behandelt werden.

Nützlinge

in der Natur frei vorkommend:

1. Nützlingsförderung

Wenn wir bewusst biologischen Pflanzenschutz betreiben wollen, so helfen uns schon bescheidene Massnahmen wie zum Beispiel abseits Reisighaufen liegen lassen, auch Gräser, Stauden und Stäucher nicht zu knapp zurückschneiden, damit sie ein beliebtes Refugium für die frei vorkommenden Nützlinge bilden.

2. Nützlingsfreilassung

Das Sortiment an käuflichen Nützlingen ist bereits sehr gross und wird in Zukunft noch zunehmen. Vor allem in geschlossenen Räumen wie Gewächshaus, Wintergarten und Blumenfenster finden wir vermehrte Möglichkeiten, gegen hartnäckige Schädlinge wie Weisse Fliegen, Thripse, Woll- und Blutläuse, Blattläuse und andere gezielt Nützlinge einzusetzen.

Wir unterscheiden dabei zwischen **Räubern,** die ihre Opfer auffressen (meist auf mehrere Schädlinge spezialisiert), und **Parasiten,** die ihre Eier einzeln in Larven oder Adulte ablegen, wo die ausschlüpfenden Larven den Schädling von innen her vertilgen. Meist sind diese nur auf eine Art spezialisiert.

△ Spinne im Netz (Abb. 25a)

▽ Marienkäfer mit Larven (Abb. 25b)

▽ Marienkäferlarven vertilgen Blattläuse (Abb. 25c)

△ Florfliegeneier (Abb. 26a)
▽ Florfliegenlarven fressen Blattläuse (Abb. 26b)

△ Florfliege (Abb. 26c)
▽ Raubmilbe (gelborange) und Spinnmilbe (Abb. 26d)

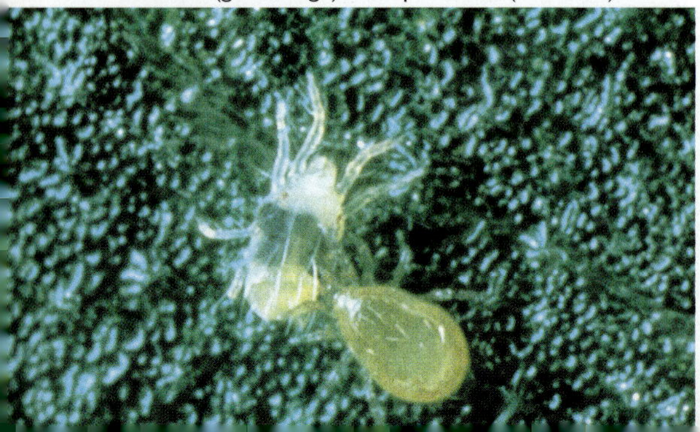

Spinnen *(Araneae):* Wir unterscheiden Arten, die sich durch ihre kunstvoll gesponnenen Netze bemerkbar machen und solche, die sich auf den Beinen laufend vorwärtsbewegen und dabei Jagd auf Beutetiere machen. Der Speisezettel ist reichhaltig und umfasst aus dem grossen Bereich der Schadinsekten vor allem Fliegen, Mücken, Motten, Wespen, Milben und auch Blattläuse und Weisse Fliegen. Ihre natürlichen Schlupfwinkel sind Sträucher, Bäume, Koniferen, aber auch höhere Stauden, Gräser und Wildblumen. Auffallend sind die trichterförmigen Baldachinnetze an Sträuchern und Koniferen sowie auf Wildwiesen, während die grossen, radförmigen Netze mehr in offenen Flugschneisen der Insekten gebaut werden. Ein umweltbewusster Gartenfreund achtet darauf, dass in seinem Garten solche natürlichen Lebensbereiche der Nützlinge erhalten bleiben.

Marienkäfer *(Coccinellidae):* Es gibt verschieden gefärbte Arten in der Grösse von 3 bis 8 mm. Sie legen ihre Eier in Häufchen von 10 bis 20 Stück auf die Blattunterseite von verschiedenen Pflanzenarten ab. Die Larven sind meist grau-blau gefärbt und weisen gelbe Punkte auf. Durch intensiven Frass von Blattläusen (500 bis 1000 pro Larve) wachsen sie sehr rasch heran und werden in dieser Zeit zwischen 1,5 und 8 mm lang. Auch die Marienkäfer fressen munter weiter und können während eines Lebensalters inklusive Larvenstadium bis zu 3000 Blattläuse verzehren! Sie überwintern als Käfer (Adulte) an geschützten Stellen und sind im Frühjahr die ersten, die in der freien Natur Gräser und Sträucher nach Blattläusen absuchen und hier ihre Eier ablegen. Weitere Marienkäfer siehe Tabelle Seite 38.

Laufkäfer *(Carabidae):* In Europa gibt es mehrere hundert Arten dieser räuberischen Käfer, deren grösste bis 4 cm lang werden können. Im Juni legen die Weibchen insgesamt 20 bis 60 Eier in kleine Erdhöhlen oder in Laubhaufen ab. Die Larven fressen grosse Mengen an Raupen, Puppen und auch Schnecken sowie deren Eier im Boden. Gefördert werden sie durch Schaffung von geeigneten Schlupfwinkeln wie leere Töpfe, die mit Laub gefüllt sind und leicht eingegraben werden und ähnliches.

Florfliegen *(Chrysopidae):* Dieser Nützling mit seinen bis 3 cm langen, glasklaren und feindurchnetzten Flügeln besitzt als zusätzliches Merkmal lange, dünne Fühler und grosse, goldigglänzende Augen. Bis 20 Eier werden im Freien auf die Blattunterseiten von Sträuchern und Bäumen an lange Fäden abgelegt. Die ausschlüpfenden Larven erreichen eine Grösse von 7 bis 8 mm, sie haben sich auf Blattläuse spezialisiert. Während ihres relativ kurzen Lebens von 18 bis 20 Tagen verteilen sie je 200 bis 500 Blattläuse. Auch andere Schädlinge werden nicht verachtet. Florfliegen gelangen heute auch gezielt zum Einsatz. Siehe Tabelle Seite 38.

Raubmilben *(Aracina):* Neben den schädlichen Milbenarten (Spinnmilben, Pockenmilben, Weichhautmilben, Kräuselmilben, Gallenmilben) gibt es in der Natur auch Raubmilben, die spezialisiert sind, bestimmte Arten ihrer schädlichen Artgenossen aufzufressen. Die Raubmilbe *Phytoseiulus persimilis* beispielsweise wird heute in spezialisierten Betrieben massenweise vermehrt und besonders für den Einsatz im Gewächshaus bei Gurkenkulturen mit Spinnmilbenbefall in den Handel gebracht. Solange die Kulturpflanzen Spinnmilbenbefall aufweisen, können sich auch die Raubmilben ernähren und so vermehren sie sich dabei sehr stark, wodurch ein biologisches Gleichgewicht entsteht, der Schaden hält sich in der Folge in niederen Grenzen.
Andere Arten (siehe Tabelle Seite 30) werden heute auch gezielt gegen Thripse und Trauermückenlarven eingesetzt.

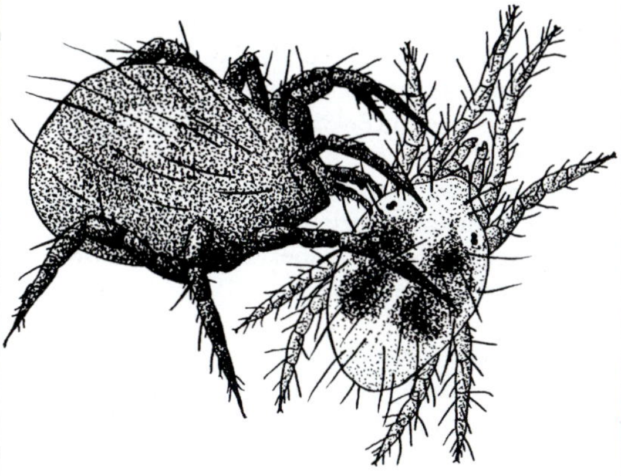

Raubmilbe

Schlupfwespen *(Ichneumonidae):* Es gibt sehr unterschiedliche Arten, die sich je auf eine bestimmte Spezies von Schädlingen spezialisiert haben. Die wespenähnlichen Insekten sind zum Teil sehr klein (zirka 1 mm), andere wiederum bis einige Zentimeter gross. Typisch ist ihr langer Hinterleib mit dem Legestachel. Damit wird dem befallenen Schädling ein Ei in den Körper gelegt, das dort ausschlüpft. Die Larve frisst in der Folge den Schädling von innen her auf, der Schädling ist parasitiert. Die Verpuppung geschieht ebenfalls im Schadinsekt, von wo aus die Wespe im Frühjahr ausschlüpft und erneut ihre Eier auf Schäd-

△ Parasitierte Blattläuse (Abb. 27a)
▽ Parasitierte Larven der Weissen Fliege (Abb. 27b)

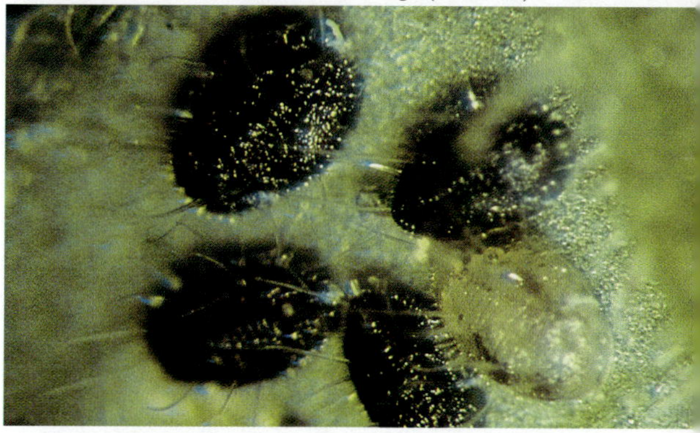

△ Parasitierte Kohlweisslingsraupe (Abb. 27c)
▽ Parasitierte Kommaschildläuse (Abb. 27d)

△ Parasitierte Blutläuse durch Blutlauszehrwespe (Abb. 28a)
▽ Schwebfliege (Abb. 28b)

▽ Ohrwurm (Abb. 28c)

linge ablegt. Schlupfwespen werden heute im Handel angeboten und kommen gezielt zum Einsatz. Siehe Tabelle auf der Seite 36!

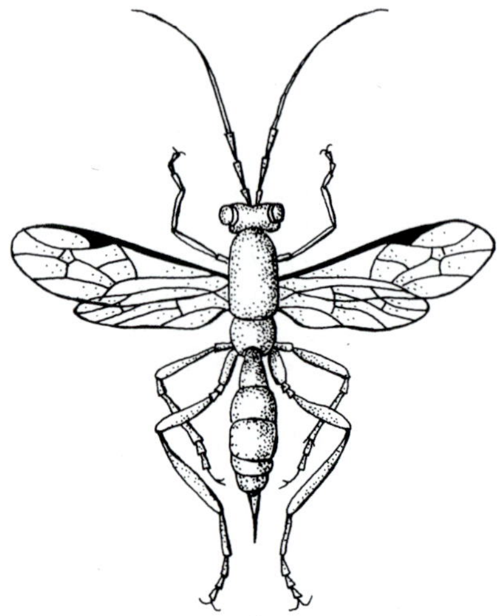

Schlupfwespe

Blutlauszehrwespen: Blutläuse befallen an Apfelbäumen besonders die Rinden, wo sie Zellwucherungen verursachen. Durch ihre Wachs- und Wollabsonderungen ist eine Bekämpfung mit Insektiziden oft schwierig. Hier ist die Blutlauszehrwespe *Aphelinus mali* ein willkommener Helfer. Die aus Amerika stammende Wespe kann gezielt auf befallene Bäume ausgesetzt werden. Sie wird aber durch den Einsatz von Insektiziden stark reduziert.

Gallmücken *(Aphidoletes aphidimyza):* Sie ist eine etwa 2 mm grosse, räuberische Gallmücke. Nicht die adulte Mücke, sondern die Larve verzehrt eine grosse Anzahl von Blattläusen. Sie werden vorzugsweise mit *Aphidius-* und *Aphelinus*-Schlupfwespen bei Temperaturen über 18 °C und einer relativen Luftfeuchte von 70 bis 90% in aufkommende Blattlauskolonien eingesetzt.

Schwebfliegen *(Syrphidae):* Verschiedene Arten dieser wespenähnlichen Insekten werden 7 bis 15 mm gross. Sie legen ihre Eier meist in den Bereich von Blattlauskolonien ab, wo die Larven bis zu ihrer Verpuppung je 200 bis 900 Blattläuse vertilgen.

Raubwanzen *(Reduviidae):* Ausser einer Vielfalt von etwa 800 verschiedenen pflanzenschädigenden Wanzenarten, die in Mitteleuropa leben, gibt es einige nützliche Arten, die sich von Pflanzenschädlingen ernähren. So ist die Sichelwanze auf Blattläuse und andere Insekten spezialisiert, während die Blumenwanzen von Blattläusen und Blattsaugern leben. Verschiedene Arten der Gattung *Orius* ernähren sich von Spinnmilben und Gallmückenlarven. Die Gattung *Anthocoris* hat sich auf die Eier der Blattsauger und auf Blattläuse spezialisiert. Von der Weichwanze *Pilophorus perplexus* ist bekannt, dass sie sich von Spinnmilben und Blattläusen ernährt. Das Stadium der verschiedenen Wanzenarten ist äusserst interessant. Es lohnt sich, die schädlichen von den nützlichen Arten unterscheiden zu können.

Ohrwurm *(Dermaptera):* Der Ohrwurm gilt zum Teil als Schädling, weil er vereinzelt an Wurzeln (Orchideen) und zarten Triebteilen frisst. Anderseits ist bekannt, dass er grosse Mengen an Blattläusen und andere Kleininsekten verzehrt. Seine Aktivität ist auf die Nacht ausgerichtet, tagsüber sucht er geeignete Schlupfwinkel auf. Durch verkehrt aufgehängte Töpfe oder Feuerwehrschlauchteile, die mit lockerer Holzwolle gefüllt sind, lockt man den Ohrwurm an gefährdeten Bäumen an, wo er sich wohl fühlt und sich nützlich macht.

Blindschleichen: Die zu den Echsen gehörende fusslose, 50 cm bis 1 m lang werdende Blindschleiche lebt tagsüber versteckt in feuchten Wiesen oder in locker aufgeschichteten Steinmauern, mit entsprechenden Hohlräumen (Trockenmauern) auch im Garten. Die Hauptnahrung sind Insekten, Nacktschnecken, Schneckeneier und auch Würmer. Durch Errichten von geeigneten Schlupfwinkeln kann sie heimisch gemacht werden.

Igel: Die Igel sind als Vertilger von Schnecken, Raupen, Puppen, aber auch von Mäusen und anderem sehr nützlich. Sie verbergen sich in Schlupfwinkeln wie Laubhaufen, Tannreisighaufen usw. Durch solche Anziehungspunkte kann man den Igel anlocken und heimisch machen.

Vögel: Verschiedene Vogelarten vertilgen eine Vielzahl von Schadinsekten und Wirbeltieren im Garten und in Feldkulturen, wie beispielsweise Frostspannerraupen, Gespinstmottenlarven, Kohlweisslingslarven an Gemüse und Obstanlagen, deren Bestand in der Folge stark reduziert wird. Gefördert werden diese nützlichen Vogelarten durch zahlreich angebrachte Nistkästen im Bereiche des Gartens oder der Obst- und Gemüsekulturen. In der freien Landschaft werden Sitzstangen von 2 bis 3 m Höhe für Greifvögel montiert. Mit ihren scharfen Augen können beispielsweise Mäusebussarde und Eulen ein weites Feld gegen Feldmäuse kontrollieren. Dadurch konnte in den letzten Jahren die Mäuseplage vielerorts stark eingedämmt werden.

△ Blindschleiche (Abb. 29a)
▽ Igel (Abb. 29b)

▽ Schleiereule (Abb. 29c)

Bewilligte Nützlinge* gegen:	Merkmale:
*In Deutschland käufliche Nützlinge und Bezugsadressen siehe Seiten 300 f. und 310	
Aphidoletes aphidimyza Raubgallmücke (Bild 30a) gegen Blattläuse	Adulte feingliederig, ca. 2 mm gross, Beine bis 3,5 mm lang, Larve 0,4–2,8 mm lang, orangerot gefärbt
Therodiplosis persicae Raubgallmücke (Bilder 31d+31e) gegen Spinnmilben	Feingliederig, ca. 1,8 mm gross, Beine 3,5 mm lang, Larven 0,4 bis 1,9 mm lang, gelb bis orange
Amblyseius degenerans Raubmilbe (Bild 30b) gegen Thrips, Teilwirkung gegen Zitrusmilben	Schwarzglänzend, unbehaart, helle durchscheinende Beine
Amblyseius cucumeris Raubmilbe (Bilder 31a+31b) gegen Thrips und Weichhautmilben	Adulte 0,5 mm gross, birnenförmig, blassrosa, durchscheinend, unbehaart, 4 Beinpaare, Larven: 3 Beinpaare
Hypoaspis miles Raubmilbe (Bild 31c) gegen Trauermücken	Adulte 1 mm gross, braun, unbehaart, 4 Beinpaare, sehr beweglich
Phytoseiulus persimilis Raubmilbe (Bild 31b) gegen Spinnmilben	Adulte glänzend orange, birnenförmig, 4 Beinpaare, beweglich, Larven weiss bis hellrot, 3 Beinpaare
Macrolophus caliginosus Raubwanze (Bild 32a) gegen Weisse Fliegen, Larven fressen auch Blattläuse, Spinnmilben und kleine Raupen	Adulte 3 bis 4 mm gross, grün gefärbt, Larven grün mit roten Augen

▽ Aphidoletes-Raubgallmücke (Abb. 30a)

▽ Amblyseius degenerans-Raubmilbe (Abb. 30b)

Einsatztermin:

Ausbringen März bis September, bevorzugt hohe Luftfeuchte von 70–90 %. Sie benötigen offenen Boden für eine gute Entwicklung

März bis Oktober ab 45 % Luftfeuchte und bei mässiger Temperatur in Befallsherde freilassen. 10 Tage nach der Freilassung sollten die ersten Larven gefunden werden

Ausbringen durch das ganze Jahr, gute Vermehrung auf blühenden Pflanzen, geringe Ansprüche an die Luftfeuchtigkeit. Blaufallenkontrolle

Durch das ganze Jahr, Mindestluftfeuchte 65 % und mindestens 16 °C. Blaufallenkontrolle

Durch das ganze Jahr, Temperatur ab 12 °C. Auch in trockenen Böden aktiv. Langsame Wirkung. Gelbfallenkontrolle

Durch das ganze Jahr, bevorzugt trockene Räume. 2 Wochen nach der Freilassung sollte das Verhältnis Raubmilben zu Spinnmilben maximal 1:10 betragen

Januar bis Juli, geringe Ansprüche auf Luftfeuchte. Bei Auftreten der Weissen Fliege zusätzlich Encarsia einsetzen

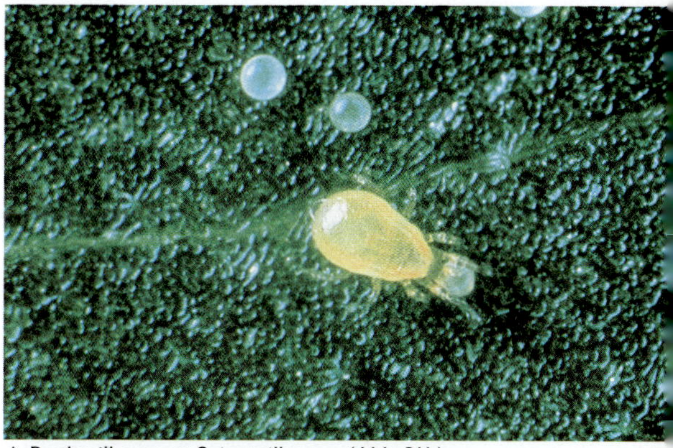

△ Raubmilbe saugt Spinnmilbe aus (Abb. 31b)

▽ Hypoaspis miles-Raubmilbe (Abb. 31c)

△ Therodiplosis persicae-Raubgallmücke (Abb. 31d)

▽ Therodiplosis-Larve (Abb. 31e)

▽ Amblyseius cucumeris-Raubmilbe (Abb. 31a)

Bewilligte Nützlinge gegen:	Merkmale:
Orius sp. Raubwanze (Bild 32b) gegen Thrips, Adulte fressen auch Blattläuse und Spinnmilben	Adulte sind 2 bis 3 mm gross, schwarz-braun, sie legen Eier in Pflanzengewebe ab. Larven sind gelb bis orange, klein
Anagyrus fusciventris Erzwespe gegen Woll- und Schmierläuse	Die Adulte sind 2 bis 3 mm gross, die Männchen schwarz, die Weibchen gelb-grau
Aphelinus abdominalis Erzwespe (Bild 33a) gegen Kartoffel- und Pfirsichblattläuse	1 mm gross, gelb-schwarz, parasitiert alle Blattlausarten. Sie stechen junge Läuse an und saugen sie aus
Aphytis melinus Erzwespe gegen Schildlausarten	1 bis 2 mm gross, gelb. Sie legen ihre Eier unter die Deckel oder in die Nähe, die Adulte stechen junge Schildläuse an und saugen sie aus
Aphytis holoxanthus Erzwespe gegen Chrysomphalus-Schildläuse	1 bis 2 mm gross, gelb. Sie legen ihre Eier unter den Schild ab. Adulte stechen Jungtiere an und saugen sie aus
Coccophagus lycimnia Erzwespe gegen Napfschildläuse	2 mm gross, schwarz, Weibchen mit weiss-gelbem Fleck auf dem Rücken, sehr ruhig
Encarsia formosa Erzwespe (Bilder 33b–33e) gegen Weisse Fliegen	Klein, nur 0,6 mm gross, gelb mit schwarzem Kopf- und Brustteil. Die Adulte ernähren sich von Honigtau, stechen aber auch Larven an und saugen sie aus

▽ Macrolophus caliginosus-Raubwanze (Abb. 32a)

▽ Orius-Raubwanze (Abb. 32b)

Einsatztermin:

März bis Oktober bei stärkerem Befall, geringe Ansprüche an Temperatur und Luftfeuchte. Besonders bei starkem Thripsbefall einsetzen

Ende Februar bis Oktober, bei starkem Befall nicht anwenden. Die Wespe bevorzugt einzelne Wolläuse. Wirkt gegen grössere Entwicklungsstadien und frühadulte Schmierläuse

Juni bis August in Befallsherde, bevorzugt hohe Temperaturen über 20 °C. Geringe Ansprüche an die Luftfeuchte. Parasitierte Blattläuse werden schwarz

März bis September, mässige Ansprüche an Luftfeuchte und Temperatur unter 19 °C

März bis September. Temperatur bei 19 °C bei hoher und niedriger Luftfeuchte. Innert 2 Monaten sollten 50% parasitiert sein

Durch das ganze Jahr, bevorzugt von März bis September ideal über 20 °C und über 60% Luftfeuchte. Nach 3 Wochen verfärben sich die jungen Schildläuse schwarz, sie schwellen an

Ganze Kultursaison, im Juni bis August Menge erhöhen. Geringe Ansprüche an Temperatur (bei 15 °C) und Luftfeuchte

▽ Aphelinus abdominalis-Erzwespe mit Blattlaus (Abb. 33a)

△ Encarsia formosa-Erzwespe (Abb. 33b)

▽ Links parasitierte Larve Weisse Fliege (Abb. 33c)

△ Weisse Fliegen (Abb. 33d)

▽ Encarsia-Einsatz gegen Weisse Fliegen (Abb. 33e)

Bewilligte Nützlinge gegen:	Merkmale:
Encyrtus infelix Erzwespe (Bild 34a) gegen Napfschildläuse, die parasitiert werden	3 bis 5 mm gross, dick, schwarz, ameisenähnlich mit geknickten Flügeln
Eretmocerus mundus Erzwespe (Bild 34b) gegen Weisse Fliegen	Klein, 0,5 mm gross, gelb mit grünen Augen. Das Ei wird neben den Schädling abgelegt
Encarsia citrina Erzwespe gegen Farn- und Deckelschildläuse	Klein, 0,5 bis 1 mm gross, grau-gelb mit grünen Augen und 3 roten Punkten am Kopf
Leptomastidea abnormis Erzwespe (Bild 35a) gegen Schmierläuse, die parasitiert werden	2 mm gross, grau-gelb mit gelbem Kopf. Die Flügel sind schwarz gestreift
Leptomastix dactylopii Erzwespe (Bild 35b) gegen Schmierläuse, die parasitiert werden	3 mm gross, gelb mit langen Antennen
Leptomastix epona Erzwespe (Bild 35d) gegen Schmierläuse, die parasitiert werden	2 bis 3 mm gross mit dünnen, schwarzen und langen Fühlern. Die Flügel weisen schwarze Bänder auf
Metaphycus helvolus Erzwespe (Bild 35e) gegen Napfschildläuse, die parasitiert oder ausgesaugt werden	1 mm gross, gelb bis orange, sie lebt ca. 2 Monate lang und legt täglich 8 bis 10 Eier

▽ Encyrtis infelix-Erzwespe (Abb. 34a)

▽ Eretmocerus mundus-Erzwespe (Abb. 34b)

Einsatztermin:

März bis Oktober bei Temperaturen bei 20 °C, geringe Ansprüche an die Luftfeuchte. 2 bis 3 Wochen nach der Freilassung verfärben sich ältere Schildläuse schwarz und schwellen an

Durch das ganze Jahr, mässige Ansprüche an Wärme und Luftfeuchte. Wirkt nur gegen die Art Bemisia tabaci. Überwachung mit Gelbtafeln

März bis Oktober bei Temperaturen um 20 °C und geringen Luftfeuchteansprüchen. Im Herbst kann eine Parasitierung bis 60 % erreicht werden

März bis Oktober bei geringen Klimaansprüchen. Kontrolle nur bei kleinen Schmierläusen durchführen. Die mumifizierten Läuse werden rötlich

März bis September, wirkt nur gegen grössere Schmierläuse. Temperatur ab 19 °C. Mumifizierte Schmierläuse werden gelblich, sie verhärten

März bis Oktober bei hohen Lichtwerten und mässigen Temperatur- und Luftfeuchtewerten. Wirkt besonders gegen ältere Larvenstadien. Diese werden gelblich und verhärten

März bis Oktober bei mässigen Klimaansprüchen, heisse Standorte meiden. Kontrolle nur auf den kleinen, hellgelben Schildlausstadien durchführen. 3 Wochen nach dem Einsatz ist auf der Schildmitte ein erhöhter, heller Streifen sichtbar

△ Leptomastix dactylopii-Erzwespe mit Wolläusen (Abb. 35b)
▽ Wolläuse an Streptocarpus (Abb. 35c)

△ Leptomastix epona-Erzwespe (Abb. 35d)
▽ Metaphycus helvolus (Abb. 35e)

▽ Leptomastidea abnormis-Erzwespe (Abb. 35a)

Bewilligte Nützlinge gegen:	Merkmale:
Microterys flavus Erzwespe (Bild 36a) gegen Schildläuse, die parasitiert oder ausgesaugt werden	2 mm gross, gelblich bis braun, die Flügel sind schwarz-weiss gestreift
Pseudaphycus maculipennis Erzwespe gegen Schmierläuse, die parasitiert werden	2 mm gross mit weisser Antennenspitze, pro Schmierlaus werden 3 bis 7 Eier abgelegt
Aphidius colemani Schlupfwespe (Bild 37a) gegen Blattlausarten, die parasitiert werden	2 bis 3 mm gross, schwarz, typische Wespenform. Während 1 Woche (Lebensdauer) werden bis 300 Blattläuse vertilgt
Aphidius ervi Schlupfwespe (Bild 37b) gegen Blattlausarten, die durch Eiablage parasitiert werden	3 bis 5 mm gross, schwarz mit typisch wespenförmigem Körper
Dacnusa sibirica Schlupfwespe (Bild 37c) gegen Minierfliegenlarven, die parasitiert oder ausgesaugt werden	Adulte 2 bis 3 mm gross, glänzend schwarz mit langen Fühlern. Larven weiss mit schwarzen Innereien. Entwicklung im Inneren der Minierfliegen
Diglyphus isaea Schlupfwespe (Bilder 37d + 37e) gegen Minierfliegenlarven, die parasitiert oder ausgesaugt werden	Adulte 1 bis 2 mm gross, schwarz glänzend mit kurzen Fühlern. Larven sind weiss, Puppe metallisch-grün
Franklinothrips vespiformis Thripsart gegen Thripslarven	Adulte dunkelbraun bis schwarz, Aussehen wie Ameisen, die Larven sind hellrot

▽ Microterys flavus-Erzwespe (Abb. 36a)

▽ Junge Schildläuse (Abb. 36b)

Einsatztermin:

März bis Oktober bei mässigen Temperaturen. Kontrolle: 3 bis 4 Wochen nach der Freilassung entsteht ein dunkler Ring mit hellerem Inneren unter dem Schild

März bis Oktober bei hohen Temperaturen bei 20 °C und genügend starkem Licht. Wirkt vor allem gegen ältere Larvenstadien. Mumifizierte Schmierläuse verfärben sich gelblich und werden hart

Während der ganzen Kultursaison, geringe Ansprüche an Temperatur und Luftfeuchte. Parasitierte Blattläuse werden goldbraun

Während der ganzen Saison in Befallsherde bei Temperaturen ab 13 °C. Kontrolle: Parasitierte Blattläuse werden goldbraun

Ganze Kultursaison bei mässigen Klimaansprüchen bei 15 °C und 50% Luftfeuchte. Diglyphus sind als Mischpartner gut geeignet

März bis August bei 19 °C und 65 % Luftfeuchte. Überwachung der Minierfliegen mit Gelbfallen. Neue Blätter und Triebe sind schädlingsfrei

März bis Oktober. Ausgesogene Thripslarven sind 3 bis 4 Wochen nach Freilassung zu erkennen. Erste Wirkung nach 5 bis 6 Wochen

△ Aphidius ervi legt Ei in Blattlaus (Abb. 37b)
▽ Dacnusa sibirica-Schlupfwespe (Abb. 37c)

△ Diglyphus isaea-Schlupfwespe (Abb. 37d)
▽ Minierfliegenlarven, Schadbild (Abb. 37e)

▽ Aphidius-Schlupfwespe (Abb. 37a)

Bewilligte Nützlinge gegen:	Merkmale:
Chilocorus nigritus Marienkäfer gegen Deckelschildläuse	Grosser, kreisrunder, glänzend schwarzer Käfer, die Larven sind gelborange bis braunschwarz und besitzen «Stacheln»
Cryptolaemus montrouzieri Marienkäfer (Bild 36b) gegen Schmierläuse und Schildläuse	Schwarz mit orangem Kopf, sie ernähren sich von Schmierlauseiern und von Schildläusen
Harmonia axyridis Marienkäfer (Bilder 38a+38b) gegen Blattläuse, fressen aber auch andere Schädlinge	Adulte orange mit schwarzen Punkten oder schwarz mit orangen Punkten, legen Eier in Blattlauskolonien. Die Larve ist schwarz mit gelben Querstrichen. Sie vertilgen bis 100 Läuse täglich
Lindorus lophanthae Marienkäfer (Bild 39a) fressen vor allem junge Schildläuse	Die Adulte sind klein, braun-schwarz mit orangem Kopf und Leib. Die Larve ist grau und unbehaart
Chrysoperla carnea Florfliege (Bild 39c) gegen Blattläuse und Thrips. Sie ernähren sich von Honigtau, die Larven verzehren eine Unmenge von Läusen	1,5 cm gross, grün-braun mit grossen, netzartigen Flügeln und grossen roten Augen. Die Larven sind 1,5 bis 1,8 cm gross, braun-weiss gezeichnet
Steinernema feltiae Nematoden gegen Trauermückenlarven im Boden	0,6 mm grosse, durchsichtige Fadenwürmer
Heterorhabditis sp. Nematoden (Bild 39e) gegen Larven des Dickmaulrüsslerkäfers (Bild 39d)	Winzig klein, unter 1 mm lang, fadenförmig. Sie infizieren die Larven, die sich rot färben und absterben

▽ Harmonia-Marienkäfer (Abb. 38a)

▽ Harmonia axyridis-Marienkäferlarven (Abb. 38b)

Einsatztermin:

März bis September bei hoher Wärme ab 22 °C und mindestens 60% Luftfeuchte. Der Käfer frisst ein Loch in den Schild

Durch das ganze Jahr in Befallsherde bei mindestens 20 °C und 50% Luftfeuchte. 2 bis 3 Wochen nach der Freilassung sollten Marienkäferlarven zu sehen sein

März bis Juli in Befallsherde bei geringen Klimaansprüchen. 1 bis 2 Wochen nach der Freilassung müssen noch Larven zu sehen sein

März bis September bei Dämmerung und mässigen Klimaansprüchen. Die Käfer sind gut zu verteilen. Neue Blätter und Triebe sind frei von Schädlingen

Einsatz während der Kultursaison in Befallsherde, wiederholen. Am besten in Kombination mit anderen Nützlingen. Nur Larven freilassen

Während der ganzen Kulturperiode bei mindestens 12 °C Bodentemperatur. Überwachung der Trauerfliegen mit Gelbfallen

Aufgrund der Biologie im Frühjahr (Ende April bis Anfang Juni) und im Herbst (Anfang September bis Mitte Oktober) bei mindestens 12 °C in 10 cm Tiefe

▽ Lindorus lophanthae-Marienkäfer (Abb. 39a)

△ Cryptolaemus montrouzieri-Marienkäfer (Abb. 39b)
▽ Chrysoperla carnea-Florfliege (Abb. 39c)

△ Dickmaulrüsslerlarve parasitiert durch Nematoden (Abb. 39d)
▽ Heterorhabditis-Nematoden (Abb. 39e)

△ Drahtwürmer und Beauveria-Pilz (Abb. 40a)
▽ Granulosevirus im Schalenwickler (Abb. 40b)

△ Pinguicula mit Trauermücken (Abb. 40c)
▽ Tagetes gegen Nematoden (Abb. 40d)

Andere lebende Organismen

Nematoden: Eingesetzte insektenparasitierende Nematoden *Heterorhabditis sp.* und *Steinernema* zeigen gute Erfolge gegen die Larven von Dickmaulrüsslerkäfern und Trauermückenlarven, die grosse Schäden anrichten.

Nützliche Pilzarten: *Verticillium lecanii* zeigt bei richtiger Anwendung eine gute Wirkung gegen bestimmte Schädlinge (Läuse, Weisse Fliegen, Trauermücken usw.).

Nützliche Bakterienpräparate: *Bacillus thuringiensis* ist seit Jahren von verschiedenen Firmen im Handel (Seite 272–289 und 294). Es wird als Pulver angeboten und muss in Wasser aufgelöst und aufgespritzt werden. Besonders gegen die Raupen des Frostspanners, der Gespinstmotten, des Kohlweisslings, der jungen Kartoffelkäferlarve, von Trauermückenlarven und anderen zeigt es eine sichere Wirkung, ist geruchlos und hinterlässt keine giftigen Nachwirkungen.

Nützliche Virusarten: Granuloseviren gegen Apfel- und Schalenwickler sind eine weitere mikrobiologische Bekämpfungsmöglichkeit, die insbesondere im Obstbau Erfolge gebracht hat. Sie wirkt äusserst selektiv, es werden keine nützlichen Organismen beeinträchtigt. Die Granuloseviren sind sehr temperaturtolerant. Es sind zwei Behandlungen vor der Blüte erforderlich. Die Herstellerfirmen liefern die Granuloseviren im richtigen Einsatzzeitpunkt aus. (Siehe Seite 311.)

Pflanzen gegen Schädlinge und Krankheiten

Insektivoren: Aus dem grossen Sortiment der Pflanzeninsektivoren (fleischfressende Pflanzen) haben sich in einzelnen Gärtnereibetrieben einige grossblättrige *Pinguiculaarten* als sehr nützlich erwiesen. Besonders in Vermehrungshäusern, wo mit Trauermücken und ihren Larven gerechnet werden muss, oder in Erika- oder Azaleenkulturen, wo mit saurem Torf gearbeitet wird, fühlen sich diese Pinguicula-arten als teilweise Sumpfbewohner recht wohl. Die Fangerfolge gegen dieses Schadinsekt sind stets sichtbar, wenn sie auf den klebrigen Blättern haften bleiben und bald nur noch Beine und Flügel übrig sind.

Tagetes als Rand-, Zwischenpflanzung oder als Gründüngung, die später eingepflügt wird, können Bodennematoden stark reduzieren. Besonders wirkungsvoll sind die niederen Sorten der *Tagetes-Patula-Hybriden.* Die Tagetespflanzen veranlassen durch ihre Wurzelausscheidungen die Nematoden zum frühen Schlüpfen ihrer Jungen. Da sich diese aber von den Tagetes nicht ernähren können, sondern durch den Geruch eher vertrieben werden, sterben sie ab. Gemäss französischen Versuchen konnten durch Anbau von Tagetes-Patula-Hybriden bis 90% weniger Nematoden im Boden nachgewiesen werden.

Geruchslockstoffe

Pheromonfallen: Die Tatsache, dass viele Weibchen von fliegenden Insekten (Mücken, Fliegen, Käfer, Falter) die Männchen mit Sexualduftstoffen anlocken, hat man sich hier zunutze gemacht. Einige dieser Stoffe werden heute synthetisch hergestellt. Die Fallen sind so konstruiert, dass die Tiere angelockt werden und eindringen können, aber nicht mehr herauskommen. Periodisch werden die Insekten eingesammelt und vernichtet. Bei den Borkenkäferfallen wird dagegen ein Aggregationspheromon (Versammlungsduftstoff) verwendet.

Wespenfallen: Man stellt geeignete Gefässe (Flaschen, Büchsen und anderes) auf, die mit *süsslichsaurer Flüssigkeit* zu 30 bis 40% gefüllt sind (Most, Essig und frische Hefe). Davon werden auch Wespen angelockt. Sie versuchen darin zu trinken, werden betäubt und fallen hinein, wo sie ertrinken.

Bierfallen: Im Bereiche, wo Schneckenfrass zu befürchten ist, helfen glattwandige Gefässe (Becher, Büchsen und anderes), die bodeneben in die Erde eingelassen sind. Diese werden zu 30% mit Bier gefüllt. Der Geruch lockt die Schnecken an und sie fallen hinein. Jeden Tag muss das Bier gewechselt werden.

Schalen gegen Schnecken: Wenn man gefährdete Pflanzen (Salat, Tagetes, Salvia, Zinnia usw.) ohne chemischen Einsatz schützen will, legt man etwas abseits dieser Pflanzen einige Häufchen mit frischgeschnittenen Apfel- oder Kartoffelschalen. Auch Melonenschalen leisten gute Dienste. Durch den Geruch werden die Schnecken angezogen beziehungsweise von den gefährdeten Pflanzen abgelenkt, wo sie laufend eingesammelt und vernichtet werden können. Durch diese «List» gelingt es uns, vor allem im biologisch bewirtschafteten Hausgarten den Schädling unter Kontrolle zu halten.

Kartoffeln gegen Drahtwürmer: Gräbt man halbierte Kartoffeln mit der Schnittfläche nach unten etwa 3 bis 5 cm tief in den mit Drahtwürmern verseuchten Boden ein, lockt der Kartoffelgeruch die Drahtwürmer an. Sie bohren sich durch Frassgänge in die Kartoffeln ein und können bei periodischen Kontrollen (Holzstäbe in die Kartoffeln stecken) entfernt und vernichtet werden.

△ Borkenkäferfalle (Abb. 41 a)
▽ Kopf einer Wespe (Abb. 41 b)

△ Gartenwegschnecke Arion hortensis (Abb. 41 c)
▽ Gartenhäuschenschnecke Cepaea hortensis (Abb. 41 d)

△ Sägewespenfalle (Abb. 42a)
▽ Fruchtfliegenfalle (Abb. 42b)

▽ Fruchtfliegenfalle gegen Weisse Fliegen (Abb. 42c)

Optische Lockfallen

Gelbe Klebefolie: Im Gewächshaus zeitigen diese gelben Folien (Lockfarbe), die mit einem Klebestoff beschichtet sind, gegen Trauermücken, Weisse Fliegen, Minierfliegen und andere sehr gute Erfolge.

Weisse Sägewespenfallen: Die von der Eidgenössischen Forschungsanstalt Wädenswil entwickelten Fallen «Rebell» zeigen nicht nur im Obstbau, sondern auch bei gefährdeten Himbeeren sehr gute Erfolge. Bereits nach wenigen Tagen bis Wochen sind die Fallen vollbesät mit diesen spezifisch angelockten *Apfelsägewespen Hoplocampa testudinea,* den *Pflaumensägewespen Hoplocampa flava* und *H. minuta* sowie Stechmücken, Fliegen und anderen Insekten. Nützlinge haben sich praktisch keine darin verirrt. Beste Auslegezeit: 1 Woche vor dem Blütebeginn.

Gelbe Fruchtfliegenfallen: Auch die gelben Fallen «Rebell» sind nach dem gleichen Prinzip entwickelt wie die weissen. Ihre Einsatzzeit ist ab Ende Mai. Je nach Baumgrösse nimmt man 2 bis 10 Fallen. Damit kann man eine ausreichende Befallsminderung erzielen. Auch hier werden neben den spezifischen Fruchtfliegen noch eine Reihe weiterer Schadinsekten angelockt.
Weitere dieser «Rebell»-Lockfallen sind erhältlich:
– Blaufallen gegen Thripse
– Rotfallen gegen Holzbohrer
– Orangefallen gegen Möhrenfliegen.
Diese verschiedenen «Rebell»-Lockfallen haben aber eine weitere gute Anwendungsmöglichkeit: Sie werden seit Jahren im Obstbau zur Befallserhebung der Schaderreger verwendet. Ist eine gewisse Menge der Schaderreger auf der Falle, wird eine Behandlung empfohlen. Diese Erkenntnisse könnten auch auf anderen Anwendungsgebieten zum Einsatz kommen. In Deutschland werden auch von anderen Firmen Lockfallen angeboten (siehe Seite 311).

Bretter gegen Asseln und Schnecken: Gewissermassen zu den optischen Lockfallen gehört auch das Auslegen von Brettern, alten Säcken oder dergleichen. Da diese lichtscheuen Tiere gerne feuchte und dunkle Stellen aufsuchen, können die Bretter gewendet und eine Vielzahl von Schädigern eingesammelt werden. Auch kochendheisses Wasser hilft.

B. F. / M. B.

Erfolgreicher Einsatz von Nematoden gegen Dickmaulrüsslerlarven

Der Dickmaulrüsslerkäfer *Otiorrhynchus spp.* zeigt im Garten seine Spuren: Die Blätter von Stauden, zum Beispiel Bergenia und von Ziersträuchern wie Rhododendron-Catawbiense-Hybriden, Lonicera pileata, Prunus laurocerasus und anderen sind am Rande oft stark scherenschnittartig angefressen. Der Schaden ist vielerorts sehr gross. Alle Dickmaulrüsslerkäfer sind weiblich, sie können ohne Befruchtung jedes Jahr bis zu 600 entwicklungsfähige Eier produzieren, die mit Vorliebe in humusreiche Böden abgelegt werden. Weniger beachtet werden die Larven, die in humosen Böden leben und sich dort nach dem Ausschlüpfen der Eier zuerst von Feinwurzeln ernähren, mit zunehmendem Wachstum aber auch grössere Wurzeln und auch Rindenpartien im Boden total abfressen und die Pflanzen daher zum Absterben bringen. Nach der Überwinterung fressen sie erneut, um sich dann zu verpuppen, um einige Wochen später als adulte Käfer zu erscheinen.
Innert eines Jahres wächst eine neue Generation heran. Der Kreislauf der vollständigen Metamorphose ist hier dargestellt.

Erfolgreiche Bekämpfung

Kleine, 1 mm lange, glasklare Fadenwürmer haben sich auf die Larven des Dickmaulrüsslerkäfers spezialisiert. Es sind natürliche Gegenspieler, die bei mindestens 12 °C, 10 cm unter der Bodenoberfläche gemessen, mittels Wasser in den feuchten Boden gebracht werden. Die Anwendung ist denkbar einfach. Die zugekauften Nematoden sind in Schaumstoffflocken eingelagert. Diese Flocken werden nun im Giesswasser ausgeknetet, und das Wasser wird gut gerührt. Die Nematoden (pro Packung einige Millionen!) «stürzen» sich nun auf die Larven, sie verfärben sich dabei rötlich und sterben ab. Der Erfolg kann sichtbar festgestellt werden. Man beachte dabei die Anwendungsempfehlungen der Lieferfirmen!
Beste Ausbringtermine sind Ende April bis Mitte Juni und im Herbst Anfang September bis Mitte Oktober.

▽ Metamorphose des Dickmaulrüsslerkäfers

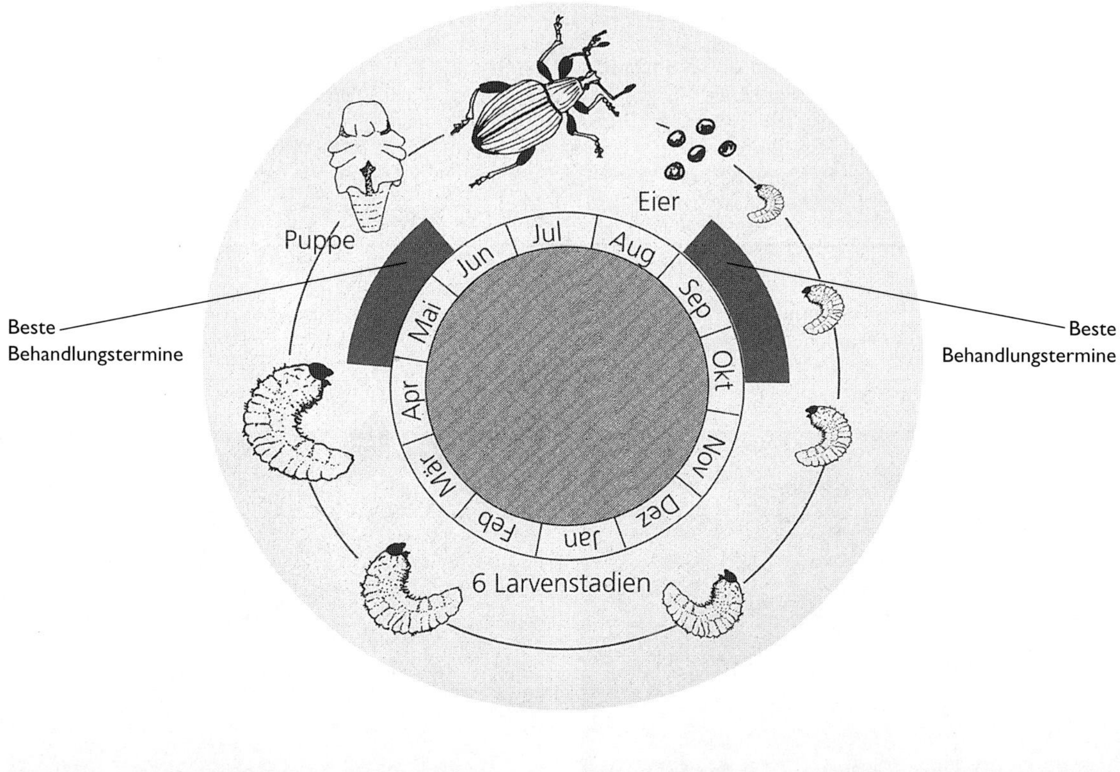

Naturgemässe Spritzmittel aus Pflanzen (Eigenherstellung)

Pflanzenart	Zutaten zu 10 l Wasser *Zubereitung*	Wirkung
Beinwell Comphrey (Symphytum officinale)	1 kg frische Blätter oder 150 g getrocknetes Kraut *Jauche vermischt mit Brennesseln*	pflanzenstärkend, kalireich, besonders gut für Tomaten
Brennessel (Urtica dioica)	1 kg frisches Kraut oder 150 g getrocknetes Kraut *Jauche vermischt mit Beinwell, Schachtelhalm, Schnittlauch; Kaltwasserauszug*	Jauche ist pflanzenstärkend und insektenabwehrend, der Kaltwasserauszug wirkt gegen Blattläuse
Farnkraut Adlerfarn Wurmfarn (Pteridium aquilinum) (Dryopteris filix-mas)	1 kg frische Blätter oder 150 g getrocknetes Kraut *Jauche oder Brühe*	wirkt gegen verschiedene Läusearten
Holunder (Sambucus nigra)	Blätter nach Bedarf wie bei Brennesseln *Jauche unverdünnt*	vertreibt Wühlmäuse
Kamille (Chamomilla recutita)	50 g getrocknete Blüten *Tee, Auszug 1 : 5 verdünnt*	kräftigt die Pflanzen, anregend für den Kompost, aktiviert die Verwesung organischer Stoffe; Samenbeize
Kapuzinerkresse (Tropaeolum majus)	Blätter und Ranken *Tee, stark konzentriert*	gegen Blutläuse
Knoblauch (Allium sativum)	500 g Zehen oder 500 g Zwiebeln und Knoblauch vermischt *Jauche 1 : 10 verdünnt, Auszug unverdünnt*	stärkt die Abwehrkräfte gegen Pilzkrankheiten, vor allem bei Tomaten und Erdbeeren
Kohl (Brassica oleracea) (Bild Seite 46)	3 kg frische Blätter *Jauchemischung, 1 1/2 l Kohljauche + 1 1/2 l Brennesseljauche + 7 l Wasser*	Kräftigung von Gemüsejungpflanzen, Vertreibung von Erdflöhen
Meerrettich (Armoracia rusticana) (Bild Seite 46)	5 kg frische Blätter oder 3 kg Blätter und Wurzeln gemischt *Tee, im Sommer 1 : 1 verdünnt,* *im Frühjahr 1 : 5 verdünnt*	vorbeugend wiederholen

▽ Beinwell (Abb. 44a)

▽ Brennessel (Abb. 44b)

Verwendung

Flüssigdüngung während der Vegetationszeit, Verdünnung 1:10

Jauche als Flüssigdünger während der Vegetationszeit, Verdünnung 1:10, als Spritzmittel auf die Blätter, Verdünnung 1:20, Kaltwasserauszug unverdünnt über Pflanzen sprühen

Winterspritzung für Obstbäume gegen Blatt- und Schildläuse, Verdünnung 1:10, im Sommer unverdünnt auf Pflanzen gegen Pilzkrankheiten

in Wühlmausgänge, Vertreibung der Mäuse

im Sommer über Pflanzen und Kompost giessen

bei Obstgehölzen

auf Beete und Baumscheiben
über junge Karotten gegen Möhrenfliege

Flüssigdüngung zum Angiessen von Jungpflanzen

Obstbäume gegen Monilia; Fruchtfäule in die Blüten spritzen

△ Holunder (Abb. 45b)
▽ Kamille (Abb. 45c)

△ Kapuzinerkresse (Abb. 45d)
▽ Knoblauch (Abb. 45e)

▽ Farnkraut (Abb. 45a)

Naturgemässe Spritzmittel aus Pflanzen (Eigenherstellung)

Pflanzenart	Zutaten zu 10 l Wasser *Zubereitung*	Wirkung
Möhrenkraut/ Karotten (Daucus carota ssp. sativus)	50 g frische Blätter *Tee, unverdünnt*	ähnliche Wirkung wie Mischkultur von Zwiebeln und Möhren
Rainfarn (Tanacetum vulgare)	300 g frische Pflanzenteile *Tee, vermischt mit Schachtelhalmtee*	gegen Milben und andere Insektenschädlinge, zudem gegen Rost und Echten Mehltau
Rhabarber (Rheum rhabarbarum)	500 g frische Blätter *Tee*	gegen schwarze Läuse und Lauchmotten
Schachtelhalm (Equisetum arvense)	1 kg frisches oder 150 g getrocknetes Kraut *Brühe, Jauche vermischt mit Brennesseln*	stärkt die Abwehrkräfte gegen Pilzkrankheiten wie Mehltau, Schorf, Rost, Blattkrankheiten und andere
Schafgarbe (Achillea millefolium)	200 g getrocknete Blüten *Kaltwasserauszug*	vorbeugend gegen Pilzkrankheiten und Abwehr von Insekten
Tomatenblätter (Lycopersicum esculentum) (Bild Seite 49)	1 kg Blätter *Kaltwasserauszug unverdünnt oder Jauche 1:1 verdünnt*	Abwehr der Kohlweisslinge
Wermut (Artemisia absinthium)	300 g frisches oder 30 g getrocknetes Kraut *Tee, Jauche*	Abwehr von Ameisen, Läusen, Raupen, besonders gegen Säulchenrost an Johannisbeeren; im Sommer gegen Blattläuse und Apfelwickler, im Herbst gegen Brombeermilben spritzen
Zwiebeln (Allium cepa) (Bild Seite 49)	5 kg Zwiebeln oder 200–300 g Zwiebelschalen *Jauche vermischt mit Knoblauch, Kaltwasserauszug, 5–7 Tage ziehen lassen*	stärkt die Pflanzen gegen Pilzkrankheiten, Auszug gegen Milben und Pilzkrankheiten

▽ Weisskraut/Kabis (Abb. 46a)

▽ Meerrettich (Abb. 46b)

Verwendung

über Zwiebeln und Lauch spritzen, Abwehr der Zwiebelfliegen und Lauchmotten

Winterspritzung im Sommer 1:3 verdünnt spritzen auf Pflanzen und Boden

unverdünnt über die Pflanzen sprühen

Frühjahr bis Spätsommer 1:5 verdünnt spritzen

über die Pflanzen spritzen

im Sommer über Kohlpflanzen spritzen

im Frühjahr unverdünnt sprühen, im Sommer 1:3 verdünnt, im Herbst 1:2

giessen über Beete und Baumscheiben, 1:10 verdünnt

△ Rainfarn (Abb. 47b)

▽ Rhabarber (Abb. 47c)

△ Schachtelhalm (Abb. 47d)

▽ Karrotten (Abb. 47a)

▽ Schafgarbe (Abb. 47e)

Naturgemässe Spritzmittel aus Pflanzen (Eigenherstellung)

Pflanzenart/ Produkt	**Zutaten zu 10 l Wasser** *Zubereitung*	**Wirkung**
Kali-Kalk-Wasserglas	500 g 40-%-Kali auf 4 l Wasser + 1 kg gebrannter Kalk auf 5 l + 50-g-Wasserglas auf 1 l Wasser, dann alles miteinander mischen *Lösung 0,5 bis 2 % + 5 % Brennspiritus*	gegen überwinternde Insekten, Larven und Eier
Magermilch/ Molke	nach Bedarf *1:1 verdünnt*	vorbeugend gegen Pilzkrankheiten
Quassia-Bitterholz	750 g Bitterholzspäne ansetzen. Für Brühe beimischen: 2 l Schachtelhalmtee, 250 g Schmierseife + 10 l Wasser (750 g Quassia beigemischt) *1:5 bis 1:10 verdünnt*	tödlich für Läuse und andere Insekten
Schmierseife	150–300 g in heissem Wasser auflösen *2-%-Lösung, max. 5 % Brennspiritus zusetzen*	gegen Blattläuse, Spinnmilben und Schildläuse
Wasserglas Kalium-/Natrium-Wasserglas	1- bis 3-%-Lösung *Mischung mit Netzschwefel möglich*	vorbeugend gegen Pilzkrankheiten

Pflanzenstärkungsmittel
Stoffe, die ausschliesslich dazu bestimmt sind, die Widerstandsfähigkeit von Pflanzen gegen Schadorganismen zu erhöhen, gelten im Sinne des Deutschen Pflanzenschutzgesetzes als Pflanzenstärkungsmittel. Diese müssen in Deutschland vom Hersteller/Vertreiber zur Aufnahme in eine Liste der Biologischen Bundesanstalt für Land- und Forstwirtschaft über Pflanzenstärkungsmittel beantragt werden. Eine bei sachgemässer Anwendung hinreichende Wirkung, wie sie bei den eigentlichen Pflanzenschutzmittlen für ihre Zulassung nachgewiesen sein muss, ist bei Stärkungsmitteln nicht erforderlich. Der Anwender von Pflanzenstärkungsmitteln kann demnach nicht sicher sein, ob diese Präparate immer die gewünschte Wirkung erbringen.

Produkte des Handels

Pflanzenart/ Hilfsstoff	**Zutaten zu 10 l Wasser** *Zubereitung*	**Wirkung**
NeemAzal-T/S	Extrakt aus Samen des tropischen Neembaumes *30–50 ml auf 10 l Wasser*	Blattläuse, Thripse, Minierfliegen, Weisse Fliegen
Contans WG	Bodenpilz Coniothyrium minitrans *400 g in 200–500 l Wasser für 1000 m² Boden*	Sclerotien von Sclerotinia werden abgetötet
Neudosan	Enthält 52 % Kaliseife *2 %ige Lösung*	Saugende Insekten, Spinnmilben in Gemüse, Obstbau, Zierpflanzen
Pflanzen-pflegemittel	Zahlreiche Produkte, deren Zusammensetzung nur zum Teil bekannt ist. Keine Zulassung, nur Anmeldung	Sollen die Abwehrkräfte der Pflanzen stärken

Verwendung

Winterspritzung, nur bei Obstbäumen anwenden

über Tomaten spritzen Juni bis Spätsommer

über die Pflanzen sprühen

über befallene Pflanzen sprühen

Winterspritzung der Obstbäume, vorbeugende Spritzungen im Sommer

△ Tomaten (Abb. 49a)
▽ Zwiebeln (Abb. 49b)

▽ Kräuterjauche (Abb. 49c)

Verwendung

Zierpflanzen unter Glas.
Weitere Zulassungen werden erwartet (1998)

Vorbeugend gegen Sclerotienbefall in Kopfsalat

Die Lösung bedeckt die Schädlinge und dringt in die Tracheen ein. Keine giftige Nachwirkung, reines Kontaktmittel, schont später erscheinende Nützlinge

Vorbeugende regelmässige Spritzungen

Das Pflanzenschutzgesetz

Das Pflanzenschutzgesetz vom 14. Mai 1998 regelt den Schutz der Kulturpflanzen vor Schadorganismen und nichtparasitären Beeinträchtigungen. Es soll auch Gefahren abwenden, die durch die Anwendung von Pflanzenschutzmitteln oder -massnahmen für die Gesundheit von Mensch und Tier sowie für den Naturhaushalt entstehen können. Dies soll durch die Verpflichtung auf den **Integrierten Pflanzenschutz** geschehen, einer Kombination aus biologischen, biotechnischen, pflanzenzüchterischen, kulturtechnischen und chemischen Massnahmen.
Pflanzenschutzmittel dürfen nur nach **guter fachlicher Praxis** angewendet werden. Die Grundsätze für die Durchführung der guten fachlichen Praxis sind definiert und im Bundesanzeiger veröffentlicht. Wichtig ist, dass Pflanzenschutzmittel nur dann eingesetzt werden, wenn es notwendig ist, und dass die Gebrauchsanweisung befolgt wird. Ausserdem ist festgelegt, dass der Anwender eine ausreichende Ausbildung haben muss. Auch Massnahmen zum Schutz des Anwenders gehören dazu. Auf den **Schutz der Hände beim Ansetzen der Spritzflüssigkeiten** ist besonders zu achten (70–90% der Gesamtbelastung). Beim Ausbringen von Pflanzenschutzmitteln ist auf geeignete Schutzkleidung zu achten. Wer Pflanzenschutzmittel in seinem Betrieb oder für andere anwendet, muss die erforderliche Zuverlässigkeit und die **fachlichen Kenntnisse** haben. Falls er diese nicht im Rahmen einer Berufsausbildung erworben hat, kann verlangt werden, dass er eine Prüfung ablegt (Pflanzenschutz-Sachkundeverordnung). Wenn ein Anwender wiederholt die Bestimmungen missachtet, kann ihm das Ausbringen von Pflanzenschutzmitteln verboten werden.
In der Bundesrepublik Deutschland dürfen Pflanzenschutzmittel nur vertrieben (angeboten, verkauft, abgegeben) werden, wenn sie von der Biologischen Bundesanstalt zugelassen worden sind. Die **Zulassung** wird nur erteilt, wenn das Pflanzenschutzmittel hinreichend wirksam ist und bei bestimmungsgemässer Anwendung keine unvertretbaren schädlichen Auswirkungen auf die Gesundheit von Mensch und Tier, das Grundwasser und den Naturhaushalt entstehen. Bei der Zulassung wirken das Bundesinstitut für gesundheitlichen Verbraucherschutz und Veterinärmedizin und das Umweltbundesamt mit. Die Biologische Bundesanstalt legt die Gebrauchsweisung fest, darüber hinaus können weitergehende Anwendungsbestimmungen erlassen werden oder der Gebrauch der Mittel eingeschränkt werden (z. B. Abstandsauflagen zu Oberflächengewässern). Dabei werden die Präparate auch nach dem Chemikaliengesetz eingestuft. Der besondere Schutz gilt dem Anwender (Festlegung von Schutzkleidung), dem Konsumenten (Höchstmengen der zur Erntezeit noch erlaubten Pflanzenschutzmittelrückstände), aber auch dem Naturhaushalt (Bienenschutz, Nützlingsschonung, Abbauverhalten, Boden, Wasser, Luft). Die Anwendung einer Reihe von Wirkstoffen ist verboten (Pflanzenschutzmittel-Anwendungsverordnung)!
Das Ausbringen von Pflanzenschutzmitteln ist nur auf landwirtschaftlich oder gärtnerisch genutzten Flächen erlaubt. Ausnahmen kann die zuständige Naturschutzbehörde genehmigen.
Die Zulassung erfolgt immer für bestimmte **Indikationen** (Schaderreger/behandelte Kultur). Der Einsatz ausserhalb dieser Indikation ist nach dem neuen Pflanzenschutzgesetz verboten. Verliert ein Pflanzenschutzmittel durch Zeitablauf die Zulassung und erhält kein Anwendungsverbot, so ist ein Aufbrauchen des Präparates noch 2 Jahre möglich.
Pflanzenschutzmittel dürfen im Einzelhandel nur von sachkundigen Verkäufern abgegeben werden. Die Präparate müssen unter Verschluss gehalten werden, so dass eine Selbstbedienung nicht möglich ist.

Chemikaliengesetz – Gefahrstoffverordnung

Das **Chemikaliengesetz** vom 14. März 1990 soll die Gefahr von Krankheiten und Unfällen durch chemische Stoffe im Privatleben und am Arbeitsplatz, aber auch die Schädigung der Umwelt so weit wie möglich beseitigen oder zumindest eindämmen. Grundlage dazu ist die Anmeldung aller Stoffe und Zubereitungen, die in den Verkehr gebracht werden, bei der Bundesanstalt für Arbeitsschutz (BAU) und ihre Einstufung und Kennzeichnung nach der Gefährlichkeit auf der Verpackung. Während die Stoffe nur chemische Elemente oder Verbindungen sind, versteht man unter Zubereitungen Mischungen oder Lösungen von Stoffen, also auch Pflanzenschutzmittel.

Verordnung über gefährliche Stoffe

Die Verordnung über gefährliche Stoffe wurde am 26. Oktober 1993 in Kraft gesetzt und regelt den Umgang mit gefährlichen Stoffen und Zubereitungen. Bestimmungen zum Verkauf, der Lagerung und der Beseitigung von Gefahrstoffen sind hier zusammengefasst. Pflanzenschutzmittel müssen in verschlossenen, gekennzeichneten und belüfteten Schränken oder Räumen gelagert werden, so dass sie weder die menschliche Gesundheit noch die Umwelt gefährden können. Die Behältnisse dürfen nicht denen von Lebensmitteln ähneln.
Es wird gefordert, dass Gefahrstoffe nur von Personen, die Sachkenntnisse haben, in Verkehr gebracht werden dürfen. Sie müssen eine Prüfung darüber ab-

gelegt haben. Über die Abgabe von sehr giftigen und giftigen Präparaten muss der Einzelhändler Aufzeichnungen führen, die vom Erwerber zu quittieren sind. Die Einstufung und Kennzeichnung von Wirkstoffen der Schädlingsbekämpfungsmittel wird in Anhang I geregelt. Dabei spielt hauptsächlich die **akute Toxitität,** angegeben als LD_{50} (Dosis, bei der 50% der Versuchstiere sterben) oder LC_{50} (Konzentration, bei der 50% der Versuchstiere sterben), eine Rolle. Dabei wird noch die Aufnahmeform unterschieden, und zwar als oral (durch den Mund und Darm), dermal (über die Haut) und inhalativ (über Mund und Lunge).

Einstufung von Pflanzenschutzmitteln

Akute Toxität bei der Ratte als LD_{50} in mg/kg Körpergewicht oder als LC_{50} (letale Konzentration) in mg/l/4 Stunden.

Form der Mittel	fest	flüssig	gasförmig
Sehr giftig T+			
LD_{50} oral	bis 5	bis 25	
LD_{50} dermal	bis 10	bis 50	
LC_{50} inhalativ			bis 0,5
Giftig T			
LD_{50} oral	5–50	25–200	
LD_{50} dermal	10–100	50–400	
LC_{50} inhalativ			0,5–2
Mindergiftig Xn			
LD_{50} oral	50–200	200–2000	
LD_{50} dermal	100–1000	400–4000	
LC_{50} inhalativ			2–20

Reizend Xi

Stoffe, die nach Kontakt die Haut, Augen oder Atmungsorgane nachhaltig entzünden oder reizen, auch wenn sie nach einer bestimmten Zeit entfernt wurden.

Gefahrensymbole und Gefahrenbezeichnungen

(Schwarzer Aufdruck auf orangegelbem Grund)

T+

Sehr Giftig

T

Giftig

Xn

Mindergiftig

Xi

Reizend

Applikationsmethoden

Behandlungsarten

Bei den Behandlungsarten unterscheiden wir zwischen

a) *Pflanzenschutzmitteln, die Trägerflüssigkeiten zum Ausbringen benötigen wie:*
Spritzmittel und Wasser, Spritzpulver und Wasser, Giessmittel und Wasser und

b) *Pflanzenschutzmitteln, die in ausbringbarer Form in den Handel gebracht werden:*
Streu- oder Ködermittel, Räucher- oder Verdampfungsmittel und Beizmittel.

Die Erfahrung in den letzten Jahren hat gezeigt, dass beim Einsatz von Behandlungsmitteln mit Trägerflüssigkeiten (Wasser usw.) auch im Zierpflanzenbau vermehrt nicht nur die herkömmlichen Methoden mit normalen Motor- oder Elektrospritzen (grossvolumiges Spritzverfahren, High Volume = HV) zur Anwendung kommen, sondern auch die Verfahren mit reduzierter Trägerflüssigkeit (Low Volume = LV). Werden beim HV-Verfahren über 400 l/ha ausgebracht, so sind es beim LV-Verfahren noch 5 bis 400 l/ha Brühmenge. Man benötigt dabei Angaben über Flächen und Volumen der zu behandelnden Kulturen und über Spezialgeräte, um die hochkonzentrierte Behandlungsflüssigkeit zu vernebeln. Am häufigsten wird die Mittelgruppe mit Trägerflüssigkeit eingesetzt. Bei der Spritzbrühherstellung unterscheiden wir:

▽ Vorbildlicher Selbstschutz (Abb. 52a)

1. Suspension

Suspensionen sind pulverförmige Erzeugnisse; die Substanzen sind nicht wasserlöslich und schweben als Staubteilchen im Trägerstoff. Wird die Brühe nicht in Bewegung gehalten, sinkt die Substanz ab und bildet am Boden einen Satz.

2. Emulsion

Die Emulsion ist eine ölige Flüssigkeit, nicht wasserlöslich und sie schwebt frei als winzige Tröpfchen im Trägerstoff. Die Brühe wird meist milchig, sie kann über mehrere Stunden ohne Bewegung im Wasser schweben; steht sie über Tage, steigt die Emulsion an die Wasseroberfläche (Rahm bei Milch).
Zur besseren Haft- und Netzfähigkeit werden vor allem für Suspensionen noch Zusatzstoffe verwendet. Die Spritzbrühe wird dadurch verbessert (Regenbeständigkeit) und sinkt im Tank nicht so rasch ab.
Nachfolgend werden die wichtigsten Handelsformen für die Anwendung umschrieben.

Das Spritzen

Beim **Spritzen** werden sowohl Emulsionen wie Suspensionen verwendet. Als herkömmliche Methode wird **Wasser** als billiger Trägerstoff zum Ausbringen des Wirkstoffes eingesetzt.
Das Behandlungsmittel kann damit auch sehr gut mit allen Pflanzenteilen in Kontakt gebracht werden. Die Abdriftgefahr bei niederem Druck unter 5 bar ist klein. Als Nachteile sind anzugeben: der relativ grosse Wassertransport, die Abdriftgefahr bei feinen Düsen (unter 0,8 mm) und Hochdruckspritzen wegen der Nachbarkulturen (Unkrautvertilger usw.). Es wird als vorbeugende und bekämpfende Massnahme gespritzt. Wenn möglich auf trockene bis taufeuchte Pflanzenteile, am frühen Vormittag und gegen Abend, vor oder nach der grössten Tageshitze, solange die Spritzbrühe noch rasch antrocknen kann (Ausnahme: wuchsstoffhaltige Unkrautbehandlungsmittel). Die Spritzbrühe sollte wenn möglich gleichentags ausgebracht werden, um zu vermeiden, dass sich der Wirkstoff im Wasser biologisch abbauen kann. Suspensionen müssen nach jedem Spritzunterbruch aufgerührt werden, da die Substanz im Wasser absinkt. Das Spritzen kann auf alle Wirkungsarten, wie Fungizide, Insektizide, Akarizide, Herbizide usw., und bei allen oberirdischen Pflanzenteilen angewendet werden.

Das Behandeln von trockenstehenden Pflanzen bei grosser Hitze über 25 bis 28 °C und bei tiefen Temperaturen unter 6 bis 8 °C wird nicht empfohlen. Einerseits verdampft die Brühe bei hohen Temperaturen, anderseits sind bei tiefen Temperaturen die Schädlinge träge, die Assimilation und Aufnahme ist schwach, die Brühe trocknet schlecht an und somit besteht erhöhter Pilzbefall usw. Wegen Verdünnung der Spritzbrühe wird eine Behandlung auf regennasse Pflanzen nicht empfohlen.

Häufige Fehler, die vom Anwender gemacht werden und die die Wirksamkeit der Pflanzenschutzmittel mindert oder sogar verhindert, sind:

- *Behandlungen im Gewächshaus bei zu hohen Temperaturen* (oder zu tiefen)
- *Ausbringen von zuwenig Spritzbrühe bei krautigen oder behaarten Pflanzen,* dies fördert die Resistenzprobleme
- *Nichteinhalten der Spritzintervalle bei hartnäckigen Schädlingen*
- *Nichtabwechseln des Wirkstoffes nach erfolgten Spritzintervallen eines Pflanzenbehandlungsmittels.*

Das Spritzen ist die am meisten verbreitete Pflanzenschutzmassnahme, es werden manchmal auch Blattdünger den Spritzbrühen beigemischt.

△ Spritzen mit Doppelsprühdüsen (Abb. 53a)

Das Nebeln

Es wird vermehrt im Zierpflanzenbau angewandt. Es ist eine schnelle und einfache Ausbringmethode. Sie bringt einen geringen Wassertransport mit kleiner Brühmenge mit sich, somit ist hochkonzentrierter Sprühnebel die Folge. Es besteht nur eine schwache Verbrennungsgefahr der Pflanzenteile, da der Wirkstoff auf dem Blatt nicht zusammenfliessen kann. Der biologische Abbau der Rückstände auf den Blättern wird begünstigt. Die Luftfeuchtigkeit wird, da nur kleine Brühmenge, nicht unnötig erhöht, dies ist vor allem im Herbst und im Winter wichtig. Es entsteht keine Spritzfleckenbildung. Dank geringer Aufwandmengen werden gegenüber dem Spritzverfahren sowohl der Boden und das Grundwasser besser geschützt. Die Anwendung kann nur im geschlossenen Gewächshaus erfolgen. Bei richtigem Einsatz von Selbstschutz und Schutzmassnahmen entsteht keine höhere Gefährdung für den Ausbringer.

Bei der Anwendung im Nebelverfahren werden vielfach zur besseren Wirkung, grösseren Wurfweite und zu längeren Schwebefähigkeiten des Nebels sogenannte Nebelzusatzstoffe eingesetzt. Nach angewandtem Verfahren sollten die Räume während mindestens einer Stunde geschlossen bleiben und vor dem Eintreten gut durchlüftet werden.

Bei der Nebelmethode werden grundsätzlich 2 Arten unterschieden:

△ Wirkung des Heissnebelgerätes (Abb. 53b)

▽ Räuchern (in Deutschland nicht zugelassen) (Abb. 53c)

– **Heissnebel.** Bei ihm bleibt der Nebel viel länger im Raum, bevor er absinkt. Die Verteilung ist gut, und es wird jeder Winkel im Gewächshaus erreicht.

– **Kaltnebel.** Mit ihm können auch nur kleine Teile oder einzelne Kulturen im Gewächshaus besprüht werden. Kaltnebel sinkt innerhalb von Minuten ab, und die Tröpfchengrösse und Menge kann je nach Gerät eingestellt werden. Die Wirkung auf die Pflanze mit Kaltnebel kommt dem von Aerosolen gleich. Die Behandlung erfolgt nach Pflanzenvolumen und Flächenangaben.

Das Giessen

als einfache Ausbringmethode kommt meistens nur in kleinem Umfang in den Betrieben zur Anwendung. Vor allem zur örtlichen Behandlung von diversen Schädigern, zum Beispiel zur Desinfektion von Saatschalen, Anzuchten, Stellagen und eventuell bei Bodenschädlingen. Man benötigt keine speziellen Geräte. Nachteilig wirken sich der grosse Wassertransport, der Wasserverbrauch (Luftfeuchte) und der hohe Arbeitsaufwand aus. Das Giessen wird zum Behandeln von Bodenpilzen, -schädlingen und gelegentlich beim Einsatz von Wachstumsreglern angewandt.

Das Streuen

erfolgt rasch, mit Streugerät oder auch direkt aus der Packung. Die Körnung der Mittel ist dem Schädiger angepasst – Granulat- bis Köderform (Schnecken). Die Streubehandlung erfolgt vielfach gegen Schnekken, Werren, Unkraut und zur Bodendesinfektion.

Beim Räuchern

sind meistens keine Geräte notwendig. Es wird mit geringem Aufwand und meist am Abend ausgeführt. Es kann nur in geschlossenen Räumen eingesetzt werden. Die Pflanzenteile müssen bei angemessenen Temperaturen oberirdisch trocken sein und bleiben (Taubildung vermeiden).
Achtung: Keine Nachtabsenkung wegen Niederschlagsbildung und keine hohen Temperaturen!

Das Verdampfen

erfolgt mit speziellen Geräten, wird einfach ausgeführt und kann nur in geschlossenen Räumen nach Arbeitsschluss eingesetzt werden. Bekannt sind Schwefelverdampfer gegen Echten Mehltau, zudem weisen sie eine gute Nebenwirkung gegen Spinnmilben auf. Weitere Erzeugnisse sind weniger bekannt. Vor- und Nachteile sonst wie beim Räuchern.

Das Kleinhandsprühgerät

enthält eine ausbringfertige Lösung und kommt im Zierpflanzenbau nur zur örtlichen Bekämpfung von Schädlingen in Frage. Vermehrt eingesetzt wird es in Haus und Garten, da die Methode einfach und gezielt ausgebracht werden kann.

Beizen

als Anwendungsmethode wird zum Teil nur noch in Haus und Garten bei Gemüsesamen usw. oder im grossen in Spezialbetrieben benötigt. Es entsteht praktisch kein Präparatsverlust, die Wirkstoffmenge ist gering, das behandelte Saatgut ist aber nur bedingt lagerfähig, bei der Nassbeize nur kurzfristig.
Diese verschiedenen Applikationsmethoden werden je nach Betriebsart regelmässig eingesetzt, weitere Anwendungsarten sind möglich, aber selten und demzufolge hier nicht aufgeführt. B. F.

Behandlungsgeräte

Wir stellen fest, dass bei den Anwendungsmethoden eine Einteilung der Pflanzenschutzmittel, die mit oder ohne Trägerstoff (Wasser) ausgebracht werden, auch bei den verschiedenen Geräten zutrifft. Das heisst, dass grundsätzlich dort, wo beispielsweise Wasser für eine Spritzbrühe benötigt wird, die Ausbringgeräte oder Apparate grössere Dimensionen aufweisen, aufwendiger und meist auch teurer sind. Es gibt aber auch einfache und kostengünstige Handgeräte, die im Kleineinsatz gute Dienste leisten zum Ausbringen von Spritzbrühen.

Die Handzerstäuber

mit maximal 1/2 bis 1 Liter Inhalt, aus Kunststoff oder andern Materialien und verstellbaren Einzelsprühdüsen. Sie eignen sich für kleine Pflanzenpartien, bei Versuchen und vor allem in Haus und Garten.

Die Kolbenspritzen

mit 1 bis 1 1/2 Liter Inhalt erfüllen den ähnlichen Zweck wie erstgenannte.

Die Druckspeichergeräte

aus Kunststoff und andern korrosionsbeständigen Materialien sind in Grössen von 1 bis 10 Litern Inhalt und zirka 3 bis 6 bar Druck konzipiert. Sie sind vielseitig anwendbar, werden aber im Zierpflanzenbau nur wenig eingesetzt, da sie etwas unhandlich in der Bedienung sind.
Die Rückenspritzen mit Inhalt von 10 bis 20 Litern sind die am meisten verwendeten Kleingeräte im Zierpflanzenbau. Sie werden vor allem in Messing oder Kunststoffausführung angeboten. Die Bedienung ist relativ einfach, der Spritzdruck schwankt durch die einfache Handbedienung. Eine Rückenspritze mit Benzinmotor hilft wenn nötig die Druckunausgeglichenheit zu beheben. Sie wird vor allem im Kleineinsatz häufig verwendet, sei es zur Blattdüngung, Wuchshemmstoffbehandlung, Unkrautbekämpfung, wobei empfohlen wird, für die Unkrautbekämpfung eine separate Rückenspritze einzusetzen, da so Schäden durch schlecht gereinigte Geräte vermieden werden können (siehe Seite 253).

Motor- und Elektrospritzen

werden zu den Grossgeräten im Pflanzenschutzeinsatz gezählt. Die kleinsten mit 50 und die grössten mit bis 500 Litern Tankinhalt werden je nach Betriebsart eingesetzt. Motorspritzen sind gegenüber elektrifizierten (kein Anschlusskabel) beweglicher, dafür aber auch schwerer, was umständlich ist in Betrieben mit unebenem Gelände. Der Spritzdruck liegt je nach Geräteart bei 15 bis 60 bar und kann stufenlos oder in mehreren Etappen eingestellt werden. Spritzen mit hohem Druck können dort eingesetzt werden, wo hohe Bäume (Obstkulturen) oder grosse Flächen (Erika- und andere Spezialkulturen) vorhanden sind. Dabei wird aber das Spritzgun und nicht eine normale Doppelsprühdüse benötigt. Die grösseren Geräte sind meist mit einem Rührwerk ausgestattet, damit vor allem Suspensionen in der Brühe nicht absinken können.
Der Pflanzenschutzeinsatz mit hand- und motorbetriebenen Spritzen ist aufwendig und arbeitsintensiv. Es werden heute auch neue Methoden und Geräte eingesetzt, um den Rationalisierungsaspekt zu berücksichtigen beim Behandeln mit Spritzmitteln. Exakte Arbeit ist erforderlich!

Das Heissnebelgerät

(Pulsfog, Swingfog usw.) ist eine Nebeltechnik, um das Low Volume (reduzierte Aufwandmenge) einzusetzen. Dieses thermopneumatische System funktioniert wie folgt:

1. Die Sprühflüssigkeit wird pneumatisch zerrissen und
2. durch Zuführung von Wärmeenergie (Kondensation) in allerkleinste Tröpfchen vernebelt.

Es entstehen so nur noch Tröpfchengrössen (Nebel) von durchschnittlich zirka 10 bis 20 Micron (ym). Dieser Schwingbrennmotor enthält folgende Merkmale:

- eine regelbare Benzindirekteinspritzung
- eine Flattermembrane mit Luftdüse am Einfach- oder Doppelvergaser
- eine automatische Zündung für den Start
- eine flaschenförmige Brennkammer, die direkt in ein Auspuffrohr mündet
- kleiner Wirkstofftank von maximal 5 bis 10 Litern.

Dieser Reaktionsmotor (Schwingbrenner) enthält keine beweglichen Teile (Kolben usw.). Der Vergaser mit der Flattermembrane gewährleistet die kontrollierte, pulsierende (Pulsfog) Verbrennung des Benzins in der Brennkammer mit regelbaren 80 bis 100 Explosionen/Sekunde. Die Zündkerze wird bei der Selbstzündung nur für das Starten des Nebelgerätes benötigt, anschliessend setzt sich die pulsierende Verbrennung automatisch fort.
Der Einsatz eines Heissnebelgerätes hat viele Vorteile, die bereits bei den Behandlungsarten beschrieben wurden. Diese Vorteile können nur umgesetzt werden, wenn der Benutzer das Gerät und seine Einsatzmöglichkeiten genau kennt, die Aufwandmengen richtig dosiert oder eigene Werte bei seinen Spezialkulturen erarbeitet und so erfolgreich einsetzen

△ Kaltnebelgerät (Turbofogger) (Abb. 56a)
▽ Heissnebelgerät (Pulsfog K 22) (Abb. 56b)

kann. Die Hersteller solcher Thermalnebelgeräte sind bemüht, an die Benutzer und Interessenten detaillierte Unterlagen und Informationstabellen zur Mitteldosierung abzugeben. Ein Beratungsservice hilft dem Kunden, die Gerätetypen der Betriebsstruktur und der Grösse aufzuzeigen.

Das Kaltnebelgerät

ist einerseits eine alte Methode, um den Wirkstoff auf die Pflanzen auszubringen. Anderseits sind sie durch die Technik einer neuen Generation von Nebelgeräten (Coolfogger, Turbofogger usw.) für den Zierpflanzenproduzenten interessant geworden. Es bestehen viele Parallelen mit der Heissnebeltechnik, wie zum Beispiel geringer Arbeitsaufwand, gute Blütenverträglichkeit, hohe Konzentrationen mit Low-Volume-Applikation usw. Der wichtigste Vorteil gegenüber des Heissnebels besteht darin, dass der Kaltnebel innerhalb von Minuten auf die Kulturen absinkt. Nachteilig ist, dass sich das ausgebrachte Mittel zum weitaus grössten Teil auf den Blattoberflächen und nur wenig an den Blattunterseiten anlagert. Bei nichtsystemischen Präparaten und Erregern, die überwiegend an den Blattunterseiten vorkommen (z. B. Blattläuse, Weisse Fliege), ist deshalb mit Minderwirkung zu rechnen. Der fast unsichtbare Nebel wird als Nachteil bezeichnet. Die Bedienung der Geräte ist relativ einfach, sie sind auch handlich (leer 7 kg). Die Gebläseleistung des Elektromotors kann stufenlos eingestellt werden. Des weiteren besteht die Möglichkeit, die Durchflussmenge des Mittels zu regeln. Dank des pneumatischen Systems (Turbofogger) kann mit einer speziellen Wirbelstromdüse eine Nebelwurfweite von 12 bis 18 m erreicht werden. Diese Geräte eignen sich in erster Linie im Kleinbetrieb von bis zu maximal 2000 m^2 Betriebsgrösse oder mit einer Glashausgrösse bis zirka 1000 m^2. Demgegenüber werden fahrbare Kaltnebelgeräte für Mittel- und Grossbetriebe ab 5000 m^2 Hochglasfläche empfohlen. Die *LVM-Kaltnebler* sind mit einem Ventilator, einer Steuerung mit Zeitrelais und Schaltuhr (24 Std.), einem Tank mit eingebautem Rührwerk und diversem Zubehör ausgerüstet. Mit Hilfe der Steuerung wird beim Einsatz des Gerätes zuerst der Ventilator eingeschaltet, nach vorgegebener Zeit wird anschliessend die Spritzbrühe aufgerührt und versprüht. Bei dieser neuen Generation von Kaltnebelgeräten ist die Anwesenheit von Spritzpersonal während des Einsatzes nicht erforderlich. Die Unfallgefahr wird somit auf ein Minimum herabgesetzt.

Die Granulatstreugeräte

«Kyoritsu» leisten gute Dienste beim flächenmässigen Ausbringen von Mikrogranulaten wie z. B. Bodenherbizide. Diese Geräte sind aus Leichtmetall, das kleine (Midget) mit einem Fassungsvolumen von zirka 0,4 Liter, das grössere Modell (T-8 G) mit 4,3 Liter. Die Bedienung ist einfach, die Ausbringmenge des Mittels kann sogar reguliert werden.

Der Schwefelverdampfer

ist, wie der Name sagt, in erster Linie für den Einsatz in Spezialbetrieben mit Echten Mehltau-anfälligen Kulturen vorgesehen. Der Schwefel hat zusätzlich eine positive Nebenwirkung auf Spinnmilbenbefall. Der Verdampfer funktioniert ähnlich einer keramischen Heizplatte, das Einfüllgefäss mit Schwefel wird darüber erhitzt, wobei der Wirkstoff in eine Dampfphase übergeht und sich im Raum verteilt. Das Gerät hängt einsatzbereit über den Kulturen zur vorbeugenden Bekämpfung der Schaderreger. Es kann auch über eine einfache Zeitschaltuhr gesteuert werden, damit beim Verdampfen nachts keine Bedienung nötig ist.

Wartezeiten

Bei den Nutzpflanzen, die der Ernährung dienen, müssen nach der letzten Behandlung mit Pflanzenschutzmitteln Wartezeiten eingehalten werden, damit sich die applizierten Wirkstoffe auf den Pflanzen noch weitgehend wieder abbauen können. Wir sprechen hier von erlaubten Rückstandsmengen, die nachgewiesenen Rückstände sind in so geringen Mengen vorhanden, dass sie bei Konsum die Gesundheit des Menschen nicht schädigen können.
In den Tabellen der Schaderreger und Wirkstoffe am Ende des Werkes auf den Seiten 266–292, die sich auf Nutzpflanzen (Obst-, Wein-, Beeren- und Gemüsebau) beziehen, sind die einzuhaltenden Wartezeiten jeweils vermerkt. Bei den entsprechenden gemäss Pflanzenschutzmittel-Verzeichnis zugelassenen Wirkstoffen sind die Wartezeiten in Tagen aufgeführt. Diese Zahlen sind mit den einzuhaltenden Wartezeiten identisch = Zeitpunkt von der letztmöglichen Behandlung bis zur Ernte. Sind längere Wartezeiten möglich, so sinken auch die Rückstandswerte noch weiter unter die Toleranzgrenze.

B. F.

△ Pflanzenschutzmittel hinter Gitter (Abb. 57a)

▽ Schwefelverdampfer (Abb. 57b)

▽ Kyoritsu-Handzerstäuber (Abb. 57c)

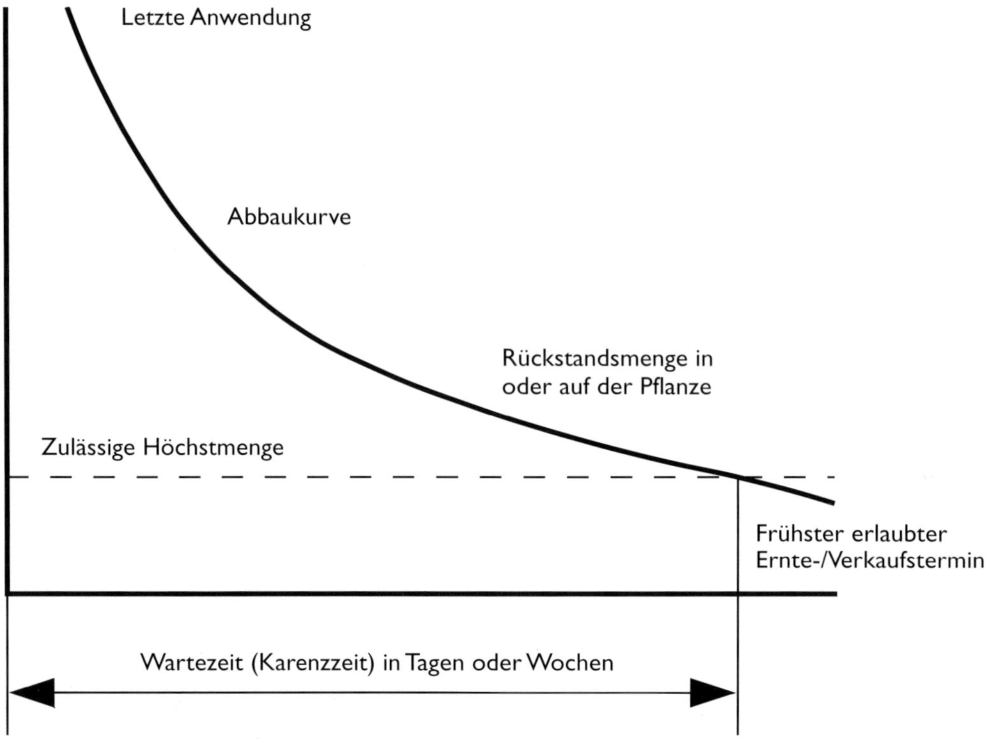

Erkennungsmerkmale der Schadbilder von Schädlingen

Zu den Schädlingen zählt man lebende Tiere, die an den Pflanzen saugen und fressen. Schädlinge können in vielfacher Hinsicht an den Pflanzen Schäden verursachen:

1. **Saugen:** Sie entnehmen den Pflanzen Säfte, wodurch diese geschwächt werden. Die Einstichstellen zeigen oft eingetrocknete Zellen und Deformationen.

2. **Fressen:** Ganze Pflanzenteile werden durch Nagen oder Fressen verspeist = Löcher an den Pflanzen.

3. **Honigtauabsonderungen:** Eine Gruppe von Schädlingen verursacht zusätzlich sekundäre Schäden, die zum Teil grösser sind als die Primärschäden, indem sie Honigtau absondern, der an der Oberfläche kleben bleibt. In der Folge setzen sich schwarze Russtaupilze darauf fest und die Blätter werden schwarz und unansehnlich. Die Pflanzen sind zusätzlich durch reduzierte Photosynthese geschwächt.

4. **Vektoren:** Viele Insektenarten können durch ihren Speichel oder durch die Saugrüssel Krankheitserreger übertragen (Pilze, Bakterien, Viren).

5. **Giftabsonderungen:** Verschiedene Schädlinge sondern beim Saugen Giftstoffe ab, die an den Pflanzen Verkrüppelungen hinterlassen oder Gallenbildungen entstehen lassen (Milben, Läuse, Wanzen usw.) siehe Seite 111.

Die Schädlinge, die nachfolgend einzeln beschrieben sind, werden in folgende Gruppen zusammengefasst:

Nematoden oder Fadenwürmer
(Älchen)

Mollusken oder Weichtiere
(Schnecken)

Milben
Sie besitzen 8 Beine.

Krustentiere
(Asseln)

Tausendfüsser

Insekten
Sie weisen eine klare Dreiteilung des Körpers auf: Kopf, Brust und Hinterleib und besitzen 6 Beine und 2 Fühler. Man unterteilt sie in:

a) **Geradflügler**
(Werren, Heuschrecken)

b) **Fransenflügler**
(Thrips)

c) **Schnabelkerfen**
(Blattläuse, Schildläuse, Wanzen, Zikaden, Blattsauger)

d) **Käfer**
(Maikäfer, Kartoffelkäfer, Erdflöhe, Himbeerkäfer, Lilienhähnchen, Dickmaulrüsslerkäfer, Borkenkäfer, Riesenbastkäfer)

e) **Schmetterlinge**
(Wickler, Eulen, Spinner, Kohlweisslinge, Motten, Miniermotten, Gespinstmotten, Glasflügler)

f) **Hautflügler**
(Wespenarten)

g) **Fliegen**
(Kirschenfruchtfliege, Himbeerrutenfliege, Trauermücken)

Biologie der Insekten
Die Insektenarten machen eine mehr oder weniger deutliche Metamorphose durch. Wir unterscheiden dabei:

1. **Ohne deutliche Metamorphose**
Ei → Larve → Insekt = Springschwänze
(die Flügel fehlen)

2. **Unvollständige Metamorphose**
Ei → Larve → Insekt = Wespen, Wanzen

3. **Vollständige Metamorphose**
Ei → Larve → Puppe → Insekt = Käfer, Schmetterlinge, Fliegen, Mücken und andere

Wirbeltiere
Schliesslich gehören aus der Gruppe der *Wirbeltiere* noch die Mäuse und einige Vogelarten (Sperlinge) zu den Schädlingen. M. B.

▽ Unvollständige Metamorphose (Abb. 59a)

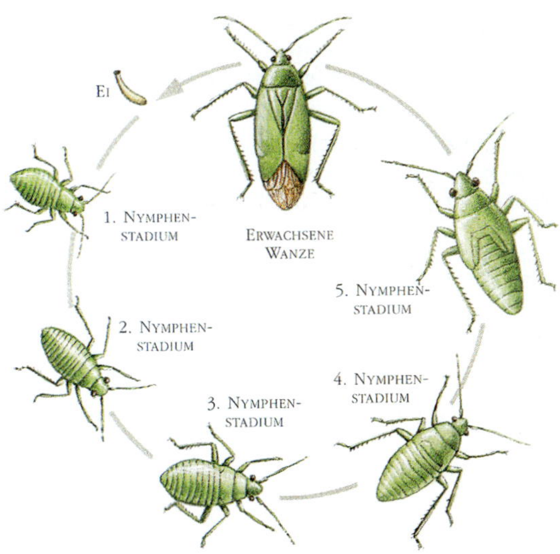

▽ Vollständige Metamorphose (Abb. 59b)

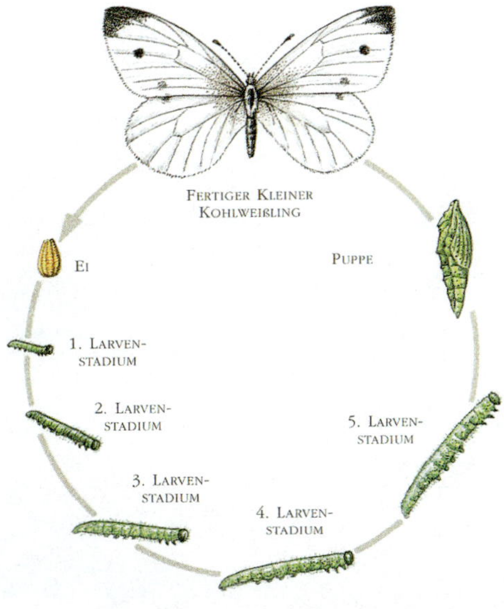

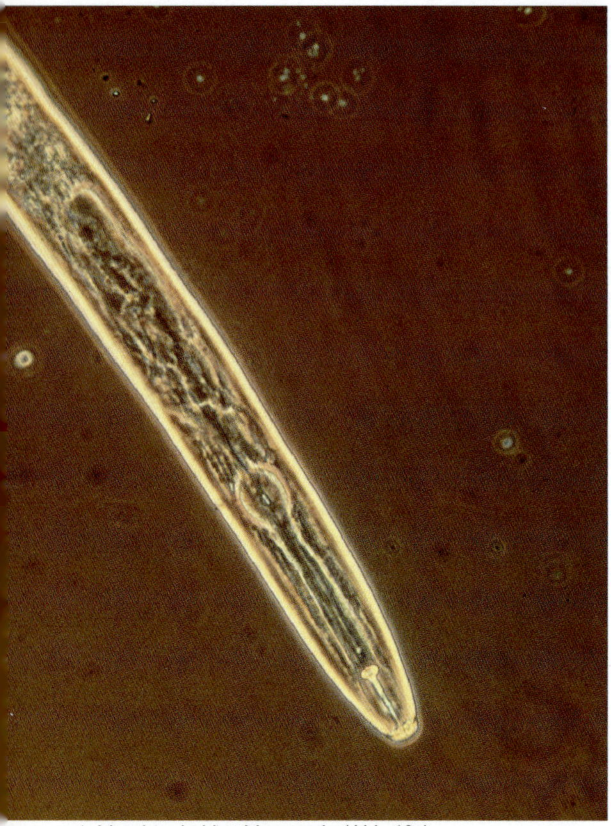

△ Mundstachel bei Nematode (Abb. 60a)
▽ Blattälchenbefall an Sinningia (Abb. 60b)

Blattälchen
Aphelenchoidesarten

Schadbild: An den Blättern, von den Haupt- und Seitenadern begrenzt, anfänglich wässerige gelbliche Flecken, die später braun bis schwarz werden, worauf die Blätter oder Pflanzenteile absterben.

Ursache: 0,5 bis 1,8 mm lange dünne Fadenwürmer, die mit ihrem Mundstachel die Zellwände durchbohren. Sie saugen die Zellen aus. Dadurch kommt es zum Zusammenbruch des Gewebes. Vom Auge kaum wahrnehmbar, ist meist nur das Schadbild festzustellen. Die Eiablage erfolgt im Gewebe, die Entwicklungsdauer beträgt bis zur erneut möglichen Eiablage nur 2 bis 3 Wochen.

Vorbeugung: Pflanzen oberirdisch trocken halten, damit die Älchen nicht aus den Spaltöffnungen austreten und im Wasserfilm in weitere Blätter gelangen können. Befallenes Pflanzenmaterial entfernen. Tröpfchenbewässerung und andere Giessanlagen haben sich gut bewährt. Nässe meiden. Tagetes als Gründüngung oder Zwischenpflanzung reduziert wegen Geruchsbildung die Nematodenpopulation.

Bekämpfung: Nur systemisch wirkende Mittel (Nematizide) zeigen Erfolg. Giessen bei feuchter Erde oder spritzen und Granulat streuen mit den Wirkstoffen in den Tabellen auf den Seiten 290 und 298.

Wirtspflanzen: Topfpflanzen: Aphelandra, Begonien, Calceolaria, Crossandra, Dendranthema, Farne, Saintpaulia, Sinningia und andere.
Freilandpflanzen: Anemone jap., Aster dumosus und andere Arten, Leucanthemum max., Doronicum, Helenium, Penstemon, Phlox und andere.

Verschiedenes: Nematoden lassen sich in einem Glas Wasser nachweisen. Man legt zum Beispiel ein geschnetzeltes Blatt ins Wasser. Nach gewisser Zeit treten die Nematoden aus dem Gewebe und schwimmen frei im Wasser. Im Gegenlicht (Lampe, Sonne) kann man die schlängelnden Bewegungen gut feststellen.

Wartezeiten: Siehe in der Tabelle auf der Seite 290.

△ Befall an Saintpaulia (Abb. 61a)
▽ Befall an Asplenium (Abb. 61b)

△ Befall an Anemone japonica (Abb. 61c)

△ Befall an Dendranthema (Chrysanthemen) (Abb. 62a)

▽ Starker Befall an Dendranthema (Chrysanthemen) (Abb. 62b)

Stengelälchen
Ditylenchus ssp.

Schadbild: Triebe von befallenen Pflanzen verkürzt und verdickt, meist mit aufgehellten wulstartigen Ausbuchtungen, die später aufplatzen können. Triebe krumm gebogen, sie brechen gerne ab. Blätter über den Befallsstellen gekräuselt bis gewellt.

Ursache: Stengelälchen befallen Sprosse, Blattstiele, Knollen und Zwiebeln. Die Eiablage erfolgt im Gewebe. Bei nassen Pflanzen steigen die Fadenwürmer durch den Wasserfilm in obere Pflanzenteile. Sie bewegen sich auch im Gewebe vorwärts.

Vorbeugung: Pflanzen vorsichtig von unten giessen. Im Freiland gefährdete Kulturen überdecken. Gesundes Pflanzenmaterial zukaufen. Tagetes als Gründüngung oder Zwischenkultur. Fruchtwechsel.

Bekämpfung: Stark befallene Pflanzen vernichten.

Wirtspflanzen: Hortensien, Hyazinthen, Narzissen, Phlox paniculata und andere.

△ Typischer Befall an Hydrangea
▽ (Abb. 63c+d)

△ Stengelälchen an Hydrangea (Abb. 63a)
▽ Befall an Phlox (Abb. 63b)

△ Wurzelgallälchen an Cyclamen (Abb. 64a)

Wurzelgallälchen

Meloidogyne ssp.

Schadbild: Das Pflanzenwachstum bleibt zurück. Bei trockenwarmer Witterung welken befallene Pflanzen trotz feuchten Erdballen. Verkrüppelungen im Wuchsbild. An den Wurzeln deutlich sichtbare gallenartige Verdickungen sogar bis Walnussgrösse.

Ursache: Nematoden dringen in die Wurzel ein. An den Befallsstellen bilden sich Zellwucherungen. Die Wasser- und Nährstoffzirkulation ist stark gehemmt bis unterbrochen, daher die Welkeerscheinungen.

Vorbeugung: Erde gründlich dämpfen oder chemisch desinfizieren. Nur gesunde Jungpflanzen zukaufen. Tagetes als Zwischenpflanzung oder Gründüngung vor der gefährdeten Kultur. Fruchtwechsel durchführen.

Bekämpfung: Stark befallene Pflanzen vernichten. Nematizide bei feuchten Wurzelballen giessen oder streuen mit den Wirkstoffen in den Tabellen auf der Seite 298.

Wirtspflanzen: Cyclamen, Hortensien.
Gemüse: Endiviensalat, Tomaten und andere. Hier ist chemische Behandlung nicht ratsam (Dazomet vor der Kultur).

Wartezeiten: Siehe in der Tabelle auf der Seite 290.

▽ Befall an Endivien (Abb. 64b)

▽ Befall an Tomaten (Abb. 64c)

Freilebende Wurzelälchen oder -nematoden

Pratylenchus ssp.

Schadbild: Gegenüber gesunden Pflanzenbeständen starke Wachstumshemmung und zum Teil Wurzelmissbildungen. Oft grosser flächenbezogener Befall. Die Wurzeln zeigen braune Verfärbungen, die später in Fäulnis übergehen können.

Ursache: Diese sogenannten «wandernden» Nematoden saugen die Wurzeln von aussen her an oder dringen in sie hinein ohne nachfolgende Gallenbildung. Sie wechseln ihren Platz und können grossflächig auftreten.

Vorbeugung: Tagetes als Vor- und Zwischenkultur zeigt grosse Schutzwirkung. Unbedingt Fruchtwechsel einhalten! Boden chemisch desinfizieren mit zum Beispiel Basamidgranulat 60 g/m^2. Dampfsterilisation geht zuwenig tief.

Bekämpfung: Direkte Bekämpfung nur im Anfangsstadium wirkungsvoll. Kurative Behandlung von Nematiziden mit den Wirkstoffen aus den Tabellen auf der Seite 298.

Wirtspflanzen: Dendranthema (Chrysanthemen), Helleborus, Primula, Rhododendron simsii, Senecio, Rosenkulturen, Viola und andere.
Gemüse: Lauch, Zwiebeln.

Wartezeiten: Siehe in der Tabelle auf der Seite 290.

△ Wurzelälchen an Viola (Pensées) (Abb. 65a)

▽ Befall an Rhododendron simsii (rechts) (Abb. 65b)

▽ Befall in Lauchfeld (Abb. 65c)

△ Schnecken an Salat (Abb. 66a)
▽ Schneckenfrass an Hosta (Abb. 66b)

Schnecken
Gastropoda

Schadbild: An Blättern und Blüten Rand- oder Lochfrass und glänzende Schleimspuren. Bei Sämlingen und Jungpflanzen oft Totalschaden.

Ursache: Nackt- oder kleine Gehäuseschnecken in meist grauer Farbe. Die Gehäuse sind gelb, grau oder bunt gestreift. Überwinterung als Eier oder Tiere im Boden. Schnecken sind meist nur nachts aktiv, Ausnahme bei trüber, feuchter Witterung. Sie sind zwitterig, jedes Tier kann Eier legen und sich zahlreich vermehren.

Vorbeugung: Lockfallen mit Bier ausbringen. Durch Apfel- oder Kartoffelschalen von gefährdeten Pflanzen ablenken. Siehe auch unter Biologischem Pflanzenschutz Seite 41.

Bekämpfung: Schneckenkörner streuen oder flüssige Mittel ausbringen. Wirkstoffe: in der Tabelle auf Seite 298. Vorsicht, essbare Pflanzenteile nicht behandeln! Einsammeln am Morgen oder bei nasser Witterung.

Wirtspflanzen: Zierpflanzen: Anthurium, Cinerarien, Cyclamen, Dahlien, Hosta, Lilien, Poinsettien, Saintpaulia und viele andere. Gemüse: Viele Gemüsearten. Beeren: Erdbeeren.

Nützlinge: Igel, Blindschleichen und andere sind zu fördern. Nematoden (Phasmarhabditis) wirken nur gegen einzelne Arten (siehe Tabelle auf Seite 301).

△ Frassschaden an Braktee Euphorbia p. (Abb. 67c)
▽ Befall an Zinnien (Abb. 67d)

△ Befall an Gladiolen (Abb. 67a)
▽ Schneckenfrass an Rosenkohl (Abb. 67b)

△ Spinnmilbe (Abb. 68a)

△ Schadbild an Efeugeranien (Abb. 68b)
▽ Gespinstfäden an Gerbera (Abb. 68c)

Spinnmilben
Tetranchidae

Schadbild: Fahler Farbton auf Blättern und Blüten. Blätter sind oberseits mit weissgelben Punkten gesprenkelt, bei starkem Befall mit feinem Spinngewebe überzogen, auf dem die meist rötlichen Milben sich rasch bewegen.

Ursache: Starke Saugtätigkeit der bis 0,5 mm grossen Spinnmilben, die Zellen trocknen in der Folge aus = Austrocknen der Blätter und Blattfall. Vermehrung durch Eier. Die Larven besitzen 6 Beine, die ausgewachsenen Milben 8. Bei trockenwarmer Witterung rasche Ausbreitung mit Generationsfolgen von nur 12 bis 20 Tagen.

Vorbeugung: Im Gewächshaus trockenwarmes Klima meiden. Im Freien tagsüber Kulturen mit Wasser übersprühen. Für kühles Mikroklima sorgen. Durch Wechsel der Wirkstoffe Resistenzbildung vermeiden. Schwefel wirkt hemmend auf die Entwicklung.

Bekämpfung: Akarizide in kurzen Intervallen besonders blattunterseits gründlich spritzen. In Gewächshäusern auch räuchern. Wirkstoffe im Gemüsebau: aus den Tabellen auf den Seiten 294–296.
Empfehlenswert sind nützlingsschonende Wirkstoffe!

Wartezeiten: Siehe in den Tabellen auf den Seiten 272–289.

Wirtspflanzen: Zierpflanzen: Abutilon, Anthurium, Hibiscus, Hedera, Kakteen, Nelken, Palmen, Rosen und andere.
Gemüse: Bohnen, Gurken.
Obst: Apfel, Birnen, Pfirsich, Zwetschgen.
Koniferen: Chamaecyparissus, Picea.

Nützlinge: Einsetzbar sind Raubmilben wie Phytoseiulus persimilis und Amblyseius cucumeris + californicus. Siehe in der Tabelle der Nützlinge ab Seite 30.

▽ Larve, Ei, Männchen und Weibchen der Roten Spinne (Abb. 68d)

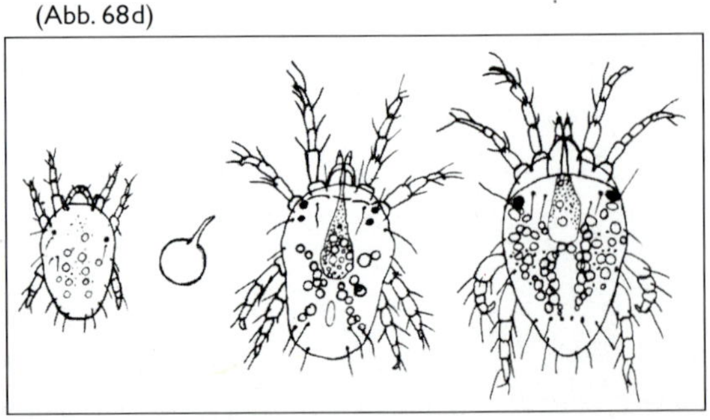

△ Schadbild von Spinnmilben an Hydrangea (Abb. 69a)

△ Gespinst an Dendranthema (Abb. 69b)

▽ Spinnmilben an Dendranthema (Abb. 69c)

△ Spinnmilben an Rosen

▽ (Abb. 69d+e)

△ Heisse Lagen fördern den Befall von Spinnmilben (Abb. 70a)

▽ Befall an Kakteen (Abb. 70b)

▽ Befall an Hydrangeablattunterseite (Abb. 70c)

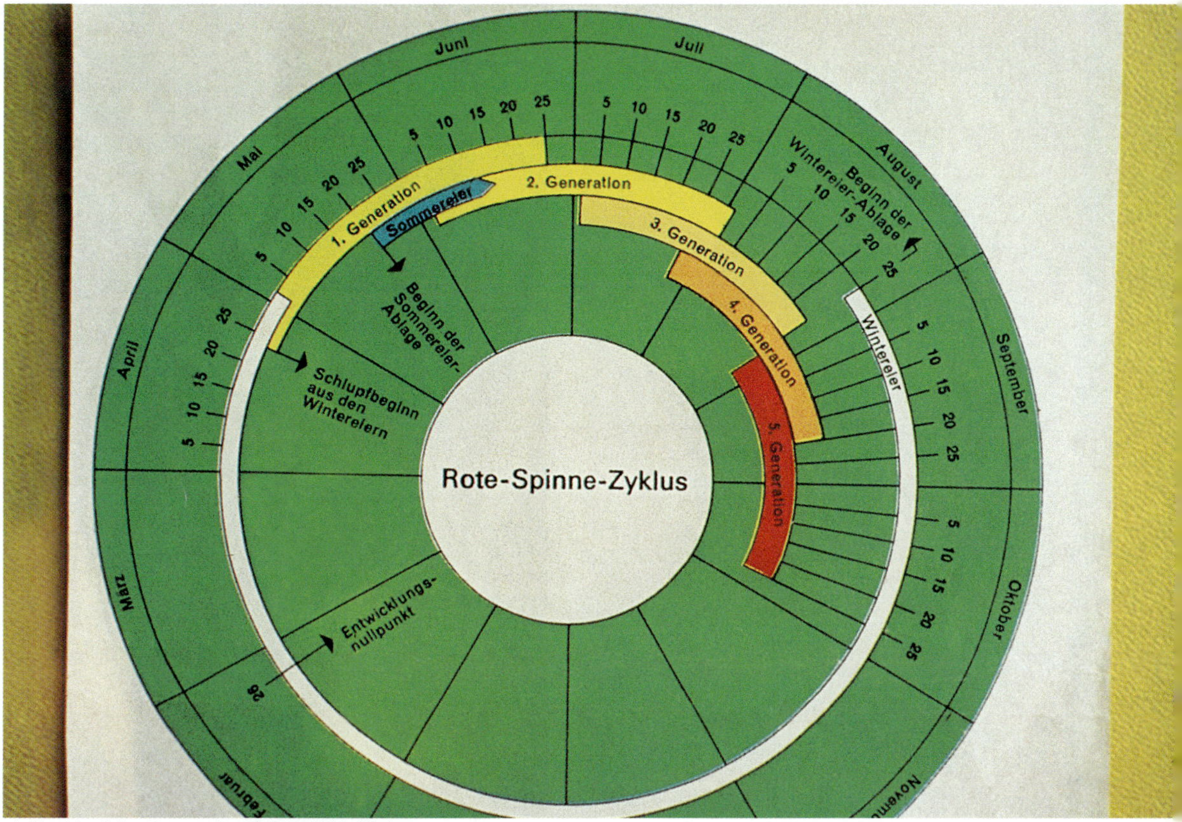

△ Kreislauf der Generationsfolgen (Abb. 71a)
▽ Befall an Gurken (Abb. 71b)

△ Spinnmilbeneier an Obstbaum (Abb. 72a)
▽ Spinnmilben an Pfirsich (Abb. 72b)

△ Spinnmilben an Pfirsich (Abb. 72c)

Weichhautmilben

Tarsonidae

Schadbild: Junge Triebspitzen, Blätter und auch Blüten sind kleiner ausgebildet, die Blattränder meist nach oben oder unten eingebogen. An Saintpaulien lange Behaarung in allen Richtungen. Bei starkem Befall Verkrüppelungen, Verdickung und Verhärtung der Organe oder Absterben derselben. Bei Brombeeren bleiben die Beeren rot und hart, sauer und ungeniessbar.

Ursache: Weichhautmilben sind nur 0,12 bis 0,25 mm gross und von Auge unsichtbar. Ihr Körper ist durchscheinend, er versteckt sich in kleinsten Nischen im Pflanzenkörper. Vermehrung durch Eier. Larven haben 6, die Milben 8 Beine. Schäden durch Saugen an äusseren Zellschichten = Verkrüppelungen.

Vorbeugung: Vermehrung und Verbreitung wird durch feuchte Luft und mässige Temperatur gefördert. Im Gewächshaus Klimakorrektur: trokkener und wärmer.
Wirkstoffe wechseln wegen Resistenzgefahr.

Bekämpfung: An Zierpflanzen: Wiederholt und gründlich mit Akariziden spritzen. Wirkstoffe: aus den Tabellen auf den Seiten 294–296.
Aufgeführt sind auch alle bewilligten Wirkstoffe für Obstbau, Gemüsebau, Weinbau usw.

Wartezeit: Siehe in den Tabellen auf den Seiten 272–289.

Wirtspflanzen: Aphelandra, Aralien, Azaleen, Begonien, Columnea, Fatshedera, Gloxinien, Hedera, Impatiens, Kalanchoe, Saintpaulia, Solanum, Streptocarpus, Gerbera und viele andere. Beeren: Brombeeren, Erdbeeren und andere.
Koniferen: Taxus.

Nützlinge: Bedingt einsetzbar sind Raubmilben und Raubwanzen. Siehe in der Tabelle der Nützlinge ab Seite 30.

▽ Weichhautmilben an Sinningia (Abb. 73a)

△ Weichhautmilben an Saintpaulia
▽ (Abb. 73b+c)

▽ Befall an Schefflera elegantissima (Abb. 73d)

△ Befall an Hedera helix (Abb. 74a)
▽ Erfolg nach Akarizidbehandlung (Abb. 74b)

△ Weichhautmilbenbefall an Rhododendron simsii (Abb. 74c)

△ Befall an Begonia-Elatior-Hybriden (Abb. 75c)
▽ Befall an Cyclamenblüten (Abb. 75d)

△ Weichhautmilbenbefall an Cyclamen (Abb. 75a)
▽ Schadbild der Brombeermilben (Abb. 75b)

▽ Schadbild der Erdbeerweichhautmilben (Abb. 75e)

△ Birnpockenmilben (Abb. 76a)
▽ Rebenpockenmilben (Abb. 76b)

Birnenpockenmilben

Eriophyes piri (Psylla piri)

Schadbild: Auf den Blättern zuerst weissgraue Flecken, die sich später rötlich verfärben. Auf der Blattunterseite deutliche Öffnungen, in denen sich die Milben verstecken.

Ursache: Die Milben überwintern in den Knospenschuppen und befallen beim Austrieb die jungen Blätter, worauf es zu Wucherungen kommt. Während des Jahres bilden sich mehrere Generationen.

Vorbeugung: Ölhaltige Austriebsspritzmittel einsetzen.

Bekämpfung: Stark befallene Blätter einsammeln und verbrennen. Gründliche Austriebspritzungen. Wirkstoffe: aus den Tabellen auf den Seiten 294–296.

Wartezeiten: Siehe in den Tabellen auf den Seiten 284–289.

Befallspflanzen: Birnen, aber auch Äpfel, Quitten, Pflaumen und Zwetschgen.

Rebenpockenmilben

Colomerus vitis

Schadbild: Bei Befallsbeginn weisse bis rötliche, mit zunehmendem Alter rostbraune Filzgallen auf der Blattunterseite. Oberseits deutliche Ausstülpungen.

Ursache: Die Pockenmilben überwintern in den Knospenschuppen. Beim Austrieb Befall der jungen Blätter, worauf es zu den Verfilzungen kommt. Es bilden sich 2 Generationen pro Jahr.

Vorbeugung: Gefährdete Bestände beim Austrieb mit Mineralölprodukten gründlich spritzen.

Bekämpfung: Ab Austrieb gründlich spritzen. Wirkstoffe: aus den Tabellen auf den Seiten 294–296.

Wirtspflanzen: Weinreben.

Wartezeiten: Siehe in der Tabelle auf der Seite 283.

Ahorngallmilben

Eriophyes ssp.

Schadbild: Auf den Blattoberseiten zuerst grüne, dann zunehmend rot gefärbte, 3 bis 4 mm lange zipfelartige Gallen mit einem Durchmesser von 1 bis 2 mm. Oft sind grössere Blattflächen dicht mit Gallen besetzt.

Ursache: Die Milben überwintern in Rindenritzen und oberirdisch in Gras und Laub unter Ahornbäumen und Sträuchern. Im Frühjahr erfolgt die Eiablage an die Blattunterseiten. Durch die Saugtätigkeit entstehen die Gallen, die jedoch allgemein keinen nennenswerten Schaden anrichten.

Vorbeugung: Ölhaltige Austriebsspritzmittel einsetzen.

Bekämpfung: Bei regelmässig gefährdeten Pflanzen bei Austrieb im Frühjahr gründlich spritzen. Wirkstoffe: aus den Tabellen auf den Seiten 272–275 und 294–296.

Wirtspflanzen: Verschiedene Ahornarten wie Acer campestre, A. saccharinum und andere.

△ Ahorngallmilben
▽ (Abb. 77a+b)

△ Johannisbeergallmilben (Abb. 78a)
▽ Zwetschgengallmilben (Abb. 78b)

Johannisbeergallmilben

Acalitus ribis (Eriophyes ribis)

Schadbild: Befallene Knospen besonders der schwarzen Johannisbeeren schwellen zu grossen runden Gallen an, ein Austrieb unterbleibt. Schliesslich trocknen sie ein und fallen ab = kahle Triebe.

Ursache: Die Milben können in sehr grosser Zahl (2000 bis 3000 pro Knospe) in den befallenen Knospen überwintern. Beim Austrieb befallen sie die jungen Blättchen. Im Laufe des Jahres mehrere Generationen.

Vorbeugung: Befallene Triebe frühzeitig ausschneiden und verbrennen. Ölhaltige Austriebsspritzmittel einsetzen.

Bekämpfung: Gründliche Spritzung beim Austrieb. Wirkstoffe: aus den Tabellen auf den Seiten 284–289 und 294–296.

Wirtspflanzen: Johannisbeeren rot, gelb und schwarz, auch Stachelbeeren.

Wartezeit: Siehe in den Tabellen auf den Seiten 284–289.

Zwetschgengallmilben

Phytoptus similis

Schadbild: Im Frühjahr auf den Blättern 1 bis 3 mm grosse hellgrüne Gallen, die sich im Sommer rot verfärben. Bei starkem Befall können auch die Früchte Deformationen aufweisen.

Ursache: Diese freilebende Milbenart überwintert unter Borken oder in Rindenritzen. Die Milben steigen im Frühjahr zu den Knospen und saugen an den jungen Blättern, worauf es zu den Beutelgallen kommt.

Vorbeugung: Losgelöste Borken abkratzen. Gründliche Winterspritzung. Einsatz von ölhaltigen Austriebsspritzmitteln.

Bekämpfung: Ab frühem Austrieb der Knospen gründlich spritzen. Wirkstoffe: aus den Tabellen auf den Seiten 284–289 und 294–296.

Wirtspflanzen: Zwetschgen, Pflaumen, Mirabellen. *Nur Winterspritzungen durchführen!*

Wartezeiten: Siehe in der Tabelle auf den Seiten 284–289.

Kellerasseln

Isopoda

Schadbild: Oberirdische Pflanzenteile weisen knapp über der Erdoberfläche lochartige Frassstellen auf. In tiefen Löchern sitzen die Asseln in Ruhestellung eingekugelt.

Ursache: Bis 2 cm lange, breitovale, graue, zu den Krebstieren gehörende Asseln mit 7 Beinpaaren und bänderartigem Schuppenpanzer. Vermehrung durch Eier. Sie lieben Feuchtigkeit und Schatten und verstecken sich tagsüber. Schäden meist im Gewächshaus und Keller, weniger im Freien.

Vorbeugung: Mögliche Schlupfwinkel vermeiden. Lockköder einsetzen.

Bekämpfung: Feuchte Stellen vermeiden, unter Pflanzentischen durchlässigen Boden ohne Humuspartikel, zum Beispiel grober Kies, Leca, Grobsand.

Wirtspflanzen: Blumenzwiebeln im Lagerraum, Knollen, Cyclamen, Kakteen, Orchideen.

Verschiedenes: Siehe auch unter biologischem Pflanzenschutz, Seite 42.

△ Kellerasseln (Abb. 79a)

▽ Befall an Kaktus (Abb. 79b)

Tausendfüsser, Hundertfüsser

Myriapoda

Schadbild: An Sämlingen oder Jungpflanzen Frassschäden am Wurzelhals, an Orchideen Frasslöcher an den Bulben.

Ursache: Die Tausendfüsser sind zirka 3 cm lang, grauschwarz mit glänzenden Querbändern mit je 2 Beinpaaren.
Die Hundertfüsser sind hellbraun und lockerer gegliedert mit je einem Beinpaar.
Beide halten sich tagsüber versteckt, nachts sind sie aktiv und nagen dann an toten und lebenden Pflanzenteilen.

Vorbeugung: Für Sämlinge sind optimale Klimabedingungen zu schaffen, damit keine Wachstumsstörungen eintreten. Bretter auslegen und die Tausendfüsser darunter einsammeln.

Bekämpfung: Nur bei starkem Auftreten bekämpfen, denn sie sind durch den Abbau von organischer Substanz im Boden auch nützlich.

Befallspflanzen: Erdbeeren, Gurken, Gemüsesämlinge, Orchideenpflanzen.

△ Tausendfüsser (Abb. 79c)

▽ Hundertfüsser (Abb. 79d)

△ Starker Thripsbefall an Gladiolen
▽ (Abb. 80a + b)

▽ Blasenfüsse: Thrips (Abb. 80c)

Thripse – Blasenfüsse

Thysanopteraarten (Thrips tabaci u. ä.)

Schadbild: Bei Befallsbeginn auf den Blättern weisse bis gelbe Punkte und Flecken und zum Teil kleine schwarze Kothäufchen. Bei starkem Befall wird die Blattunterseite silbrigweiss. Jüngere Pflanzenteile wie Blätter, Blüten und auch Früchte (Erbsen) verkrüppeln und trocknen ein.

Ursache: Thripse gehören zu den Fransenflüglern und sind 1 mm lang, schmal, gelblich bis schwarz gestreift und haben 6 Beine. Sie saugen die Oberhautzellen aus. Vermehrung durch Eier. Unter günstigen Voraussetzungen (trockenwarme Luft) dauert die Generationsfolge vom Ei zur Larve bis Vollinsekt nur 20 bis 30 Tage, daher ist der Befallsdruck im Sommer sehr gross. Bei Gladiolen oft Totalausfall. Im Freien wird der Thrips oft durch andere Wirtspflanzen laufend wieder übertragen, zum Beispiel von Hecken, Wildpflanzen und anderen.

Vorbeugung: Ideale Klimabedingungen schaffen (kühl und feucht). Im Freien tagsüber von oben beregnen. Stete Kontrolle und frühzeitiger Pflanzenschutz. Gladiolenknollen durch Nassbeize vorbehandeln.

Bekämpfung: Beim ersten Auftreten in Abständen von 8 bis 10 Tagen wiederholt spritzen, Blattunterseiten gut benetzen. Wirkstoffe: aus den Tabellen auf den Seiten 294–296.
Empfehlenswert sind nützlingsschonende Wirkstoffe!

Wirtspflanzen: Zierpflanzen: Cyclamen, Fatsia, Fatshedera, Ficusarten, Gladiolen, Zantedeschia und viele andere.

Gemüse: Erbsen, Kefen, Lauch, Gurken, Kohlarten.

Wartezeiten: Siehe in den Tabellen der Seiten 272–289.

Nützlinge: Raubmilben der Gattung Amblyseius, Raubwanzen der Gattung Orius können im Gewächshaus eingesetzt werden, laut den Tabellen ab Seite 30.
Im Obst- und Weinbau ist die Raubmilbe Typhladromus heimisch.

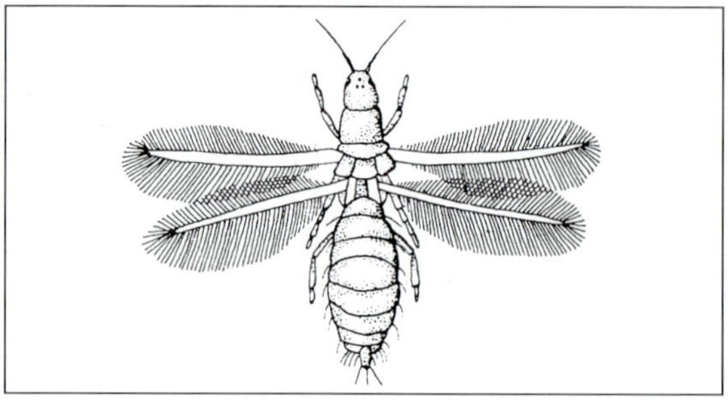

△ Starker Thripsbefall an Gladiolen (Abb. 81a)
▽ Befall an Ficus elastica (Abb. 81b)

△ Befall an Sinningia (Abb. 81c)
▽ Befall an Erbsen (Abb. 81d)

△ Blütenthrips vergrössert (Abb. 82a)
▽ Befall an Gerbera (Abb. 82b)

Blütenthrips

Frankliniella occidentalis

Schadbild: Die Schäden beschränken sich nicht nur auf die Blüten, sondern bei einigen Pflanzenarten auch auf die Blätter. An den Blüten durch Saugtätigkeit helle Flecken, eingetrocknete Blütenränder oder verstreuter Blütenstaub. An den Blättern Verkorkungen.

Ursache: Diese kalifornische Thripsart ist 1,3 bis 1,5 mm gross, gelb-orange gefärbt und sehr beweglich. Sie kann hüpfen und fliegen. Bei grosser Wärme (20 °C) wird aus einem Ei bereits ein Vollinsekt, anderseits überleben sie auch bei sehr tiefen Temperaturen. Oft totaler Kulturschaden.

Vorbeugung: Vermeiden von Boden- und Lufttrockenheit, hohen Temperaturen oder Hitzestau. Von Vorteil ist, eine Schadschwellen-Erhebung mit Blaufallen durchzuführen.

Bekämpfung: Infolge rascher Resistenzbildung Wirkstoffe rasch wechseln. In Abständen von 5 bis 6 Tagen in 4 bis 5 Behandlungen mit starkem Druck gründlich spritzen. Bei blühenden Pflanzen auch sprühen mit Aerosolen. Wirkstoffe: aus den Tabellen auf den Seiten 272–275 und 294–296.

Wirtspflanzen: Anemonen, Cyclamen, Dendranthema (Chrysanthemen), Dianthus, Euphorbia pulcherrima, Eustoma, Gerbera, Kalanchoe, Lilien, Pelargonien, Primulaarten, Saintpaulia, diverse Grünpflanzen und viele andere.

Nützlinge: Raubmilben der Gattung Amblyseius, Raubwanzen der Gattung Orius können im Gewächshaus eingesetzt werden, laut den Tabellen ab Seite 30.

△ Befall an Dendranthema (Abb. 82c)
▽ Befall an Streptocarpus (Abb. 82d)

▽ Blütenthrips an Saintpaulia (Abb. 82e)

△ Schadbild an Poinsettie (Abb. 83a)

▽ Schadbild an Dendranthema (Abb. 83b)

▽ Gelbe und blaue Lockfalle (Befallskontrolle) (Abb. 83c)

Rosenzikaden

Typhlocyba rosae

Schadbild: Rosenblätter deutlich weiss gesprenkelt, ausgeprägter als bei Spinnmilbenbefall. Auf der Blattunterseite sitzen zahlreiche bis 3 mm lange, gelblichweisse bis grünliche Larven und Vollinsekten mit langen Flügeln. Bei leichter Berührung fliegen oder springen sie weg.

Ursache: Vollinsekten besitzen dachartig gefaltete Flügel und starke Springbeine. Sie legen im Herbst ihre Eier in die Rinde ab. Ab Frühjahr entwickeln sich die Larven durch Saugtätigkeit an der Blattunter- und -oberseite. Bei starkem Befall starke Fleckung der Blätter und Blattfall. Begünstigung durch sonnigheisse Lagen und lange Trockenperioden.

Vorbeugung: In der Umgebung von Rosenrabatten gelbe Lockfallen aufstellen. Periodischer Pflanzenschutz mit Insektiziden.

Bekämpfung: Bei Befallsbeginn von unten her wiederholt gründlich spritzen, dabei auch den Boden benetzen, da sich Zikaden rasch an den Boden absetzen. Wirkstoffe: Insektizide analog Blattlausbekämpfung (ohne Pirimicarb). Siehe Seiten 272–275 und 294–296.

Wirtspflanzen: Gartenrosen in allen Formen sowie Hainbuchen, Brombeeren und andere.

△ Rosenzikaden-Hüllen nach dem Ausschlüpfen (Abb. 84a)
▽ Rosenzikaden, starker Befall (Abb. 84b)

Werren – Maulwurfsgrillen

Gryllotalpa gryllotalpa

Schadbild: Besonders im Gemüsegarten werden Sämlinge und Setzlinge im Wurzelbereich abgefressen oder durch Wühlarbeit emporgehoben, worauf sie welken und eintrocknen.

Ursache: Fingerdicke Gänge 3 bis 4 cm unter der Oberfläche, die später in die Tiefe münden, wo oft in einer eigrossen Höhle bis zu 300 braune Eier oder ausgeschlüpfte Jungtiere anzutreffen sind. Die Werre ist 4 bis 8 cm lang, glänzend braun, sie besitzt 2 Flügel und vorne 2 schaufelartig ausgebildete Grabbeine. Eiablage im Juni und im Juli. Winterschlaf der Jungtiere im Boden.

Vorbeugung: Im Winter Komposthaufen umarbeiten und die Jungtiere einsammeln.

Bekämpfung: Glattwandige Töpfe oder Büchsen ebenerdig eingraben. Mit Latten «Leitplanken» stellen, damit die nachts wandernden Tiere in die Fallen gelenkt werden. Ein Löffel Salatöl in die abwärtsführenden Gänge giessen und mit Wasser nachfüllen. Die Werren erscheinen sofort nach oben und können eingesammelt werden.

Wirtspflanzen: Salat, Kohlarten und andere Gemüsearten. Kartoffeln, aber auch diverse Zierpflanzen.

△ Werrennest mit Eiern (Abb. 85a)
▽ Werre (Abb. 85b)

△ Blattläuse an Rosen (Abb. 86a)

△ Blattlaus (Abb. 86b)
▽ Geflügelte Blattlaus (Abb. 86c)

Blattläuse
Aphididae

Schadbild: Meist an jungen Blättern und Trieben Kräuselung oder Einrollen, später Wachstumsstörungen oder Absterben befallener Teile. Infolge Honigtauausscheidung schwarzer Russtaubelag.

Ursache: Verschiedene Blattlausarten von 1–4 mm Grösse in verschiedenen Farben auf zahlreichen Zier- und Nutzpflanzen wie Grüne Gurkenblattlaus, Schwarze Bohnenblattlaus, Grüne Pfirsichblattlaus, Grünstreifige Kartoffelblattlaus und Grünfleckige Kartoffelblattlaus. Zum Teil treten die Läuse pflanzenspezifisch auf. Ihre Saugtätigkeit und ausgeschiedenen Giftstoffe verursachen die Schäden. Im Freien Eiablage im Herbst zur sicheren Überwinterung. Die nachfolgenden Läuse und ihre Nachkommen sind in der Lage, das ganze Jahr hindurch ohne erneute Befruchtung lebende Läuse zu gebären. Ende des Jahres bilden sich im Freiland wieder Geschlechtstiere, welche Eier ablegen. Unter Glas ununterbrochene Fortpflanzung ohne Wintereier. Nach 10 bis 14 Tagen können Jungläuse im Sommer bereits wieder neue Läuse zur Welt bringen = sehr rasche Vermehrung!

Vorbeugung: Durch Schattierung, Lüftung und höhere Luftfeuchtigkeit bessere Klimabedingungen schaffen. Wärme und trockene Luft begünstigen die Ausbreitung.

Bekämpfung: Grosses Sortiment von wirksamen Insektiziden. Bei Nutzpflanzen nur empfohlene Wirkstoffe mit kurzer Wartezeit verwenden. Siehe Tabellen auf den Seiten 272–289 und 294–296. Nützlinge schonen oder einsetzen wie Marienkäfer, Florfliegen, Schlupfwespen, Ohrwurm und andere.

Wirtspflanzen: Praktisch alle Zier-, Gemüse- und Obstpflanzen werden von Läusen befallen, die zum Teil geflügelt sind.

Verschiedenes: Blattläuse übertragen auch Bakteriosen und Virosen. Spezifische Blattlausarten werden separat vorgestellt.

Wartezeiten: Bei Nutzpflanzen unbedingt Wartezeiten beachten. Siehe Tabellen auf den Seiten 272–289.

Nützlinge: Schlupfwespen aus der Gattung Aphelinus, Aphidius und der Gallmücke Aphidoletes; Raubwanzen aus der Gattung Orius und Macrolophus. Krankheitserregendes Pilzmycel der Gattung Verticillium. Alle Nützlinge sind auf den Seiten 30–40 aufgeführt.

△ Befall an Abutilon (Abb. 87b)
▽ Befall an Cyclamen (Abb. 87c)

△ Blattläuse (Abb. 87a)
▽ Schadbild an Monstera (Abb. 87d)

△ Blattlausbefall an Callistephus (Abb. 88a)
▽ Blattlauseier an Rosen im Winter (Abb. 88b)

△ Grüne Pfirsichblattläuse (Abb. 88c)
▽ Gelbe Blattläuse an Kartoffeln (Abb. 88d)

△ Grüne Blattläuse an Brombeeren (Abb. 89b)
▽ Mehlige Kohlblattlaus (Abb. 89c)

△ Schwarze Bohnenblattläuse (Abb. 89a)
▽ Johannisbeerblasenläuse (Abb. 89d)

△ Gallmückenlarve vertilgt Blattläuse (Abb. 90a)

▽ Blattläuse an Pfirsich (Abb. 90b)

△ Schwarze Blattläuse an Dahlien (Abb. 90c)

▽ Blattlausschaden an Dendranthema (Abb. 90d)

△ Mehlige Zwetschgenblattläuse (Abb. 91a)
▽ Blattläuse an Kirschen (Abb. 91b)

△ Mehlige Apfelblattläuse (Abb. 92a)

▽ Schäden durch Mehlige Apfelblattläuse (Abb. 92b)

Mehlige Apfelblattläuse

Dysaphis plantaginea

Schadbild: An jungen Apfeltrieben starke Kräuselungen bis Einrollen der Blätter und gekrümmte Triebspitzen. Später werden auch Früchte befallen, die in der Folge klein und hart bleiben und starke Deformationen aufweisen.

Ursache: Die mehlige Blattlaus ist zirka 2 mm gross, rötlichgrau bis blauschwarz und ausgewachsen stark mehlig bepudert. Sie lebt in dichten Kolonien und schädigt durch ihre Saugtätigkeit und Giftausscheidungen. Hauptbefall und Vermehrung ab Ende der Blüte bis Ende Juni.

Vorbeugung: Stete Kontrolle alle 3 bis 4 Tage in der kritischen Zeit und bei Befall (mehr als 1 Kolonie auf 100 Triebe) frühzeitig Spritzbehandlungen einleiten. Wenn viele Nützlinge angetroffen werden (Marienkäfer und andere), mit nützlingsschonenden Wirkstoffen behandeln.

Bekämpfung: Bei Befall gründlich und gezielt in die Kolonien spritzen. Wirkstoffe: In den Tabellen der Seiten 294–296 sind nützlingsschonende Produkte enthalten.

Wirtspflanzen: Apfelbäume.

Wartezeiten: In den Tabellen der Seiten 284–289.

Nützlinge: Einheimisch sind Aphidius, Florfliege, Raubwanzen, Marienkäfer, Ohrwurm usw.

▽ Mehlige Apfelblattläuse (Abb. 92c)

Apfelfaltenläuse

Dysaphis sp.

Schadbild: Die befallenen Blätter an Apfeljungtrieben weisen ab Blütebeginn gelbe bis leuchtendrote Flecken auf, die am Rand zu Falten hochgebogen sind. Im Schutze der Falten saugen die Läuse und scheiden Giftstoffe ab.

Ursache: Die Apfelfaltenlaus ist im Aussehen der Mehligen Apfelblattlaus sehr ähnlich. Grösse: 1 bis 2 mm. Vermehrung durch Eier. Sie bildet dichte Kolonien.

Vorbeugung: Stete Kontrolle und frühzeitige Behandlungen einleiten. Da oft nur vereinzelte Triebe befallen werden, können diese herausgeschnitten und verbrannt werden. Nützlinge sind zu fördern.

Bekämpfung: Gezielte Spritzbehandlungen in die Blattfalten. Wirkstoffe: aus den Tabellen auf den Seiten 294–296.
Siehe auch unter Mehlige Apfelblattlaus.

Wirtspflanzen: Apfelbäume, spezifische Blattlausart.

Wartezeiten: Siehe in der Tabelle auf den Seiten 284–289.

Nützlinge: Siehe unter Mehlige Apfelblattlaus.

△ Apfelfaltenlaus (Abb. 93a)
▽ Schäden durch Apfelfaltenläuse (Abb. 93b)

△ Fichtenröhrenlaus (Abb. 94a)
▽ Schäden durch Fichtenröhrenläuse (Abb. 94b)

Fichtenröhrenläuse

Liosomaphis abietinum

Schadbild: Im Frühjahr zeigen sich gelbe bis braune Flecken an den Nadeln, die in der Folge absterben und abfallen. Bei starkem Befall oft grosse Kahlstellen an verschiedenen Fichtenarten.

Ursache: An der Nadelunterseite saugen grüne Blattläuse mit relativ grossen Kugelaugen. Zuerst werden Altnadeln befallen, später auch Nadeln von Neuaustrieben. In milden Wintern sind die Läuse das ganze Jahr hindurch aktiv und verursachen grössere Schäden.

Bekämpfung: Im zeitigen Frühjahr vor dem Austrieb mit Öl oder einem Blattlausmittel gründlich, das heisst auch in das Innere der zum Teil sehr dichten Fichten, spritzen. Wirkstoffe: aus den Tabellen auf den Seiten 272–275 und 294–296.

Wirtspflanzen: Picea pungens 'Glauca', Picea omorika, Picea engelmannii, Picea morinda, Picea excelsa, vereinzelt auch Pinusarten.

Bei Picea engelmannii und Picea morinda trotz dürren Nadeln kein Nadelfall.

Fichtengallenläuse

Sacchiphantes abietis

Schadbild: An den einjährigen Trieben ananasförmige, grossschuppige Gallen von Haselnuss- bis Baumnussgrösse, die anfänglich grün gefärbt sind, später verholzen und braun werden. Die befallenen Triebe knicken leicht und trocknen ein.

Ursache: In den Gallenschuppen verbergen sich viele gelbe, kleine Gallenläuse von zirka 1 mm Grösse. Durch Speichelabsonderungen bei der Saugtätigkeit bilden sich Zellwucherungen. Oft starker Befall.

Vorbeugung: Stete Kontrolle und frühzeitig (Mai bis Juli) die Gallen ablesen und verbrennen.

Bekämpfung: Im zeitigen Frühjahr (etwa 10. bis 15. April), wenn an der Knospenbasis erste weisse Wachshäufchen sichtbar werden, sind die Jungläuse gründlich zu spritzen. Von Juli bis August verlassen die Läuse die Gallen und wandern in die Triebspitzen, wo sie auch überwintern. Wirkstoffe siehe Tabellen auf den Seiten 272–275 und 294–296.

Wirtspflanzen: Picea abies, Picea excelsa, Picea sitchensis. Als Nebenwirt trifft man sie auch auf der Lärche.

△ Fichtengallenlaus und Eier (Abb. 95a)

▽ Fichtengallen an Jungtrieb (Abb. 95b)

▽ Befall an Alttrieb (Abb. 95c)

Tannentriebläuse

Dreyfusia nüsslini, D. picea, D. nordmanniana und D. merkeri

Schadbild: Die Nadeln drehen sich und vergilben, oft sterben die Triebe ab. Auffallend sind kleine weisse Wollflocken, unter denen sich die Läuse verbergen. An den Trieben klebrige Absonderungen.

Ursache: Zweige, Triebe und seltener auch Nadeln von Jungtrieben sind besetzt mit unterschiedlichen Stadien kleinerer und grösserer Läuse. Eiablage von April bis Mai. Die Larven saugen sowohl am Stamm, an Ästen und zum Teil an Nadeln. Besonders Jungpflanzen sind gefährdet.

Vorbeugung: Sonnige und trockenwarme Lage fördert den Befall. Mit einem starken Wasserstrahl gefährdete Bäume öfters abspritzen. Stark befallene Einzeltriebe eventuell ausschneiden und verbrennen.

Bekämpfung: Vor dem Knospenaustrieb mit Ölspritzmitteln behandeln. Nach dem Austrieb Wirkstoffe aus den Tabellen auf den Seiten 272–275 und 294–296 einsetzen.

Wirtspflanzen: Verschiedene Abies- und Picea-arten, aber auch Cedrus- und Larixarten werden befallen.

△ Eier der Fichtentriebläuse (Abb. 96a)
▽ Alte Fichtentriebläuse (Abb. 96b)

Weisstannenblattläuse
Mindarus abietinus

Schadbild: An Jungtrieben von Weisstannen sind die Nadeln verkrümmt und die Triebe zum Teil deformiert. Bei starkem Befall Absterben der Triebspitzen. Die Nadeln zeigen eine starke Braunfärbung, die an Spätfrostschäden erinnert. Durch eine grosse Vermehrungsintensität grosse Schäden möglich.

Ursache: Die Weisstannentrieblaus ist 1 bis 2 mm gross, grau bis gelbgrün und sehr beweglich. Sie legt im Herbst ihre Eier an der Basis der Endknospen ab, wo sie nach dem Austrieb sofort die jungen Nadeln befällt.

Vorbeugung: Einzelne Befallsstellen ausschneiden und verbrennen. Keine Weisstannendeckäste mit Blattlausbefall im Garten verwenden.

Bekämpfung: Bei Befall vor dem Knospenaustrieb Winterspritzmittel auf Mineralölbasis gründlich spritzen. Nach dem Austrieb sind folgende Wirkstoffe aus den Tabellen auf den Seiten 272–275 und 294–296 wirksam.

Wirtspflanzen: Abies alba, Abies balsamea, Abies nordmanniana, Abies pectinata.

△ Weisstannentriebläuse an Jungtrieb (Abb. 97a)

▽ Weisstannentriebläuse (Abb. 97b)

▽ Weisstannentriebläuse an Alttrieb (Abb. 97c)

△ Wurzelläuse an Adiantum-Farn (Abb. 98a)

Wurzelläuse

Pemphigusarten

Schadbild: Befallene Pflanzen sind im Wachstum geschwächt, sie welken und vergilben von unten her. An Wurzeln, Knollen und Zwiebeln zahlreiche Läuse, die oft mit weissen Wachsfäden überzogen sind.

Ursache: Die zahlreich auftretenden Läuse saugen an den Wurzeln und können auch Viren und Bakteriosen übertragen. Zum Teil wechseln sie ihren Wirt (Pappeln).

Vorbeugung: Fruchtwechsel bei Freilandpflanzen, besonders im Gemüsebau.

Bekämpfung: Behandeln der Setzlinge oder Jungpflanzen mit Pirimicarb, bei temperiertem Boden (mindestens 15 bis 18 °C). Nur im Jungpflanzenstadium anwenden.
Bei Zierpflanzen auch später möglich.

Wirtspflanzen: Zierpflanzen: Farne, Euphorbiaceen, Kakteen, Palmen, Primeln, Nelken, Tulpen und andere. Gemüse: Karotten, Petersilie, Endiviensalat, Kopfsalat und andere.

Wartezeit: Siehe in den Tabellen auf den Seiten 272–281.

▽ Befall an Endivien (Abb. 98b)

▽ Befall an Endivien (Abb. 98c)

Apfelblutläuse
Eriosoma lanigerum

Schadbild: An Trieben und Ästen dichtbesiedelte Kolonien von rotbraunen Läusen, die oft unter weissen Wachsausscheidungen versteckt sind. Der gifitge Speichel verursacht schwammige Auswucherungen und Risse in der Rinde = «Blutlauskrebs».

Ursache: Überwinterung als Larve oder Vollinsekt an den Wurzeln oder in Rindenritzen an den Ästen. Bei grosser Kälte (unter –18 °C) sterben die oberirdischen Blutläuse ab. Neubesiedelungen erfolgen von der Wurzel her.

Vorbeugung: Dichtschliessende Leimringe, um das Aufsteigen von Blutläusen aus dem Wurzelbereich zu verhindern. Durch die Schlupfwespe Aphelinus kann ein Befall reduziert werden.

Bekämpfung: Bei Befall nach der Blüte spritzen. Wirkstoffe: aus den Tabellen auf den Seiten 294–296.

Wirtspflanzen: Apfelbäume, vereinzelt auch Birnen.

Wartezeiten: Siehe in den Tabellen auf den Seiten 284–289.

△ Geflügelte Apfelblutlaus (Abb. 99a)
▽ Apfelblutläuse mit Wachsfäden (Abb. 99b)

Birnblattsauger (Flohart)

Psylla pirisuga

Schadbild: Besonders an Jungtrieben sind die Blätter stark verkrümmt und deformiert. Das Wachstum ist in der Folge gehemmt. Es bildet sich auch reichlich Honigtau mit Russtaubildung.

Ursache: Die flugfähigen Tiere legen ihre leuchtendgelben Eier ab April in noch nicht voll entwickelte Blätter. Die anfänglich gelben, später gelbbraunen Larven saugen im Frühjahr an den Blättern. Neben der starken Saugtätigkeit schädigt der Birnblattsauger auch noch, indem er die Mycoplasmakrankheit überträgt.

Vorbeugung: Rindenpflege durch Anstrich der Stämme, damit Schlupfwinkel entzogen werden.

Bekämpfung: Nach Sichtbarwerden der ersten Blattsauger sofortige Spritzbehandlungen. Später ist wegen starker Honigtaubildung der Zutritt der Spritzlösungen zu den dichten Kolonien erschwert. Wirkstoffe: aus den Tabellen auf den Seiten 294–296.

Wirtspflanzen: Birnen.

Wartezeiten: Siehe in den Tabellen auf den Seiten 284–289.

△ Birnblattsauger (Abb. 100a)

▽ Schäden durch Birnblattsauger (Abb. 100b)

Schildläuse
Coccidae

Schadbild: An grünen bis holzigen Pflanzenteilen rundliche, schildförmige Höcker mit brauner Oberhaut in unterschiedlichen Grössen bis 6 mm Ø. Schildläuse schädigen durch Saugen sowie bei einigen Arten durch ausgeschiedenen klebrigen Honigtau, auf dem sich in der Folge schwarzer Russtau bildet, der schwer wegzubringen ist. Hauptsächlich an den Blattunterseiten den Hauptnerven entlang, an den Sprossen jedoch überall anzutreffen.

Ursache: Es gibt verschiedene Schildlausarten, zum Beispiel Deckelschildlaus, Schalen- oder Napfschildlaus, Kommaschildlaus und andere. Sie befallen eine Vielzahl von Zier- und Nutzpflanzen. Vermehrung durch Eier, die unter den festen Schildern ausschlüpfen. Die Jungtiere sind beweglich und verbreiten sich über die ganze Pflanze, die Alttiere sitzen immer am gleichen Ort fest.

Vorbeugung: Frühzeitige Behandlungen sind wichtig, damit eine starke Vermehrung verhindert wird. Zukauf von «sauberen» Jungpflanzen.

Bekämpfung: Systemisch wirkende Insektizide oder Produkte mit Mineralölzusatz haben Aussicht auf Erfolg. Durch den Ölfilm unter dem Deckel werden die Luftwege abgeschnitten, die Tiere ersticken. Einzelpflanzen abwaschen mit feinem Schwamm. Wirkstoffe sind in den Tabellen auf den Seiten 294–296 aufgeführt.

Wirtspflanzen: Zierpflanzen: Aphelandra, Bromelien, Codiaeum, Farne, Ficus, Hedera, Kakteen, Monstera, Philodendron, Oleander, Rosen, Palmen, Buxus, Cotoneaster, Juniperus, Taxus, Picca und andere.
Obst und Beeren: Pfirsich, Aprikosen, Zwetschgen, Apfel- und Birnbäume, Reben.

Wartezeit: Siehe Tabellen Seiten 272–289.

Nützlinge: Im Obstbau verschiedene Kleinvögel. Im Zierpflanzenbau unter Glas Chilocorus-Marienkäfer, Cryptolaemus-Marienkäfer, Lindorus-Marienkäfer sowie Schlupfwespen aus den Gattungen Metaphycus, Microteris, Eucyrtus und Aphytis.

▽ Junge Schildläuse (Abb. 101a)

△ Schildläuse an Asplenium (Abb. 101b)
▽ Befall an Aphelandra (Abb. 101c)

△ Befall an Oleander (Abb. 102a)
▽ Befall an Zwetschgentrieb (Abb. 102b)

△ Fichtenquirlschildläuse (Abb. 102c)
▽ Schildläuse an Rebe (Abb. 102d)

Kommaschildläuse

Lepidosaphes ulmi

Schadbild: An Ästen und Zweigen, später auch an Früchten ein dichter Belag von graubraunen, kommaähnlichen Schildläusen, die durch Saugen die Pflanzen schwächen und durch Zuckerausscheidungen starken Russtaubelag ermöglichen.

Ursache: Unter dem Deckel überwintern abgelegte Eier, die im Frühjahr ausschlüpfen und neue Standorte aufsuchen. Ausgewachsen sind die Kommaschildläuse ortsfest und unbeweglich.

Vorbeugung: Stete Kontrolle und frühzeitiger Einsatz von wirksamen Insektiziden. Vereinzelte Befallsstellen ausschneiden und verbrennen.

Bekämpfung: Abbürsten mit Drahtbürste an Ästen und Zweigen, im Winter Mineralöl spritzen. Von Mai bis Juni, wenn die Jungtiere ausschwärmen, spritzen mit Wirkstoffen gemäss Tabellen auf den Seiten 294–296.

Wirtspflanzen: Äpfel, Birnen, Pfirsiche, vor allem an schlecht gepflegten Bäumen.

Ziersträucher: Cotoneaster und andere Rosaceen.

Wartezeit: Siehe in den Tabellen auf den Seiten 272–289.

Nützlinge: Im Obstbau verschiedene Kleinvögel.

△ Kommaschildläuse an Euonymus (Abb. 103b)

▽ Befall an Cotoneaster (Abb. 103c)

▽ Kommaschildläuse (Abb. 103a)

△ Wolläuse an Euphorbia pulcherrima (Abb. 104a)
▽ Wolläuse an Saintpaulia (Abb. 104b)

▽ Befall an Aphelandra (Abb. 104c)

Woll- oder Schmierläuse

Pseudococcus ssp.

Schadbild: An den Blattunterseiten entlang den Hauptnerven, bei Clivien zwischen den Blättern, bei Kakteen zwischen den Areolen weisse Wachsausscheidungen in flockigen Strukturen. Darunter versteckt 3 bis 5 mm lange, ovale weissbepuderte Wolläuse. Durch Saugtätigkeit Fleckenbildung und Kümmerwuchs. Durch Honigtaubildung Ansatz von Russtaupilzen.

Ursache: Diese Läuseart gehört zu den Schildläusen, sie besitzt aber keine Schilder. Ihr Schutz sind die Wollgespinste und die Wachsausscheidungen. Sie sind in allen Stadien beweglich, bilden aber oft dichte Kolonien.

Vorbeugung: Stete Kontrolle auf Befall und frühzeitiger Einsatz von geeigneten Produkten.

Bekämpfung: Durch die wolligen Ausscheidungen sind die Schädlinge gut geschützt, daher guter Druck beim Spritzen. Besonders Blattunterseiten gut behandeln. Wirkstoffe: siehe Tabellen auf den Seiten 272–289 und 294–296.

Wirtspflanzen: Verschiedene Zierpflanzen wie: Aphelandra, Clivien, Kakteen, Laurus nobilis und viele andere. Obst: Äpfel, Birnen, Quitten usw.

Nützlinge: Verschiedene Leptomastidea-Schlupfwespen. Marienkäfer der Gattung Cryptolaemus im Gewächshaus. Siehe ab Seite 30.

△ Befall durch Kieferwolläuse (Abb. 105a)
▽ Befall durch Lärchenwollaus (Abb. 105b)

▽ Adulte Schmierläuse an Pappel mit Wachsschutzschicht (Abb. 105c)

Sackschildläuse

Iceria purchasi

Schadbild: Triebe und Astgabeln sind kolonienweise befallen. Leichte Schäden durch die Saugtätigkeit, Wollgespinste und Zuckerausscheidungen.

Ursache: Die Sackschildläuse trifft man in bestimmten Abständen von einigen Jahren, dies besonders in der Südschweiz. Die 5 mm grossen Sackschildläuse besitzen am Hinterteil Drüsen, die weisse wollige Fäden produzieren. In diesem Wollbelag sind sie gut geschützt. Sie treten oft in dichten Kolonien auf.

Vorbeugung: Vereinzelte Kolonien ausschneiden und vernichten.

Bekämpfung: Bei Befall gründliche Spritzbehandlungen. Wirkstoffe: aus den Tabellen auf den Seiten 272–289 und 294–296.

Biologisch: Einsatz von in Italien speziell gezüchteten Marienkäfern. Behandlung einige Jahre wiederholen.

Wirtspflanzen: Mimosen, Schirmakazien, Eiben und andere.

△ Sackschildläuse an Akazie (Abb. 106a)

▽ Sackschildläuse an Taxus (Abb. 106b)

▽ Sackschildlaus mit Jungtieren (Abb. 106c)

Weisse Fliegen – Mottenschildläuse

Trialeurodes vaporariorum, Gewächshaus-Mottenschildlaus
Aleyrodes proletella, Kohl-Mottenschildlaus
Bemisia tabaci, Baumwoll-Mottenschildlaus

Schadbild: Auf der Blattunterseite sitzen bis 1,5 mm lange, weiss bepuderte Fluginsekten und ihre flachen hellgrünen, schildlausähnlichen Larven. Blattoberseits zuerst kleine gelbe Flecken, später Vergilbung der Blätter. Bei Berührung fliegen die Insekten sofort auf. Befallsstellen sind mit Honigtau und Russtaupilzen belegt. Die Pflanzen sind in der Folge in der Assimilation gehemmt, und die Blätter vergilben.

Ursache: Die Mottenschildlaus ist der Blattlaus und der Schildlaus nahe verwandt, sie schädigt durch Saugen. Vermehrung durch Eier, die an der Blattunterseite befestigt werden. Die Larven entwickeln sich rasch zu Vollinsekten. Trockenwarmes Klima begünstigt eine starke Vermehrung und Ausbreitung.

Vorbeugung: Verbesserung der Klimabedingungen und stete Kontrolle. Schon beim ersten Auftreten Behandlungen durchführen. Lockfallen einsetzen wie zum Beispiel «Soveurode», eine beleimte, gelbe Farblocktafel. Es können auch Zeigerpflanzen aufgestellt oder eine Befalls-Erhebung mit Locktafeln der FAW durchgeführt werden.

Bekämpfung: Auf Blattunterseiten und in kurzen Intervallen von 8 bis 10 Tagen gründlich spritzen. Wirkstoffe: aus den Tabellen auf den Seiten 294–296 einsetzen.

Wirtspflanzen: Zierpflanzen: Gerbera, Poinsettien, Latanen, Fuchsien, Glockengeranien, Pachystachys, Salvien, Zantedeschia und viele andere. Gemüse: Tomaten, Kohlarten, Peperomia, Auberginen.

Wartezeiten: Siehe in den Tabellen auf den Seiten 272–289.

Verschiedenes: Weisse Fliegen können Viren übertragen.

Nützlinge: Schlupfwespen der Gattung Encarsia werden seit Jahren im Gewächshaus-Gemüsebau und im Zierpflanzenbau erfolgreich eingesetzt. Neuere wirksame Nützlinge sind: Eretmocerus-Schlupfwespen und Macrolophus-Raubwanzen. Siehe in den Tabellen auf den Seiten 30–41.

△ Befall an Fuchsia (Abb. 107a)
▽ Weisse Fliegen und Russtaupilze (Abb. 107b)

△ Weisse Fliegen an Tomaten (Abb. 108a)

▽ Befall von Weissen Fliegen an Euphorbia pulcherrima, Adulte, Nymphen und Eier (Abb. 108b)

△ Weisse Fliegen an Kohlpflanze (Abb. 109a)

△ Klebefalle mit Weissen Fliegen (Abb. 109b)

Drahtwürmer

Elateridae

Schadbild: Frassschäden an Wurzelgemüsen, Knollen und Zwiebeln. Befallene Pflanzen welken oder verkümmern, Sämlinge fallen um.

Ursache: Die leuchtendgelben bis orangeroten, 2 bis 3 cm langen und drahtigen Larven besitzen vorne 3 Beinpaare und stammen von verschiedenen Arten des Schnellkäfers ab, der zirka 1 cm lang ist. Der Käfer schädigt praktisch nicht, er ernährt sich von abgestorbenen Pflanzenteilen.

Vorbeugung: Eine tiefgründige Bodenbearbeitung. Mehr Samen als üblich ausbringen.

Bekämpfung: Im Hausgarten: Eingraben von halbierten Kartoffeln (mit Stäben markieren). Die Drahtwürmer fressen sich hinein und können leicht eingesammelt werden.

Wirtspflanzen: Kartoffeln, Karotten, Sellerie, Endivien, Salat usw. Sämlinge von verschiedenen Gemüsen und Zierpflanzenarten.

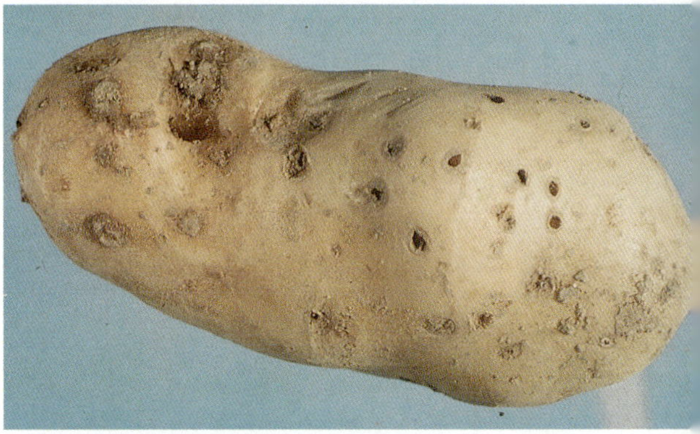

△ Kartoffel mit Drahtwürmern (Abb. 109c)

▽ Drahtwurm (Abb. 109d)

△ Blattwanzen (Abb. 110a)

△ Wanzenschaden an Rosen (Abb. 110b)

Blattwanzen

Heteroptera verschiedene Arten und Stephanitis rhododendri

Schadbild: Wanzen schädigen durch ihre Saugtätigkeit, besonders an jungen Trieben. Zum Teil sondern sie Giftstoffe ab, die befallene Pflanzenteile verkrüppeln lassen. Bei Chrysanthemen stirbt die Triebspitze ab oder verkümmert, worauf 3 bis 4 Seitentriebe teilweise ebenfalls Schäden zeigen. Bei Rhododendron auf der Blattoberseite gelbe Sprenkelung, Blattunterseite rotbraune Kothäufchen.

Ursache: Verschiedene Wanzenarten, die Blätter, Triebspitzen oder Blütenknospen befallen. Je nach Art sind sie 5 bis 10 mm lang, gelbgrün, braun oder bunt gefärbt, sie besitzen 6 Beine, 2 kleine, flache Flügelpaare. Vermehrung durch Eierablage. Die Larven sind flügellos. Bei warmer Witterung sehr aktiv.

Vorbeugung: Während der Hauptbefallszeiten (ab warmen Frühlingstagen bis im Sommer) alle 10 bis 14 Tage gefährdete Kulturen spritzen mit geeigneten Insektiziden.

Bekämpfung: Da am frühen Morgen die Wanzen kältestarr sind, Behandlungen frühzeitig vornehmen. Wirkstoffe: aus den Tabellen auf den Seiten 294–296 einsetzen.

Wirtspflanzen: Dahlien, Dendranthema (Chrysanthemen), Rosen, Reben, Himbeeren, Brombeeren und viele andere.

Wartezeiten: Siehe in den Tabellen auf den Seiten 272–289.

▽ Gurkenblattwanze (Abb. 110c)

▽ Rhododendronblattwanze (Abb. 110d)

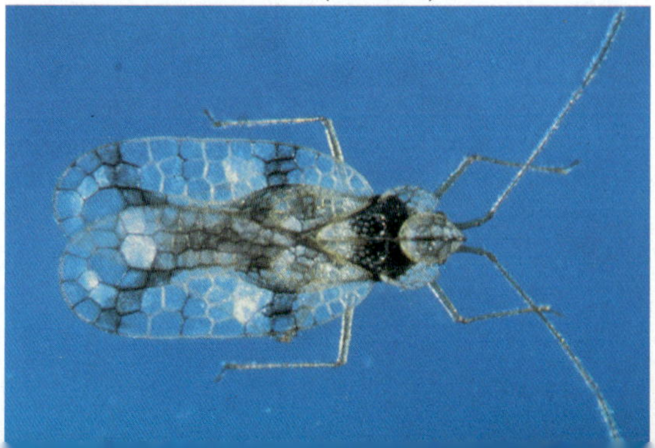

△ Blattwanze an Rosen (Abb. 111a)
▽ Schadbild der Platanennetzwanze (Abb. 111b)

△ Wanzenschaden an Dendranthema (Abb. 111c)
▽ Wanzenschaden, Triebe verkümmern (Abb. 111d)

△ Erdflöhe (Abb. 112a)

Erdflöhe

Phyllotretaarten

Schadbild: Die befallenen Pflanzen aus der Familie der Cruciferae weisen auf den Blättern siebartigen Lochfrass auf.

Ursache: Die 2 bis 3 mm grossen, schwarzen bis gelbgestreiften Käferchen sind sehr beweglich und springen oder fliegen bei Berührung fort. Sie fressen an Sämlingen oder Setzlingen, besonders an Radieschen und Kohlanzuchten, wodurch das Wachstum geschwächt wird.

Vorbeugung: Öfters bei Sonne mit kaltem Wasser überbrausen. Vor allem die Kulturbedingungen optimal gestalten, damit kein «Verhocken» der Pflanzen eintritt. Geschwächte Pflanzen werden zuerst befallen (giessen, düngen, lockern).

Bekämpfung: Am Morgen bei leichtem Tau stäuben. Bei trockener Witterung spritzen (Frühstadium) mit den Wirkstoffen aus den Tabellen auf den Seiten 294–296.

Wirtspflanzen: Auch Pflanzen der Solanaceae (Kartoffeln) und der Onagraceae (Fuchsien). Gemüsepflanzen aus der Familie der Cruciferae, aber auch Zierpflanzen wie Arabis, Lobularia und andere.

Wartezeiten: Siehe in den Tabellen auf den Seiten 272–289.

▽ Befall an Radies (Abb. 112b)

▽ Befall an Bodenkohlraben (Abb. 112c)

Kohlgallenrüssler

Ceutorrhynchus pleurostigma

Schadbild: Am Wurzelhals von Kohlgewächsen runde, erbsen- bis haselnussgrosse Gallen, die von weissen Larven bewohnt sind. Später Fäulnis der Befallsstellen und Absterben der Pflanzen.

Ursache: Der 2 bis 3 mm grosse schwarze Käfer überwintert als Puppe im Boden. Nach dem Ausschlüpfen und der Eiablage im März bis Mai an den Wurzelhals entwickeln sich beinlose Larven. Nach einer Sommerruhe werden im Herbst auch Rapspflanzen befallen. Eine Generation pro Jahr: Oft Verwechslung mit der Kohlhernie, doch fehlen bei ihr die Larven.

Vorbeugung: Kontrolle am Wurzelhals und vereinzelte Gallen ausklemmen. Setzlinge tief pflanzen! N-betont düngen, um den Start zu erleichtern. Fruchtwechsel vornehmen!

Bekämpfung: Nur in der Setzlingsanzucht Giessbehandlungen. Wirkstoffe: aus den Tabellen auf den Seiten 294–296.

Wirtspflanzen: Kohlarten, Raps, Rüben, Radies.

Wartezeit: Siehe in den Tabellen auf den Seiten 276–282.

△ Larven des Kohlgallenrüsslers (Abb. 113a)
▽ Himbeerkäfer beim Einstich (Abb. 113b)

Himbeerkäfer

Byturus tomentosus

Schadbild: Der Käfer zerstört durch Frass die Knospen, Blüten und jungen Früchte, die Larven fressen am Fruchtboden = Madigkeit der Himbeerfrüchte.

Ursache: Der Käfer überwintert im Boden. Bei Blütebeginn steigt er auf die Pflanzen und beginnt seine Frasstätigkeit, anderseits legt er seine Eier in die Blüten ab, worauf sich die bis 8 mm langen Larven in den Früchten entwickeln. Eine Generation pro Jahr.

Vorbeugung: Stete Kontrolle und Käfer einsammeln.

Bekämpfung: Bereits im Knospenstadium und kurz vor der Blüte sind Insektizide, die die Bienen schonen, einzusetzen. Wirkstoffe: aus den Tabellen auf den Seiten 294–296.
Nur bei eingestelltem Bienenflug behandeln.

Wirtspflanzen: Himbeeren und Brombeeren.

Wartezeit: Siehe in den Tabellen auf den Seiten 284–289.

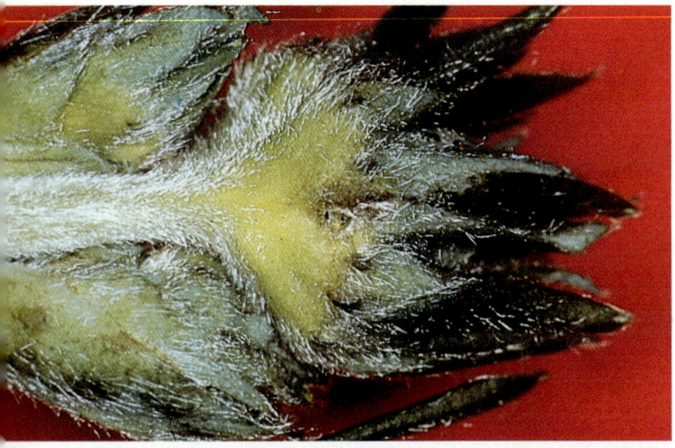

△ Erdbeerblüte mit Einstich (Abb. 114a)

△ Schaden durch Erdbeerblütenstecher
▽ (Abb. 114b+c)

Himbeer-Erdbeer-Blütenstecher

Anthonomus rubi

Schadbild: An Himbeeren, Erdbeeren und besonders auch an Rosen oft beträchtliche Schäden. Der Stengel unterhalb der Blütenknospen ist an- oder abgestochen, er knickt leicht.

Ursache: Der 2,5 cm lange, schwarze Rüsselkäfer legt im Mai jeweils ein Ei in die Blütenknospe. Die 3 bis 4 mm lange, fusslose weisse Larve frisst zuerst in der Knospe, dann kriecht sie am Stengel abwärts, wo sie den noch weichen Stengel anfrisst. Nach der Verpuppung überwintert der Käfer in altem Laub oder in Rindenritzen.

Vorbeugung: Kontrolle und Käfer ablesen.

Bekämpfung: Bei Auftreten eventuell wiederholt spritzen mit Wirkstoffen aus den Tabellen Seiten 294–296.

Wirtspflanzen: Himbeeren, Erdbeeren, Rosen.

Wartezeit: Siehe Tabellen auf den Seiten 284–289.

▽ Eiablage in Rosenknospe (Abb. 114d)

Apfelblütenstecher

Anthonomus pomorum

Schadbild: Nach der Blüte verbleiben die Blütenstände mit eingetrockneten braunen Blütenblättern und einem Bohrloch. Der Fruchtausfall ist oft beträchtlich.

Ursache: Der Käfer überwintert in Rinden- oder Borkenrissen und erscheint in der Regel im März. Beim Aufspringen der Blütenknospen legt er in jede Knospe ein Ei. Unter dem eingetrockneten Blütendach entwickelt sich die cremeweisse, bis 7 mm grosse Larve zum Vollinsekt. Eine Generation pro Jahr.

Vorbeugung: Anbringen von Wellkartonbändern um den Stamm im zeitigen Frühjahr. Nachtsüber kriechen die Käfer gerne in diese Unterschlüpfe und können frühmorgens eingesammelt werden.

Bekämpfung: Vorblüten- und Austriebspritzungen bei mässigem Blütenansatz. Wirkstoffe: aus den Tabellen auf den Seiten 294–296.

Bei starkem Blütenansatz ist eine Bekämpfung in der Regel nicht nötig, ein Ausdünnen durch einen Befall wird ertragen oder kann förderlich sein.

Wirtspflanzen: Äpfel, zum Teil auch Birnen.

Wartezeiten: Siehe in den Tabellen auf den Seiten 284–289.

△ Apfelblüten ohne Befall (Abb. 115a)

▽ Schaden durch Apfelblütenstecher (Abb. 115b)

△ Kartoffelkäfer (Abb. 116a)

▽ Eier und Junglarven (Abb. 116b)

Kartoffelkäfer

Leptinotarsa decemlineata

Schadbild: Die Blätter der Kartoffelstauden sind mehr oder weniger stark angefressen. Bei starkem Auftreten Totalfrass, nur noch Blattrippen bleiben übrig. Der Ertrag ist in Frage gestellt.

Ursache: Der 10 mm grosse Käfer weist auf seinen gelben Flügeldecken 10 schwarze Streifen auf. Er und die orangeroten Larven sind sehr gefrässig. Der Käfer überwintert im Boden. Eiablage nach dem Austrieb der Kartoffeln an der Blattunterseite in Paketen von 20 bis 30 Eiern. Ein Weibchen legt pro Jahr bis 400 Eier ab.

Vorbeugung: Stete Kontrolle, Einsammeln der ersten Käfer, Larven und Eierpakete. Frühzeitig bei starkem Auftreten Behandlungen einleiten.

Bekämpfung: Gründlich von unten her spritzen. Wirkstoffe: aus den Tabellen auf den Seiten 294–296.

Wirtspflanzen: Kartoffeln, Auberginen.

Wartezeiten: Siehe Tabellen Seiten 276–281.

Nützlinge: Bakterienpräparat Bacillus thuringinensis sp. tenebrionis (Novodor usw.) erzielt bei jungen Larven ohne Chemieeinsatz eine sehr gute Wirkung. Es kann auch einige verwandte Blattkäferarten vernichten. Siehe Seite 40.

▽ Frassschäden durch Kartoffelkäfer (Abb. 116c)

▽ Larvenfrassschäden an Kartoffeln (Abb. 116d)

Maikäfer und Engerlinge

Melolontha melolontha

Schadbild: Durch den Käfer Blattfrass an Laubbäumen. Durch die Larven (Engerlinge) starker Frass an Wurzeln, Knollen und Rhizomen auch in Wiesen und Rasenflächen.

Ursache: Die Maikäferpuppe überwintert im Boden. Der Käfer verlässt von April bis Mai den Boden und vollzieht den Reifefrass. In der Folge Eiablage in den Boden, Entwicklungsdauer der Larven bis zum Vollinsekt 3 Jahre. Je nach Region bestimmte Flugjahre.

Vorbeugung: Befallene Bäume frühmorgens kräftig schütteln, vorher Tücher darunterlegen und die Maikäfer einsammeln. Gegen Engerlinge mechanische Bodenbearbeitung.

Bekämpfung: Vor der Eiablage Spritzen der befallenen Bäume. Gegen Engerlinge in Ziergärten und an Obstbäumen frühzeitig giessen. Wirkstoffe: Tabellen Seiten 294–296.

Wirtspflanzen: Kartoffeln, Rüben, Rasenflächen, Beerensträucher, Jungbäume und andere.

Wartezeit: In den Tabellen der Seiten 272–289.

Nützlinge: Der Engerlingspilz Beauveria brongniartii wird auf Gerstenkörner produziert und maschinell zirka 2 cm versuchsweise in den Boden eingebracht. Der Pilz befällt ausschliesslich Maikäferengerlinge.

Besonderes: Die Engerlinge werden oft verwechselt. Besondere Merkmale: Der Maikäferengerling bleibt in gekrümmter Seitenlage und versucht so, vorwärts zu kommen. Der Junikäferengerling vermag sich zu strecken, so dass er in Bauchlage weiterkriechen kann. Der Engerling des Rosenkäfers kriecht auf dem Rücken vorwärts. Diese 3 Engerlingarten werden alle 25 bis 35 mm lang. Die ähnliche Larve des Gartenlaubkäfers wird nur 15 mm lang, ist also leicht zu unterscheiden.

▽ Engerlinge (Abb. 117a)

△ Maikäfer (Abb. 117b)

△ 200 Engerlinge pro m² (Abb. 117c)

▽ Engerlingsschaden an Kartoffeln (Abb. 117d)

△ Dickmaulrüsslerlarven an Hydrangea (Abb. 118b)
▽ Gefurchter Dickmaulrüsslerkäfer (Abb. 118a)

Dickmaulrüsslerkäfer und Larven

Otiorhynchus sulcatus und O. salicicola

Schadbild: Käfer: Randfrassschäden zum Beispiel an Bergenia, Lonicera, Rhododendron und anderen. Larven: Die Pflanzen welken und sterben ab. Oft fallen die Pflanzen aus den Töpfen, weil alle Wurzeln abgefressen sind. Auch Knollen und fleischige Sprosse und Rinde im Boden (Kalanchoe) werden benagt.

Ursache: Der gefurchte Dickmaulrüsslerkäfer ist 10 bis 12 mm gross, schwarz mit langen Fühlern. Tagsüber ist er lichtscheu und versteckt sich an schattigen Stellen. Er frisst nur während der Nacht. Eiablage in feuchte und humose Erde. Die Larven ernähren sich von unterirdischen Pflanzenteilen, verpuppen sich nach vollendetem Reifungsfrass. Nach einer längeren oder kürzeren Puppenruhe schlüpft der Käfer und beginnt bei wärmeren Witterungsperioden (Abenden) mit dem markanten Blattfrass.

Vorbeugung: Nicht zu leichtes Substrat verwenden. Im Frühling und Frühherbst insektenparasitierende Nematoden ausbringen.

Bekämpfung: Käfer: Spritzen mit folgenden Wirkstoffen aus den Tabellen der Seiten 272–275 und 294–296.
Larven: Giessen mit larvenparasitierenden Nematoden. Siehe Tabelle Seiten 38–39.

Wirtspflanzen: Azaleen, Begonien, Cyclamen, Hedera, Hortensien, Kalanchoe, Liatris, Primeln, Cotoneaster, Prunusarten, Rhododendronarten, Taxus, Sedum, Astilben, Bergenien und viele andere.

Verschiedenes: Die gefurchten Dickmaulrüsslerkäfer legen ihre Eier mit Vorliebe in leichte Kultursubstrate ab. Durch die Anzucht in Torfsubstraten und den Import von Baumschulpflanzen starke Ausbreitung in den letzten Jahren.

Nützlinge: 2 Arten von larvenparasitierenden Nematoden sind bekannt: Heterorhabditis sp. und Steinernema carpocapsae. Beide Arten sind mit genauer Gebrauchsanweisung einfach auszubringen. Verlangen Sie Beratung bei der Lieferfirma!

▽ Dickmaulrüsslerlarven (Abb. 118c)

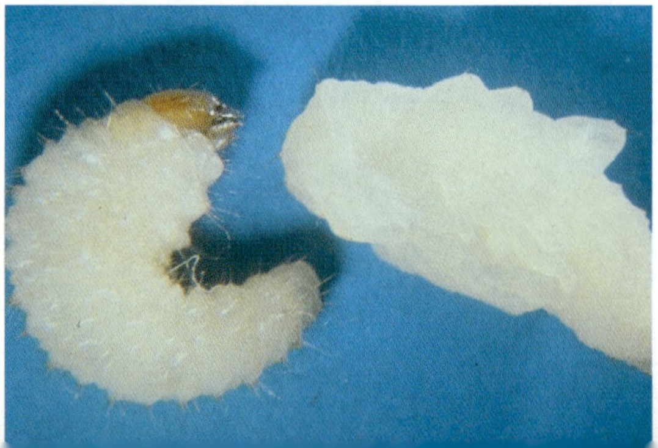

△ Larvenfrassschäden an Rhododendron (Abb. 119a)
△ Welkeerscheinung nach Befall (Abb. 119c)

▽ Entwicklungszyklus Eier- – Larven (Abb. 119b)
▽ Käferfrass an Rhododendronblättern (Abb. 119d)

△ Befall durch Erbsenblattrandkäfer (Abb. 120a)

Erbsenblattrandkäfer

Sitona lineatus

Schadbild: Am Blattrand der Erbsen und zum Teil auch an Bohnen bald nach dem Keimen rundliche Auskerbung, wodurch das Wachstum infolge Verlust der Assimilationsflächen stark geschwächt ist.

Ursache: Der 4 bis 5 mm lange, hell- bis dunkelbraun gestreifte Käfer frisst am Blattrand. Die Weibchen legen ihre Eier im Frühjahr in die Nähe der Erbsenpflanzen ab. Die Larven ernähren sich von den Wurzeln. Nach der Verpuppung durch den Winter steigen die Käfer im folgenden Frühjahr an die Pflanzen.

Vorbeugung: Stete Kontrolle und frühzeitige Behandlungen einleiten.

Bekämpfung: Einsammeln der Käfer. Spritzen im Frühstadium der Entwicklung. Wirkstoffe: aus den Tabellen auf den Seiten 294–296.

Wirtspflanzen: Erbsen, Kefen und Bohnen.

Wartezeit: Siehe in den Tabellen auf den Seiten 276–281.

△ Speisebohnenkäfer
▽ (Abb. 120b+c)

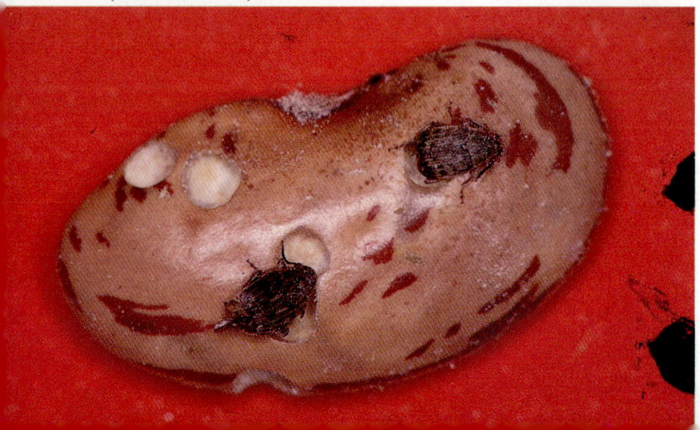

Bohnenkäfer

Acanthocelides obtectus

Schadbild: Vorratsschädling. Im Samen runde Löcher, die oft durch die Samenhülle überdeckt sind, aber dunkler erscheinen. Pro Samenkorn mehrere Larven bis Käfer, die den Samen benagen. Die Keimung ist daher geschwächt oder in Frage gestellt.

Ursache: Der Speisebohnenkäfer wird meist durch Importe aus subtropischen Anbaugebieten eingeschleppt. Die Käfer sind grau und 3 bis 4 mm gross, die Larven sind beinlos. Pro Jahr sind 3–5 Generationen möglich.

Vorbeugung: Vor der Saat ist befallenes Saatgut in einen Eimer voll Wasser zu legen. Befallene Samenkörner sind in der Regel leichter und schwimmen, sie können daher gut ausgesondert werden.

Wirtspflanzen: Bohnensamen für Saatgut, Suppen und Gemüse sowie Feuerbohnen.

Lilienhähnchen

Lilioceris lilii, Lilioceris merdigera

Schadbild: An den Blättern zuerst Loch- und Fensterfrass, später bleiben nur noch die Mittelrippen übrig. Die Larven sind zudem mit einem schleimigen Kot bedeckt und sitzen meist in den Blattachseln.

Ursache: Beide Lilienhähnchenarten sind einander sehr ähnlich. Die Käfer sind 6 bis 7 mm lang und auf den glänzenden Flügeldeckeln leuchtend rot bis gelbrot gefärbt. Sie legen 1,5 mm grosse Eier an die Blattunterseite. Die Larven erscheinen meist ab Mai. Die Puppen und Käfer überwintern im Boden. 2 bis 3 Generationen pro Jahr. Die Käfer lassen sich bei Berührung leicht fallen und müssen vom Boden aufgelesen werden.

Vorbeugung: Bei festgestellten Frassstellen Absuchen der Pflanzen.

Bekämpfung: Bei grösseren Beständen gründlich spritzen mit einem geeigneten Insektizid. Wirkstoffe siehe Tabellen auf den Seiten 272–275 und 294–296.

Wirtspflanzen: Verschiedene Lilienarten, aber auch Fritillaria und Gloriosa.

△ Lilienhähnchen mit Larve (Abb. 121 b)

▽ Frassschäden des Lilienhähnchens (Abb. 121 a)

△ Blattrandfrass durch Lilienhähnchen (Abb. 121 c)

▽ Frassschaden durch die Larven (Abb. 121 d)

△ Borkenkäferfrass an Kieferntrieb (Abb. 122a)

Borkenkäfer

Ips typographus, Pitygenes chalcographus

Schadbild: An Fichten Rötung der Baumkrone von unten her. Die Nadeln werden grau und fallen ab. Zahlreiche Bohrlöcher am Stamm und Bohrmehlspuren. Bei starkem Befall löst sich die Rinde und fällt ab. Darunter typische Frassspuren, zum Teil Frassgänge ins Stammzentrum und in die Triebspitzen.

Ursache: Die unter der Rinde überwinternden Käfer von 2 bis 3 mm Grösse schwärmen von April bis Mai ab 20 °C aus und suchen dabei ihren Partner zur Befruchtung. Eiablage mit Vorliebe an geschwächten Bäumen an die Rinde, von wo sich Larven und Käfer einfressen.

Vorbeugung: Aufstellen von Lockfallen auf Pheromonbasis, die die Männchen durch Sexualduftstoffe anziehen. Die Weibchen bleiben so zum Teil unbefruchtet und bilden weniger Nachkommen aus. Altholz entrinden. Geschwächte Bäume sofort entfernen und verbrennen!

Bekämpfung: Befallene Bäume bei beginnendem Käferflug im Frühjahr gründlich spritzen. Wirkstoffe siehe Tabellen auf den Seiten 272–275.

Wirtspflanzen: Picea, Pinus, Fagus, Zieräpfel, Pappeln, Kern- und Steinobst.

△ Borkenkäfer (Abb. 122b)

▽ Frassspuren des Borkenkäfers (Abb. 122c)

△ Frassspuren des Borkenkäfers

▽ (Abb. 122d+e)

Riesenbastkäfer

Dendroctonus micans

Schadbild: An älteren Fichten in den unteren Stammteilen Bohrlöcher mit Harz- und Bohrmehlausscheidungen. Unter der Rinde im Bastteil oft grossflächige Frassgänge, die zum Teil auch ins Holz eindringen. Bei starkem Befall sterben die Bäume ab.

Ursache: Meist ist der Standort (Boden, Ernährung) ungeeignet, oder die Pflanzen sind durch Umwelteinflüsse geschwächt. Die Käfer schwärmen im März zur Befruchtung und Eiablage aus und befallen meist geschwächte Bäume.

Vorbeugung: Pheromonfallen aufstellen. Nur entrindetes Altholz in der Nähe lagern. Spechtgehäuse in der Umgebung aufstellen. Unkrautbeseitigung (freie Baumscheiben beziehungsweise Baumreihen).

Bekämpfung: Gefährdete Bäume bei beginnendem Käferflug im Frühjahr gründlich spritzen. Wirkstoffe: aus den Tabellen auf den Seiten 272–275 und 294–296.

Wirtspflanzen: Picea pungens 'Glauca', Picea abies, Picea sitchensis und andere.

△ Riesenbastkäfer (Abb. 123a)
▽ Frassschäden an Blaufichte (Abb. 123b)

△ Wespe (Abb. 124a)

Wespen (Faltenwespen)

Vespula vulgaris, V. germanica

Schadbild: An reifenden Früchten bilden sich durch Einstiche und Frassstellen grössere Ausfälle. Die Folge ist oft ein Befall von Moniliapilzen, deren Folgeschäden noch grösser sind.

Ursache: Die 20 bis 25 mm langen, gelbschwarz geringten Wespen lieben süsse Früchte wie Birnen, Pflaumen, Zwetschgen und andere bei Vollreife, an denen sie durch Lecken und Fressen grössere Löcher bilden.

Vorbeugung: Vernichten von Wespennestern, wenn Menschen gefährdet sind. Beliebte Schlupfwinkel sind Dächer unter Ziegeln. Einsammeln der Königinnen von April bis Mai, wenn sie auf der Suche nach neuen Nestplätzen sind.

Bekämpfung: Weinflaschen werden umgekehrt in die Bäume gehängt. Die Öffnung ist mit einem Korken zu verschliessen. Am Boden macht man ein Loch von 3 bis 4 cm Ø. In die neue Öffnung füllt man zu 1/3 des Flaschenvolumens verdünnten Essig oder sauren Most. Die Wespen werden angelockt und ertrinken darin. Geeignete Wespenfallen sind im Fachhandel erhältlich.

Wirtspflanzen: Verschiedene Obstarten nach der Vollreife sowie mit Vorliebe auch Traubenbeeren.

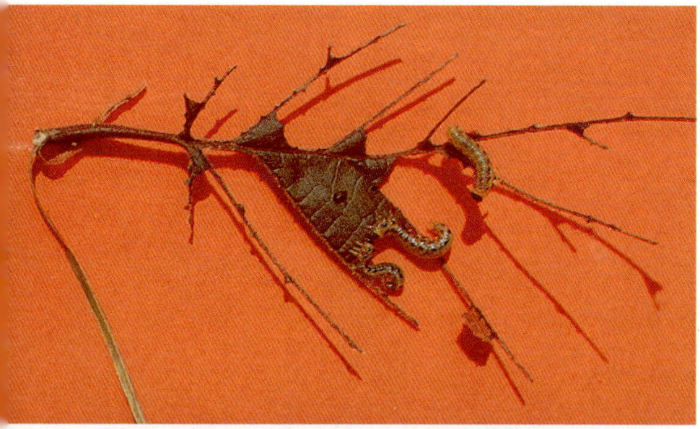

△ Larvenfrass an Johannisbeeren (Abb. 124b)
▽ Befall an Stachelbeeren (Abb. 124c)

Blattwespen

(Echte) Tenthredinidae

Schadbild: Oft starker Frass an Nadel- und Laubgehölzen, teilweise können nur noch die Blattadern übrigbleiben. Bei starkem Befall Wachstumsdepressionen der Pflanzen.

Ursache: Sehr artenreiche Gruppen von Blattwespen, die auch krautige Pflanzen befallen. Eine Generation pro Jahr. Nach der Eiablage der 3 bis 15 mm grossen Wespen auf die Wirtspflanzen sind die meist graugrünen Larven mit schwarzen Flecken sehr gefrässig.

Vorbeugung: Stete Kontrolle, besonders bei Beerensträuchern wie Stachel- und Johannisbeeren, wo oft Totalfrass festgestellt wird. Ablesen der ersten Raupen.

Bekämpfung: Bei Befallsbeginn frühzeitig gründlich spritzen. Wirkstoffe: aus den Tabellen auf den Seiten 294–296.

Wirtspflanzen: An Nadel- und Laubgehölzen weit verbreitet, im Nutzgarten vor allem an Johannis- und Stachelbeeren.

Wartezeiten: Siehe in den Tabellen auf den Seiten 272–289.

Sägewespen
Hoplocampa testudinae

Schadbild: An den Früchten gewundener Minierfrass vorerst an der Oberfläche, der bei grossen Früchten verkorkt. Später führen die Frassgänge ins Kerngehäuse. Die meisten der befallenen Früchte fallen ab.

Ursache: Die Larve überwintert im Boden, wo die Wespe im Frühjahr ausschlüpft. Während der Blüte erfolgt die Eiablage direkt in die Blüte und kurz darauf auch in den Blütenkelch. Die jungen Larven ernähren sich durch Minierfrass. Eine Generation pro Jahr.

Vorbeugung: Die am Boden liegenden, befallenen Früchte einsammeln und vernichten.

Bekämpfung: Unmittelbar nach dem Abfallen der Blütenblätter (kein Bienenflug mehr) Spritzbehandlung. Wirkstoffe: aus den Tabellen auf den Seiten 294–296.

Wirtspflanzen: Äpfel, aber auch Steinobstarten.

Wartezeiten: Siehe in den Tabellen auf den Seiten 284–289.

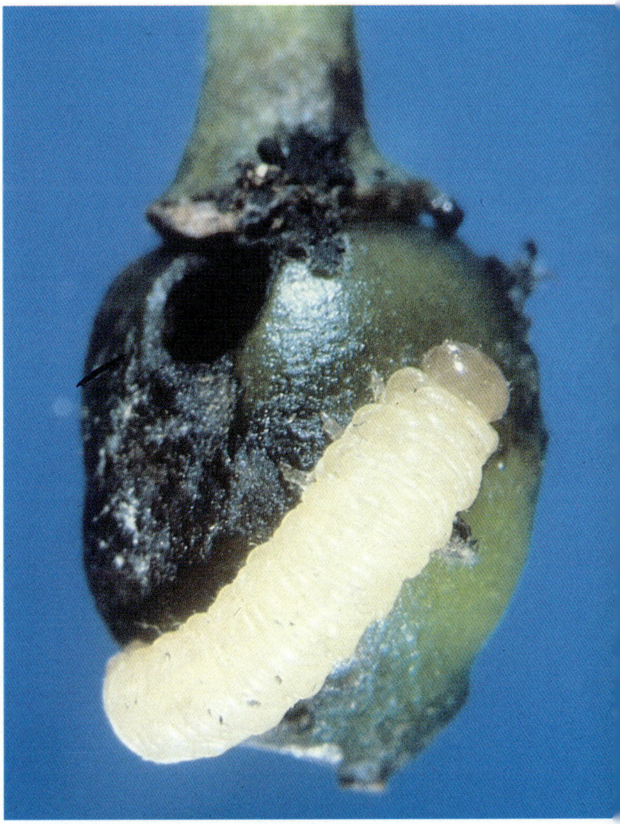

△ Sägewespenlarve an Zwetschge (Abb. 125a)
▽ Sägewespenschaden an Zwetschgen (Abb. 125b)

△ Sägewespe (Abb. 126a)
▽ Schaden an Apfel durch Sägewespenlarven (Abb. 126b)

Kirschenblattwespen
Caliroa cerasi (Eriocampoides limacina)

Schadbild: Fensterfrass an der Blattoberfläche. Oft bleiben nur noch die dünnen Häutchen der unteren Blattoberhaut übrig.

Ursache: Die Kirschenblattwespen legen von Mai bis Juni ihre Eier in das Blattgewebe ab. Die ausschlüpfenden bis 10 mm langen Larven sind schwarzgrün, schleimig, plump und erinnern an kleine Nacktschnecken. Nach 3 bis 4 Wochen verpuppen sie sich im Boden. Die zweite Generation schlüpft im Juli/August. Nach erneutem Blattfrass überwintern sie im Boden, wo sie sich im Frühjahr verpuppen und wieder die Kirschen befallen.

Vorbeugung: Im Hausgarten Ablesen der gut erkennbaren Larven.

Bekämpfung: Für den Hausgarten lohnt sich die Behandlung mit Pflanzenbehandlungsmitteln nicht. Empfehlenswert ist das Ablesen der Larven. Auch in der zweiten Generation lohnt sich in der Regel eine Behandlung nicht.

Wirtspflanzen: Kirschen, Sauerkirschen, Pflaumen, aber auch Crataegus-, Choenomeles- und Sorbusarten.

△ Kirschenblattwespen an Birnbaumblatt (Abb. 127a)

▽ Kirschenblattwespenlarve (Abb. 127b)

▽ Gallenbildung durch Rosengallwespe (Abb. 127c)

Rosengallwespen (Rosenäpfel)
Diplolepis rosae

Schadbild: An Rosenzweigen baumnuss- bis eigrosse runde, starke behaarte Gallen in grüner, gelber bis rötlicher Farbe. Im Inneren finden wir unterteilte Kammern, in denen die Larven oder Puppen leben.

Ursache: Die Gallwespen legen ihre Eier im Frühjahr an die Triebe. Die Larven sind 5 mm lang, weiss und scheiden beim Nagen einen Saft aus, der die abnormen Wucherungen auslöst.

Vorbeugung: Die Gallen abschneiden und verbrennen. In diesem Zustand ist eine Bekämpfung praktisch nutzlos.

Bekämpfung: Da der Befall insbesondere an Strauch- und Wildrosen vorkommt, wird von einer chemischen Bekämpfung abgeraten. Solche Triebe werden mit Vorliebe in der Floristik verwendet.

Wirtspflanzen: Rosenarten vorwiegend bei Wildformen.

△ Larven des Rosentriebbohrers (Abb. 128a)

Rosentriebbohrer

Abwärtssteigender: Ardis brunniventris
Aufwärtssteigender: Monophadnus elongatulus

Schadbild: Die befallenen Jungtriebe an Rosen welken und trocknen ein. An den Trieben finden wir oft ein Bohrloch mit mehligem Mark. Im Sprossinnern frisst sich eine bis 15 mm lange weisse Larve durch das Mark hindurch.

Ursache: Abwärtssteigender Rosentriebbohrer: Die knapp 10 mm lange schwarze Blattwespe legt ihre Eier von April bis Mai in die weiche Triebspitze. Die Larve frisst sich 4 bis 5 cm im Triebinneren von oben nach unten, worauf der Trieb welkt und abstirbt.

Aufwärtssteigender Rosentriebbohrer: Die schwarzen Rosentriebbohrerwespen legen ihre Eier in die Blattstiele, wo sich kleine Pusteln bilden. Die grünen Larven fressen sich im Inneren oft bis 10 cm lang von unten nach oben.

Vorbeugung: Befallene Triebe ausschneiden und verbrennen.

Bekämpfung: Geeignete systemische Insektizide spritzen. Wirkstoffe siehe Tabellen auf den Seiten 272–275 und 294–296.

Wirtspflanzen: Freilandrosen.

▽ Befall durch Rosentriebbohrer (Abb. 128b)

▽ Austrittsöffnung des Rosentriebbohrers (Abb. 128c)

Rosenblattwespen
Caliroa aethiops

Schadbild: An den Rosenblättern oft starker Loch- bis Skelettierfrass, bis nur noch die Blattrippen übrigbleiben. Zum Teil verbleiben auch noch die dünnen Blattober- oder -unterhauthäutchen.

Ursache: Die 4 bis 5 mm grosse schwarze Rosenblattwespe mit gelbem Bauch legt ihre Eier von Frühjahr bis Sommer auf die Blattunterseite ab. Die plumpen, schneckenförmigen grünen Larven fressen vorerst örtlich an den Blättern, später werden die Löcher grösser, und der Befall dehnt sich auf andere Blätter aus. Die Larven überwintern und verpuppen sich im Boden.

Vorbeugung: Vereinzelte Larven ablesen, bevor grösserer Schaden entsteht.

Bekämpfung: Beim ersten Auftreten gründlich spritzen. Wirkstoffe: aus den Tabellen auf den Seiten 272–275 und 294–296.

Wirtspflanzen: Rosen.

△ Rosenblattwespe (Abb. 129a)

▽ Rosenblattwespenlarve (Abb. 129b)

▽ Schaden durch Rosenblattwespenlarve (Abb. 129c)

△ Schadbild durch Rosenblattwespenlarve (Abb. 130a)

Rosenblattrollwespen

Blennocampa phyllacolpa

Schadbild: Die Blattspreiten der einzelnen Fiederblätter sind nach unten gerollt. In den Blattrollen entwickeln sich die kleinen Blattwespenlarven geschützt und lange Zeit nicht sichtbar. Sie schädigen durch Loch- und Skelettierfrass.

Ursache: Die Rosenblattrollwespe ist 3 bis 4 mm lang und schwarz. Sie legt ihre Eier an die Blattränder, worauf es zum Einrollen kommt. Die bis 9 mm langen, anfangs weissen, später grünen Larven fressen das Blattgewebe zwischen den Nerven. Befallene Blätter vergilben und fallen mitsamt den Larven zu Boden, wo sie sich später verpuppen und im Frühjahr wieder ausschlüpfen.

Vorbeugung: Periodischer Pflanzenschutz, wie er bei Rosen angezeigt ist, schützt vor einem Befall.

Bekämpfung: Sofort nach Erkennen der ersten Symptome wiederholt gründlich von unten her spritzen. Wirkstoffe: aus den Tabellen auf den Seiten 272–275 und 294–296.

Vereinzelte befallene Blätter ablesen und verbrennen.

Wirtspflanzen: Ausgewählte Freilandrosen.

△ Kiefernblattwespen (Abb. 130b)

▽ Larve und Puppe (Abb. 130c)

Kiefernblattwespen

Neodiprion pini

Schadbild: Die Nadeln werden von Larven abgefressen. Durch ausgewachsene Larven oft Totalfrass, zum Teil wird auch die Rinde nicht verschont. Die erste Generation verschont den Jungtrieb meist, die zweite die Knospen. Bei starkem Befall grosse Schäden.

Ursache: Die Wespe legt ihre Eier von Frühjahr bis Sommer an ältere Triebe ab. Die gelbgrünen Larven mit braunen Kopfpartien sind sehr gefrässig. Verpuppung der ersten Generation an der Rinde, die zweite verpuppt sich in der Bodendecke.

Bekämpfung: Kontrolle und bei erstem Befall sofort Behandlungen einleiten. Wirkstoffe: aus den Tabellen auf den Seiten 272–275 und 294–296.

Wirtspflanzen: Pinusarten.

△ Frass der Kiefernblattwespenlarven
▽ (Abb. 131a+b)

△ Larven der Lauchmotte (Abb. 132a)
▽ Netz über Lauchbeet (Abb. 132b)

Lauchmotten

Acrolepia assectella

Schadbild: An jungen Blättern von Lauchpflanzen zuerst kleine Miniergänge und welke bis abgestorbene Blattspitzen. In tieferen Regionen der Blätter grössere Frassgänge, die bis in den Stengel hinunter führen und diese zum Faulen bringen.

Ursache: Die Lauchmotte legt ihre Eier an die jungen Blätter. Die ausschlüpfenden Räupchen fressen sich unterhalb der Epidermis nach unten. Dabei werden die Gänge immer grösser und treten an die Oberfläche. In der ersten Generation Befall von Juni bis Juli, in der zweiten von August bis September.

Vorbeugung: Stete Kontrolle und frühe Massnahmen einleiten. Mit den Fingerspitzen die inneren Lauchblätter abtasten und bei spürbaren Verdickungen die Raupen verdrücken. Feinmaschige Mottenschutznetze über die Beete anbringen, sie verhindern eine Eiablage. Siehe Bild 132b.

Bekämpfung: Bei grösseren Pflanzungen periodisch spritzen. Wirkstoffe: aus den Tabellen auf den Seiten 294–296.

Wirtspflanzen: Lauch, Zwiebeln, Knoblauch.

Wartezeiten: Siehe in den Tabellen auf den Seiten 276–282.

Obstbaumminiermotten

Lyconetia clerkella

Schadbild: An verschiedenen Obstarten, besonders bei Äpfeln und Kirschen, an den Blättern schmale und lange helle Frassgänge, die später braun und immer breiter werden.

Ursache: Die Miniermotte legt ihre Eier ab Mitte Mai vereinzelt auf die Blattunterseite ab. Die Räupchen fressen sich zwischen Blattober- und -unterhaut durch das Gewebe hindurch. Im Sommer Austritt an der Blattunterseite, wo sie sich in Kokons verpuppen. Pro Jahr bis 3 Generationen.

Vorbeugung: Natürliche Feinde wie Singvögel hemmen die Vermehrung, daher Nistkästen in der Nähe aufhängen.

Bekämpfung: Bei wiederholten Insektizidbehandlungen gegen andere Schädlinge werden auch die Motten vernichtet. Die Larven im Blatt sind schwer zu bekämpfen. Wirkstoffe: aus den Tabellen auf den Seiten 294–296.

Wirtspflanzen: Steinobstarten, aber auch Ziersträucher (Prunus- und Malusarten).

Wartezeiten: Siehe in den Tabellen auf den Seiten 284–289.

△ Miniermotte (Abb. 133b)

▽ Miniermottenlarven an Zwetschgenblatt (Abb. 133a)

▽ Miniermottenlarve an Apfelblatt (Abb. 133c)

△ Schadbild der Azaleenmotten (Abb. 134a)
▽ Schadbild der Lärchenminiermotten (Abb. 134b)

Azaleenmotten
Gracilaria azaleela

Schadbild: Azaleenblätter mit hellgrünen, später braun werdenden Frassstellen auf der Blattunterseite. Später wickeln sich die Larven durch Herunterbiegen der Blattspitzen ein. Eintrocknen und Abfallen der Blätter.

Ursache: Der nur 5 mm grosse Kleinfalter hat eine Flügelspannweite von knapp 2 cm. Eiablage an die Blattunterseite. Die 5 bis 10 mm grossen, grünen Räupchen minieren an den Blättern, später leichte Gespinstbildung. Verpuppung am Blattrand oder in den Taschen. Mehrere Generationen pro Jahr.

Vorbeugung: Kontrolle und Ablesen der befallenen Blätter.

Bekämpfung: Während der Hauptgefahrenzeit bei ersten Befallsstellen in Abständen von 8 bis 10 Tagen Blattunterseiten gründlich spritzen. Wirkstoffe: aus den Tabellen auf den Seiten 272–275 und 294–296.

Wirtspflanzen: Rhododendron simsii, Rh. japonicum und ähnliche Arten.

Befallspflanze: Rhododendron simsii.

Nützlinge: Das Ausbringen von Bacillus thuringiensis sp., die auch gegen Gespinstmotten Anwendung finden, könnte eingesetzt werden.

Lärchenminiermotten
Coleophora laricella

Schadbild: Die einzelnen Nadeln sind durch kleine Raupen von innen her ausgehöhlt. Die äussere Nadelhälfte ist dadurch weiss bis hellgrün gefärbt und scheint fast durchsichtig. Bei starkem Befall werden auch die Triebspitzen abgebissen.

Ursache: Die Motte legt ihre Eier von Mai bis Juni einzeln in die jungen Lärchennadeln ab. Die geschlüpften Räupchen fressen sich in die rundlichen weichen Nadeln ein.

Vorbeugung: Stete Kontrolle. Meisennistkästen in der Nähe aufhängen.

Bekämpfung: Austriebspritzungen mit Wirkstoffen aus den Tabellen Seiten 272–275 und 294–296 oder zur Zeit des Falterfluges von Mai bis Juni.

Wirtspflanzen: Lärchen, aber auch Tsuga und Douglasia.

Nützlinge: Bacillus thuringiensis sp. einsetzen.

Thujaminiermotten

Argyresthia thuiella

Schadbild: Die einzelnen Schuppenblättchen von jungen Trieben werden ab Mai von der Spitze her gelb, später braun. Darin finden wir mit Kot gefüllte Miniergänge und bis 3 mm lange Raupen, die sich Ende Mai bis Juni verpuppen.

Ursache: Der Falter der Thujaminiermotte ist hellgelb und wird bis 4 mm lang. Eiablage in die Endschuppen der Jungtriebe von Juli bis August. Ab Ende August beginnt der Minierfrass, der sich durch den ganzen Winter über der Nullgradgrenze fortsetzt.

Vorbeugung: Vereinzelte befallene Triebe ausschneiden und verbrennen.

Bekämpfung: Aussichtsreich gegen den Falter und die Junglarve Ende Mai und Ende Juni sind Spritzbehandlungen. Wirkstoffe aus den Tabellen Seiten 272–275 und 294–296.

Gegen die Raupen im zeitigen Frühjahr behandeln.

Wirtspflanzen: Thuja occidentalis und Gartenformen. Juniperusarten.

Nützlinge: Bacillus thuringiensis sp. einsetzen.

△ Miniermotten an Thuja

▽ (Abb. 135b+c)

▽ Miniermotten an Juniperus (Abb. 135a)

△ Starker Befall durch Obstgespinstmottenraupen (Abb. 136a)

Obstbaumgespinstmotten

Apfel: Hyponomeuta malinellus
Birnen: Hyponomeuta padellus

Schadbild: Von April bis Mai grosse Gespinste. Die Blätter werden total kahlgefressen.

Ursache: Die Falter schlüpfen im Juni aus und legen ihre Eier im Sommer an Astpartien ab. Die gelbbraunen Räupchen schlüpfen im Herbst und überwintern am Gehölz. Sie sind sehr gefrässig und bilden die Gespinste.

Vorbeugung: Winterspritzungen = Anwendung nur in der absoluten Winterruhe!

Bekämpfung: Bei ersten Befallserscheinungen gründlich spritzen. Wirkstoffe: aus den Tabellen auf den Seiten 294–296.

Wirtspflanzen: Äpfel, Zwetschgen und Pflaumen und auch einheimische Laubgehölze wie Prunus, Euonymus und andere.

Wartezeiten: Siehe in den Tabellen auf den Seiten 284–289.

Nützlinge: Spritzen des Bakterienpräparates Bacillus thuringiensis.

▽ Raupe der Gespinstmotte (Abb. 136b)

▽ Gespinstmotte (Abb. 136c)

△ Gespinst mit Raupen (Abb. 137a)

▽ Gespinstmottenraupen an Rosen (Abb. 137b)

▽ Gespinstmottenraupen an Apfelbaum (Abb. 137c)

Weidengespinstmotten
Hyponomeuta rorellus

Schadbild: Bei starkem Befall können selbst grosse Sträucher und Bäume kahlgefressen werden. Die Zweige und Stämme zeigen oft einen netzartigen Überzug aus zähen, weissen Gespinstfäden. Eine Generation pro Jahr.

Ursache: Falterflug von Juni bis Juli. Eiablage in Häufchen an die Zweige. Die Larven ernähren sich vorerst von den Blättern, verschonen aber auch die Rinde nicht. Nach der Bildung der Gespinste überwintern die Gespinstraupen im Schutze der Gewebe. Kalte Winter können sie stark dezimieren.

Vorbeugung: Ausbürsten der Gespinste von Sommer bis Herbst.

Bekämpfung: Winterspritzungen oder zur Zeit der Eiablage und im Sommer mit Wirkstoffen aus den Tabellen auf den Seiten 272–275 und 294–296.

Wirtspflanzen: Salix alba, S. viminalis.

Nützlinge: Bacillus thuringiensis sp. einsetzen.

△ Weidengespinstmotten mit Netz
▽ (Abb. 138a+b)

Heckenwickler – Rosenwickler

Cacoecia rosana

Schadbild: An verschiedenen Laubgehölzen, vor allem an Rosen und Hainbuchen, grössere Gespinstnester, die bei Rosen auch die Blütenknospen einbeziehen. An den Blättern starker Lochfrass.

Ursache: Der Schädling überwintert im Eistadium in der Erde oder an den Trieben. Die Räupchen schlüpfen von April bis Mai aus, sie werden bis 1,5 mm lang und sind grünlich gefärbt. Verpuppung ab Ende Mai bis Anfang Juli, dann wieder Flug und im Herbst Eiablage.

Vorbeugung: Eine gründliche Winterspritzung in gefährdeten Hecken oder Rosenpflanzungen tötet die Eier ab.

Bekämpfung: Die Befallsnester ausschneiden und vernichten. Bei Befallsbeginn gründlich spritzen. Wirkstoffe aus den Tabellen Seiten 272–275 und 294–296.

Wirtspflanzen: Hainbuchen, Rosen und andere Laubgehölze.

Nützlinge: Das Bakterienpräparat Bacillus thuringiensis sp. zeigt eine gute Wirkung.

△ Heckenwicklerraupen (Abb. 139a)

▽ Der Sauerwurm des Traubenwicklers (Abb. 139b)

Traubenwickler (Heu- und Sauerwurm)

Clysia ambiguella, Polychrosis botrana

Schadbild: Die Blütenanlagen sind durch Gespinstfäden dicht versponnen. Die gelb- und schwarzköpfigen Larven fressen an Knospen und Blüten im Mai bis Juni. In der zweiten Generation werden auch die Beeren befallen.

Ursache: Der Wickler überwintert als Puppe meist an Pfählen oder an der Pflanze selbst. Im Mai Eiablage an die Blütenstände, eine zweite Generation folgt von August bis September.

Vorbeugung: Pheromonfallen aufhängen. Gegen die erste Generation, Bacillus thuringiensis (Delfin usw.), bei Auftreten der ersten Larven spritzen.

Bekämpfung: Bei grösseren Beständen gründliche Spritzungen. Wirkstoffe: aus den Tabellen auf den Seiten 294–296.

Wirtspflanzen: Reben.

Wartezeiten: Siehe Tabellen auf der Seite 283.

△ Falter des Apfelwicklers (Abb. 140a)

Apfelwickler (Obstmade)

Carpocapsa pomonella

Schadbild: An Obstfrüchten Bohrlöcher ins Fruchtinnere, bei Kernobst Zerstörung des Fruchtgehäuses. Befallene Früchte fallen vorzeitig ab.

Ursache: Der Falter ist graubraun und wird bis 2 cm gross. Er fliegt von Juni bis August in der Abenddämmerung und legt seine Eier an Blätter und Früchte. Die Larven fressen sich ins Fruchtinnere und verpuppen sich später in Rindenritzen. Eine bis 2 Generationen.

Vorbeugung: Nützlinge fördern. Fallobst frühzeitig auflesen und vernichten, damit die Larven nicht ausschlüpfen. Lockfallen mit Leim aufhängen. Pheromonfallen zur Flugüberwachung einsetzen.

Bekämpfung: Ab Anfang bis Mitte Juni 1 bis 2 Spritzbehandlungen. Wirkstoffe siehe Tabellen auf den Seiten 294–296.

Wirtspflanzen: Äpfel und Birnen.

Wartezeiten für frühe Sorten: Siehe Tabellen auf den Seiten 284–289.

Nützlinge: Der natürlich vorkommende Krankheitserreger der Obstmade ist ein Granulose-Virus als rein biologisches Produkt.
Siehe Tabelle Seite 40.

▽ Larve des Apfelwicklers (Abb. 140b)

▽ Larve im Kerngehäuse (Abb. 140c)

△ «Madige» Äpfel (Abb. 141a)
▽ Einstich des Pflaumenwicklers (Abb. 141b)

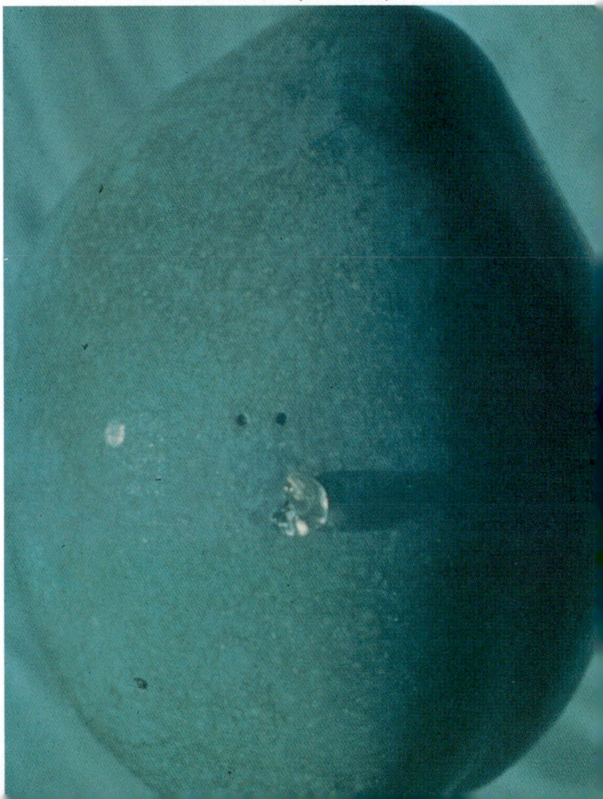

Pflaumenwickler
Grapholitha funebrana

Schadbild: Die Früchte reifen vorzeitig und fallen ab. Sie weisen Bohrlöcher auf, aus denen Gummitropfen austreten. Frassgänge durch die Frucht, im Bereiche des Steins grössere Kotrückstände und eine rötlichgelbe Made.
Ursache: Der Kleinschmetterling legt seine Eier an die jungen Früchte ab. Die Larven bohren sich ein. Nach der Verpuppung Flug und erneute Eiablage. 2 Generationen im Jahr.
Vorbeugung: Am Boden im Fallaub Gespinste mit Larven der zweiten Generation einsammeln und vernichten. Pheromonfallen zur Flugüberwachung einsetzen.
Bekämpfung: Frühzeitig und gezielt (Anfang bis Mitte Juli). Wirkstoffe siehe Tabellen auf den Seiten 294–296 einsetzen.
Wirtspflanzen: Zwetschgen, Pflaumen, Mirabellen, Reineclauden.
Wartezeiten für frühe Pflaumen- und Reineclauden: Siehe Tabellen auf den Seiten 284–289.

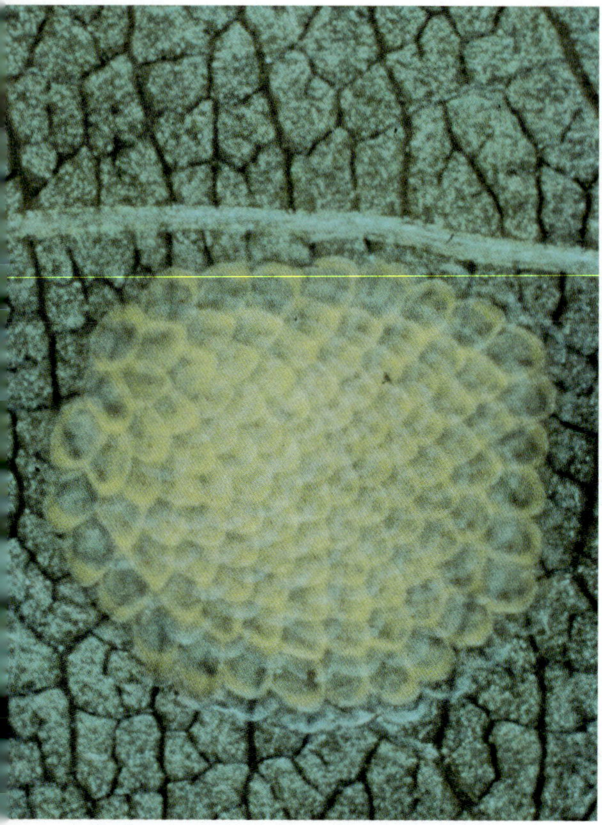

Apfelschalenwickler

Adoxophyes reticulana

Schadbild: Ab April sind Blattbüschel mit feinen Gespinstfäden zusammengesponnen. In den Gespinsten kleinere bis grössere, gelbgrüne bis braune Raupen, die an den Blättern fressen. Ab Juli fressen sie auch an den Schalen der Früchte.

Ursache: Die Larven überwintern unter Rindenschuppen, im Frühjahr wandern sie an die Triebe, wo der Blattfrass beginnt. Eiablage an die Blattunterseiten, nach der Verpuppung in den Gespinsten.

Vorbeugung: Da die Räupchen durch dichte Gespinste versteckt und geschützt sind, ist eine Bekämpfung oft schwierig. Vereinzelte Gespinste einsammeln und verbrennen. Pheromonfallen werden zur Flugüberwachung der Schmetterlinge eingesetzt, sie zeigen den Einsatzbeginn von Behandlungen auf.

Bekämpfung: Spritzbehandlung im Juni zusammen mit der Schorfbehandlung. Wirkstoffe siehe Tabellen auf den Seiten 294–296.

Wirtspflanzen: Äpfel, Birnen, Steinobst.

Nützlinge: Das Granulose-Virus als natürlicher Krankheitserreger des Schalenwicklers (Capex) wirkt sehr selektiv, es werden 2 Behandlungen vor der Blüte empfohlen. (Siehe Seite 40).

Wartezeiten: Siehe Tabellen auf den Seiten 284–289.

△ Eigelege des Apfelschalenwicklers (Abb. 142a)
▽ Schäden des Apfelschalenwicklers (Abb. 142b)

Rostroter Fichtenwickler

Semasia ratzeburgiana

Schadbild: Besonders bei Fichten im Alter von 20 bis 50 Jahren nach dem Austrieb tiefe Frasslöcher an den Endknospen. Beim Austrieb sind die Endschuppen versponnen, so dass eine «Kappe» an den Trieben hängen bleibt. Der Trieb ist gekrümmt, und die Vegetationsspitze ist geschädigt. Oft auch Nadelfrass.

Ursache: Der gelblichgrüne Falter in der Grösse von 12 bis 15 mm fliegt erst von Juli bis August und legt die Eier in die Nähe der Endknospen. Die Raupen sind weissgrau bis rötlich. Verpuppung im Frühsommer.

Vorbeugung: Stete Kontrolle und einzelne Befallsherde frühzeitig ausschneiden und verbrennen.

Bekämpfung: Zeit der Eiablage gegen Falter. Wirkstoffe siehe Tabellen auf den Seiten 272–275 und 294–296. Beim Austrieb beziehungsweise bei Frassbeginn der Larven rechtzeitig mit einem der genannten Wirkstoffe behandeln.

Wirtspflanzen: Fichten- und auch Pinusarten.

△ Rostroter Fichtenwickler (Abb. 143a)

▽ Schadbild des Kieferntriebwicklers (Abb. 143b)

Kieferntriebwickler

Rhyacionia buoliana

Schadbild: Die Knospen werden durch die Raupen ausgefressen und können nicht weiter wachsen. Sind Endknospen betroffen, entstehen posthornförmig gebogene Seitentriebe, und unkoordinierter Wuchs kennzeichnet befallene Kiefern.

Ursache: Im Juli und August legen die dämmerungsaktiven Wickler ihre Eier an die Knospenquirle. Ihre Flügelspanne reicht bis zu 24 mm. Die Vorderflügel sind vorwiegend orangerot und mit dunkleren und silbernen Bändern gezeichnet. Die rotbraunen Raupen bohren sich zunächst in die Basis einer Nadel ein. Ein bis zwei Wochen später wechseln sie in eine Knospe. Harz und Kotkrümel werden von einem Gespinst zusammengehalten. Die Raupe überwintert in der Knospe und frisst im Frühjahr an jungen Knospen weiter.

Vorbeugung: Ausschneiden der befallenen Äste.

Bekämpfung: Jungraupen Anfang und Ende August beim Einbohren mit einem Insektizid behandeln. Wirkstoffe siehe Seiten 272–275 und 294–296.

Wirtspflanzen: Wald- und Schwarzkiefer sowie andere Kiefernarten.

△ Adulter Kieferntriebwickler (Abb. 144a)
▽ 1. Generation aus Eiablage Frühling (Abb. 144b)

Himbeerglasflügler

Bembecia hylaeiformis

Schadbild: Im unteren Stengelbereich der einjährigen Ruten Frassgänge im Inneren bis hinunter zu den Wurzeln. Aus den Löchern wird Bohrmehl ausgestossen. Die Ruten brechen leicht ab oder trocknen ein. Wenn man mit der Hand flach über verdächtige Ruten streicht, kann man den Befall rasch feststellen, die Ruten brechen knapp über dem Boden ab.

Ursache: Der Glasflüglerfalter weist glasklare, durchsichtige Flügel auf. Er legt seine Eier an die Basis der Ruten ab, vereinzelt auch in den Boden. Die gelblichweissen Larven fressen sich durch die Ruten ins Mark, von wo sie abwärts bis in die Wurzeln wandern. Die Raupen treten zur Verpuppung aus den Bohrlöchern, um sich im Boden zu verpuppen.

Vorbeugung: Beim Feststellen eines Befalls die Bohrlöcher mit Wundsalbe ausfüllen, um das Austreten und das Verpuppen zu verhindern. Die unteren 15 cm mit Raupenleim bestreichen. Befallene Ruten sind so tief wie möglich im Erdreich auszuschneiden und zu verbrennen.

Bekämpfung: Da gegen den Himbeerglasflügler keine chemischen Produkte zugelassen sind, ist nur eine vorbeugende Behandlung angebracht.

Wirtspflanzen: Himbeeren.

△ Himbeerglasflügler (Abb. 145a)

▽ Bohrstellenmehl des Himbeerglasflüglers (Abb. 145b)

△ Eigelege des Frostspanners (Abb. 146a)

Frostspanner

Operophthera brumata/Erannis defoliaria

Schadbild: Beim Austrieb fressen die Räupchen an jungen Blättern und Blüten, zum Teil an Früchten der Obstbäume.

Ursache: Der Frostspanner verpuppt sich im Boden. Der ♂ Falter fliegt, der ♀ hat nur kurze Stummel und klettert zur Eiablage über den Stamm in die Baumkronen. Die braunen bis grünen Raupen sind katzenbuckelartig gebogen. Der kleine Frostspannerfalter ist graugestreift und der grosse ist braun mit feiner Zeichnung auf den Flügeln.

Vorbeugung: Kontrolle und frühzeitige Behandlungen. Anbringen von Leimringen im März für die aufsteigenden unbeflügelten Weibchen.

Bekämpfung: Bei starkem Befall im Raupenstadium das ungiftige Produkt Bacillus thuringiensis ausbringen. Chemische Wirkstoffe siehe Tabellen Seiten 294–296.

Wirtspflanzen: Kern-, Steinobstarten und viele andere Laubgehölze.

Wartezeiten: Siehe Tabellen auf den Seiten 272–289.

△ Grüne Spannerraupe (Abb. 146b)

▽ Braune Spannerraupe (Abb. 146c)

▽ Kirschenfrostspannerraupe (Abb. 146d)

Erdeulenraupen
Agrotisarten

Schadbild: An Wurzeln und Knollen sowie an erdnahen Pflanzenteilen grosse Frassschäden. Die Raupen sind 3 bis 5 cm lang und besitzen 8 Beinpaare. Nachts Frasstätigkeit, tagsüber Einrollen der Raupen im Boden.

Ursache: Als Larven verschiedener Erdeulenfalter richten sie grosse Schäden an. Eiablage von Mai bis Juli an der Blattunterseite. Kleine Raupen fressen auch an jungen Triebteilen. Mit zunehmender Grösse wandern sie in den Boden.

Vorbeugung: Stete Kontrolle während der Entwicklungszeit. Oberes, lockeres Erdreich von nachts befallenen Pflanzen durchsuchen! Unkraut beseitigen, damit man die Erdeulenraupen besser finden kann.

Bekämpfung: Zwischen die Pflanzen Köder auslegen. Abends spritzen mit Wirkstoffen aus den Tabellen auf den Seiten 294–296.
Auch Bacillus thuringiensis zeigt gute Wirkung.

Wirtspflanzen: Cyclamen, Dendranthema (Chrysanthemen), Kalanchoe sowie Gemüsearten, insbesondere Salat.

Wartezeiten: Siehe Tabellen auf den Seiten 272–289.

△ Erdeulenraupen an Salat (Abb. 147c)
▽ Befall an Kohlrabi (Abb. 147d)

△ Eulenraupenfrass an Dendranthemablatt (Abb. 147a)
▽ Eulenraupenfrass an Dendranthemablatt (Abb. 147b)

△ Gemüseeulenraupe auf Kohlblatt (Abb. 148a)
▽ Hopfen-Quecken-Wurzelbohrer an Karotte (Abb. 148b)

Gemüseeulen

Mamestra oleracea

Schadbild: Im Gegensatz zur Erdraupe befällt die Gemüseeulenraupe alle oberirdischen Pflanzenteile, wo zuerst an den äusseren Blättern von Kohlgewächsen Loch- bis Skelettierfrass festgestellt wird. Später dringen grosse Eulenraupen ins Herz von Kohlgewächsen, worauf Fäulnis eintritt.

Ursache: Die Falter legen ihre Eier ab Mai bis Juni an die Pflanzen. Besonders die Larven der zweiten Generation sind sehr gefrässig (zirka Anfang bis Mitte August). 2 bis 3 Generationen pro Jahr. Die Puppen überwintern im Boden, worauf die Falter im Frühjahr wieder an die Pflanzen gelangen.

Vorbeugung: Morgens unter befallenen Pflanzen ein Papier auslegen und die Pflanzen kräftig schütteln. Einsammeln und vernichten.

Bekämpfung: Rechtzeitig spritzen. Vereinzelt auftretende Eulenraupen einsammeln. Bei starkem Befall Wirkstoffe mit kurzer Wartefrist gründlich spritzen. Wirkstoffe siehe Tabellen auf den Seiten 294–296.

Wirtspflanzen: Verschiedene Kohlarten, aber auch Zuckerrüben und Mais.

Wartezeiten: Siehe Tabellen auf den Seiten 276–282.

Hopfen-Quecken-Wurzelbohrer

Hepialus humuli

Schadbild: Die befallenen Pflanzen welken und sterben ab. Die Wurzeln sind von grossen Frassgängen durchzogen, die zum Teil mit schwarzem Kot ausgefüllt sind.

Ursache: Die Hopfen-Quecken-Wurzelbohrer sind besonders bei Hopfen und Gräsern verbreitet, befallen aber auch Gemüsearten wie Salat, Karotten und andere. Die bis 5 cm langen gelblichen Raupen mit schwarzem Kopf sind sehr gefrässig.

Vorbeugung: Kontrolle und befallene Pflanzenwurzeln verbrennen.

Bekämpfung: Da der Schaden meist im Spätstadium auftritt, ist eine Bekämpfung mit chemischen Mitteln bei Gemüsearten schwierig. Im Jugendstadium Bekämpfung wie Erdraupen.

Wirtspflanzen: Hopfen, Gräser, Kopfsalat, Karotten. Im Gemüsegarten bevorzugt nach Neuumbruch beziehungsweise einige Meter von Wiesen entfernt.

Nützlinge: Angiessen mit Nematoden.

Grosser Kohlweissling *Pieris brassicae*
Kleiner Kohlweissling *Pieris rapae*

Schadbild: An den Blättern von Kohlarten unregelmässiger Loch- bis Skelettfrass sowie braungrüne Kothäufchen.

Ursache: Der Kohlweissling überwintert als Puppe an Wänden und Baumstämmen. Der weisse Schmetterling legt seine Eier von Mai bis Juni auf die Blattunterseite in Häufchen ab. Die Larven nagen zuerst an der Blattunterseite, grössere Raupen fressen Löcher, oft Totalfrass bei starkem Befall. 2 Generationen pro Jahr: Juli bis September.

Vorbeugung: Stete Kontrolle und beim ersten Auftreten Insektizide stäuben in den Morgentau.

Bekämpfung: Frühzeitige Spritzbehandlungen, da die jungen Räupchen leichter abzutöten sind. Wirkstoffe siehe Tabellen auf den Seiten 294–296.

Auch Bacillus thuringiensis als biologisches, nützlingsschonendes Produkt hat sich gut bewährt.

Wirtspflanzen: Kohlpflanzen des Gemüsegartens und Wildpflanzen der Cruciferae in Wiesen und Wäldern sowie auch Raps.

Wartezeiten: Siehe Tabellen auf den Seiten 276–282.

△ Kohlweissling (Abb. 149b)

▽ Eigelege des Kohlweisslings (Abb. 149a)

▽ Larven des Kohlweisslings (Abb. 149c)

△ Raupenfrass an Himbeeren (Abb. 150a)

Raupen oberirdisch

Verschiedene Falterarten

Schadbild: Unregelmässiger Loch-, Blattrand- bis Kahlfrass mit braunen bis grünen Kothäufchen.

Ursache: Die Raupen bilden das Larvenstadium von verschiedenen Schmetterlingsarten, die während der Vegetationszeit an die Blattunterseiten der Befallspflanzen ihre Eier ablegen. Die Raupen fressen sich an den weichen Blättern satt und können bei starkem Befall grosse Schäden verursachen.

Vorbeugung: Stete Kontrolle nach dem Sichtbarwerden der ersten kleinen Frassstellen. Morgens bei kühler Witterung die Pflanzen schütteln; sie lassen sich dann leicht fallen.

Bekämpfung: Möglichst im Jugendstadium gründlich auf die Blattunterseiten spritzen. Wirkstoffe siehe Tabellen auf den Seiten 294–296.
Im Gemüsebau das giftfreie Bakterienpräparat Bacillus thuringiensis einsetzen.

Wirtspflanzen: Grosser Bereich von Zier- und Nutzpflanzen.

Wartezeiten: Siehe Tabellen auf den Seiten 272–289.

▽ Raupen-Befall an Cyclamen (Abb. 150b)

▽ Raupen-Befall an Rosenblatt (Abb. 150c)

Kiefernprozessionsspinner

Thaumetopoea pinivora

Schadbild: An alten Nadeln und auch an neuen vom Maiaustrieb oft starker Frass, der die Kiefern verunstaltet.

Ursache: Der graugezeichnete Falter von 15 mm Länge legt seine Eier in die jungen Nadeln ab. Die sehr farbenfrohen und behaarten Raupen von 2 bis 3 cm Länge sitzen in Astgabeln oft in dichten Massen. Da sie beim Gang zu den Frassstellen alle in einer Reihe hintereinander wandern, nennt man sie «Prozessionsspinner». Die langen Gifthaare am Körper verursachen Hautekzeme und Augenentzündungen.

Vorbeugung: Einzelne Raupen im Garten ablesen und vernichten.

Bekämpfung: Bei starkem Befall gezielt das Bakterienpräparat Bacillus thuringiensis einsetzen. Siehe Seite 40.

Wirtspflanzen: Verschiedene Kiefernarten. Auf Eichen finden wir den Eichenprozessionsspinner.

△ Larven des Prozessionsspinners (Abb. 151a)
▽ Kolonne der Prozessionsspinner-Larven (Abb. 151b)

Weidenbohrer

Cossus cossus

Schadbild: An den Stämmen und dicken Ästen von Bäumen Löcher in der Rinde, die von herausrieselndem Bohrmehl umgeben sind. Die Raupen bohren sich durch Rinde und Holz und verursachen Wachstumsdepressionen.

Ursache: Die Raupen sind auffallend gelb bis rot gefärbt, 5 bis 8 cm lang und fressen sich meist von unsachgemäss behandelten Wunden in das Holz hinein. Sie riechen dabei stark nach Holzessig.

Vorbeugung: Bestehende Wunden mit einer Wundsalbe sauber ausstreichen. Beim Baumschnitt glatte Wunden anstreben. Buntspechte suchen diese Raupen durch Hämmern mit dem Schnabel. Spechtgehäuse in der Umgebung aufhängen.

Bekämpfung: In festgestellte Löcher ein Insektizid einspritzen. Löcher abdichten. Wirkstoffe aus den Tabellen: Schädlinge im Zierpflanzenbau auf den Seiten 272–275 und 294–296.

Wirtspflanzen: Alte Weidenstöcke, aber auch Äpfel, Birnen und andere Bäume.

△ Weidenbohrer (Abb. 151c)
▽ Vernarbende Spechtlöcher an Kiefernstamm (Abb. 151d)

△ Trauermückenlarven an Nelkentrieb (Abb. 152a)
▽ Trauermückenlarven (Abb. 152b)

Trauermücken und Larven (Pilzmücken)

Bradysia-Arten (Sciaridae)

Schadbild: Frassstellen an jungen Wurzeln bei Sämlingen und Stecklingen durch die Larven. Fleischige Stecklinge werden von unten her durch Gänge angefressen, was Fäulnisherde verursacht.

Ursache: Die tagsüber sehr lebhaften 3 bis 4 mm grossen Trauermücken legen ihre Eier in feuchte Erde ab. Die 5 bis 7 mm langen, glasigweissen Larven mit schwarzem Kopf ernähren sich von totem und lebendem organischem Material. Entwicklungsdauer 2 bis 3 Wochen, im Winter etwas länger.

Vorbeugung: Lockfallen über den Pflanzen aufhängen oder Insektivoren aufstellen. Die Stellflächen desinfizieren durch Dampf oder den Einsatz von Insektizid-Granulaten. In Bodennähe Aufhängen von gelben Klebefolien. Allgemeine Hygiene im Kulturraum!

Bekämpfung: In erster Linie empfiehlt sich ein biologischer Einsatz gegen die Larven mit Nematoden.

Weitere Bekämpfungsmöglichkeiten bestehen mit Wirkstoffen aus den Tabellen auf den Seiten 272–275 und 294–296.

Wirtspflanzen: Stecklinge von Geranien, Hortensien, Nelken, Poinsettien, Schlumbergera und anderen Pflanzen: Anthurium, Cyclamen, Primeln, Saintpaulia und diversen Gruppenpflanzen.

Nützlinge: Neben den Nematoden wird auf der Seite 30 die Raubmilbe Hypoaspis zum Einsatz gegen Trauermückenlarven beschrieben.

▽ Trauermückenlarve (Abb. 152c)

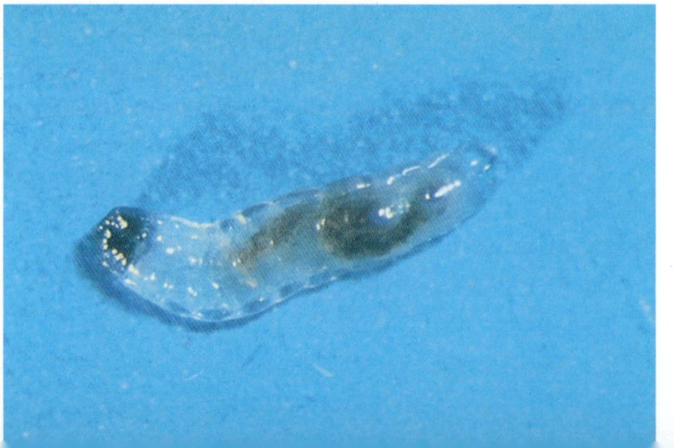

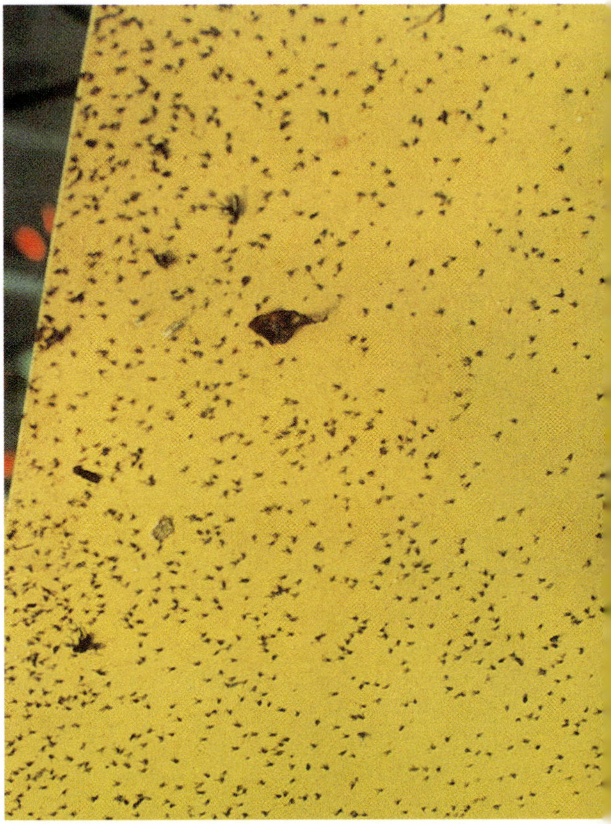

△ Schäden an Stecklingen (Abb. 153a)

▽ Schäden an Cyclamen (Abb. 153b)

△ Gelbe Klebefolie gegen Trauermücken (Abb. 153c)

△ Gelbe Klebefolien gegen Trauermücken und Weisse Fliegen bei Streptocarpus (Abb. 154a)

▽ Gelbe Klebefolie als Lockfalle (Abb. 154b)

▽ Weibchen einer Trauermückenart (Abb. 154c)

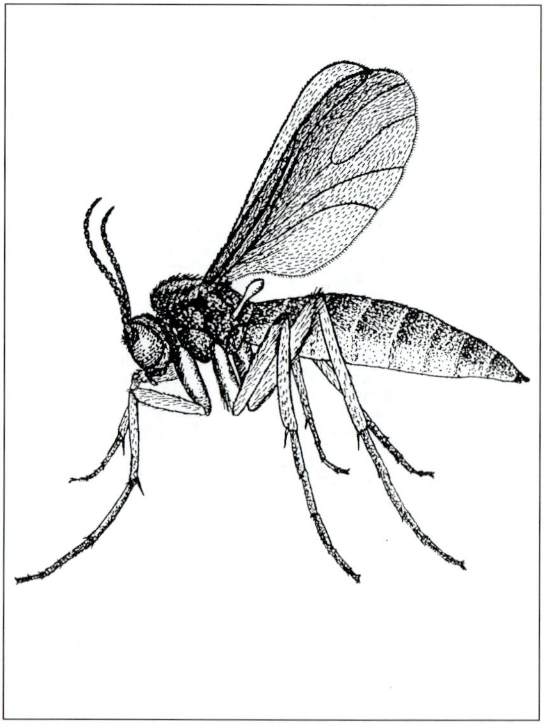

△ Haus mit gesunden Geranien (Abb. 155a)
▽ Schadbild an Kiefer (Abb. 155b)

Kiefernnadelscheiden-Gallmücken

Thecodiplosis brachyntera

Schadbild: Die paarigen Nadeln verwachsen innerhalb der Scheide und vergilben, sie sind dann meist gedreht oder/und geknickt und kürzer als unbefallene Nadeln. Im Herbst bis Winter fallen diese Nadeln ab.

Ursache: Die Nadelansatzstellen sind knollig verdickt. In der Galle befindet sich meist nur eine 2 bis 3 mm lange, orangerote Larve. Durch ihren Frass sind die Nadelansatzstellen geschädigt, wodurch es zur Vergilbung und zum Nadelfall kommt.

Vorbeugung: Bevorzugt sind Standorte, die dem Wind ausgesetzt sind, daher windgeschützte Lagen vermeiden.

Bekämpfung: In gefährdeten Gebieten mit Befallserscheinungen ab beginnendem Längenwachstum des Neuaustriebes im Mai mit geeigneten Mitteln behandeln. Wirkstoffe siehe Tabellen auf den Seiten 272–275 und 294–296.

Wirtspflanzen: Verschiedene Pinus-Arten (Kiefern).

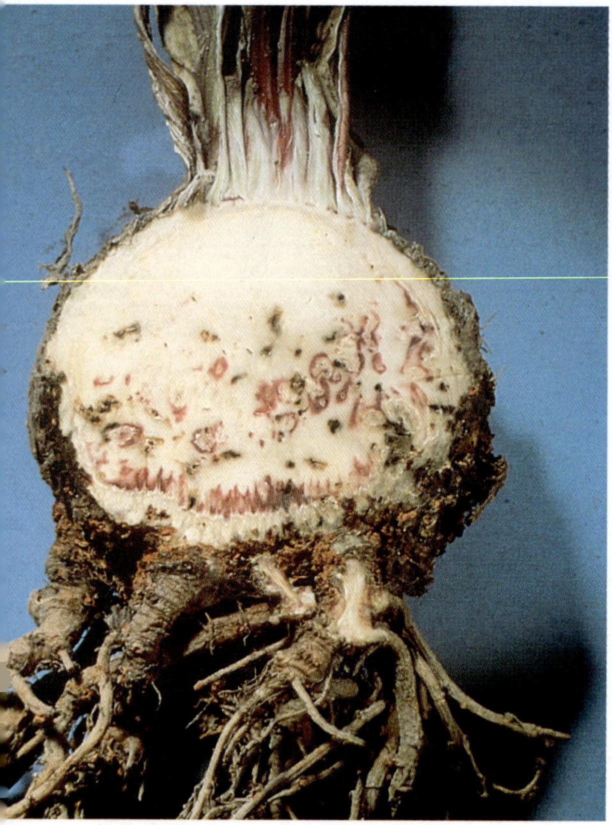

△ Möhrenfliegenlarven an Sellerie (Abb. 156a)
▽ Möhrenfliegenlarven an Karotte (Abb. 156b)

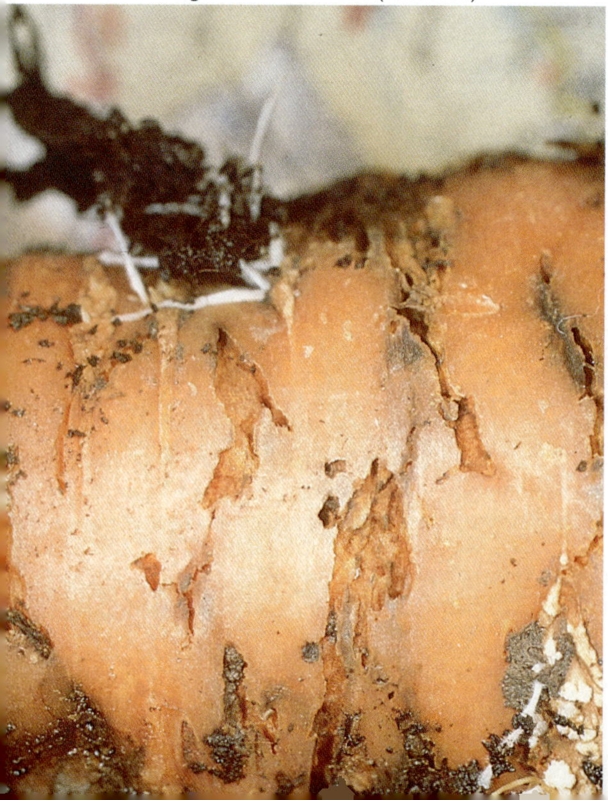

Möhrenfliegen

Psila rosea

Schadbild: Die befallenen Karotten (Möhren) weisen in der unteren Wurzelhälfte durchscheinende Frassgänge auf. Die Umgebung dieser Gänge ist dunkel gefärbt.

Ursache: Die erste Generation von ausschlüpfenden Möhrenfliegen aus überwinternden Puppen legt ihre Eier von Mai bis Juni an die Wurzelhälse der Sämlinge. Die zweite Generation folgt ab Mitte August. Die madenartigen Larven fressen sich in die Karotten ein und bilden die typischen Gänge.

Vorbeugung: Sind die Anbauflächen dem Wind ausgesetzt, muss mit weniger Befall gerechnet werden. Verzicht auf Stallmistgaben, die die Möhrenfliegen anziehen. Leichtes Anhäufeln nach 5 cm Pflanzenhöhe. Sehr frühe und nicht zu dichte Saat. Beim Auslichten die Löcher ausebnen (Schlupfwinkel für die Eiablage). Feine Netze über die Beete anbringen.

Bekämpfung: Nach Möglichkeit auf chemische Pflanzenschutzmittel verzichten (Kindernahrung). Zugelassene Wirkstoffe siehe Tabellen auf den Seiten 294–296.

Wirtspflanzen: Karotten, Sellerie, Petersilie und Fenchel.

Wartezeiten: Siehe Tabellen auf den Seiten 276–282.

▽ Möhrenfliegenlarven an Karotte (Abb. 156c)

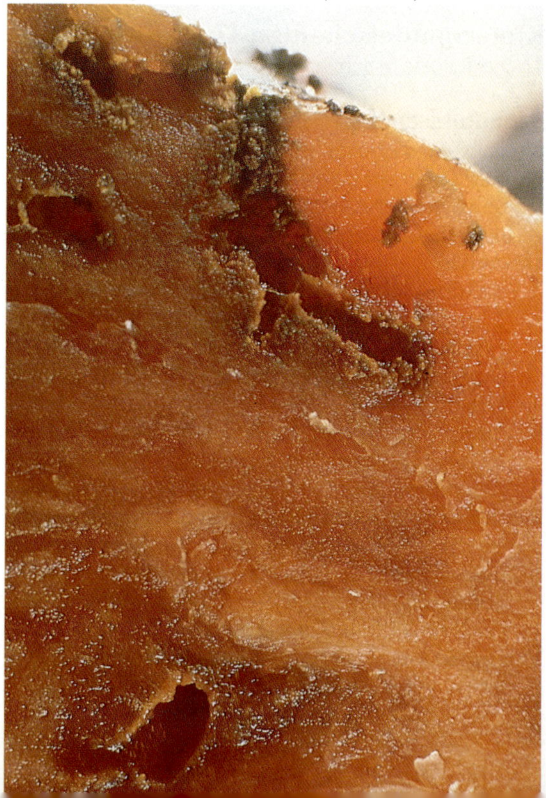

Narzissenfliegen
Lampetia equistris

Schadbild: Beim Austrieb der befallenen Zwiebeln plötzlicher Wachstumsstillstand. Es bildet sich nur ein kurzer Blattschopf, der oft vergilbt und welkt. Die Zwiebelspitze ist oft weich. Fraßlöcher in der Zwiebel.

Ursache: Meist wird die Narzissenfliege mit Importen eingeschleppt. In befallenen Zwiebeln 1 bis 3 weisse bis gelbe bis 18 mm lange dicke Maden, die sich bis zum Wurzelboden durchfressen. Eiablage der bis 12 mm langen hummelähnlichen Fliegen einzeln an die Zwiebeln.

Vorbeugung: Kontrolle nach Eingang. Weiche Zwiebeln auslesen und vernichten.

Bekämpfung: Zwiebeln mit Verdacht auf Befall während 2 Stunden in ein Warmwasserbad von 44 °C legen, dem ein Insektizid beigegeben wird.

Wirtspflanzen: Alle Zwiebelarten der Amaryllidaceae, vor allem Narzissen und Hippeastrum.

△ Befall an Hippeastrumzwiebel
▽ (Abb. 157b+c)

▽ Narzissenfliegen (Abb. 157a)

△ Minierfliegen (Abb. 158a)
▽ Minierfliegenpuppe (Abb. 158b)

Minierfliegen

Phytomyza atricornis, Lyriomyza und andere

Schadbild: An Blättern von verschiedenen Zier- und Nutzpflanzen anfänglich dünne, dann immer dicker werdende Miniergänge unter der Kutikula, die den Wert stark herabmindern. Das Wachstum ist reduziert.

Ursache: Die Fliegen legen ihre Eier in die Epidermis der Blätter. Die kleinen weissen Larven fressen sich in Zickzackgängen durch das Blatt, um sich schliesslich zu verpuppen und auszuschlüpfen. Im Sommer dauert ein Lebenszyklus vom Ei bis zur Fliege 30 Tage, in kühleren Jahreszeiten etwas länger.

Vorbeugung: Gelbe Lockfallen über den Kulturen aufhängen.

Bekämpfung: Nur translaminar wirkende Insektizide führen zum Erfolg. Wirkstoffe siehe Tabellen auf den Seiten 272–289 und 294–296.

Wirtspflanzen: Dendranthema (Chrysanthemen), Fuchsien, Primeln, Pelargonien, Chamaecyparis, Juniperus, Ilex, Lonicera, Pyracantha, Kohlarten (chemische Behandlungen sind bei Gemüsearten nicht ratsam).

Nützlinge: Mit dem Einsatz von Schlupfwespen der Gattungen Dacnusa und Diglyphus kann ohne Chemie bekämpft werden (Seiten 36 und 37).

▽ Miniergänge an Dendranthemablatt (Abb. 158c)

△ Miniergänge an Rosenblatt (Abb. 159a)

▽ Ilex mit Miniergängen (Abb. 159b)

△ Gerberablatt mit Floridafliegenbefall (Abb. 159c)

▽ Gerbera mit starkem Befall (Abb. 159d)

△ Kohlfliegenlarven
▽ (Abb. 160a+b)

Kohlfliegen

Delia radicum, Phorbia-Arten

Schadbild: Befallene Setzlinge von Kohlpflanzen bleiben im Wachstum zurück. Sie welken bei trockenwarmer Witterung. Die Blätter verfärben sich bleigrün. Die Seitenwurzeln sind grösstenteils bis ganz abgefressen.

Ursache: Die Kohlfliege ist in Form und Grösse einer Stubenfliege sehr ähnlich. Sie legt ihre 1 mm grossen weissen Eier an den Wurzelhals. Die Maden werden bis 1 cm gross und fressen die Wurzeln ab, auch bohren sie sich in den Strunk. Da sie 3 Generationen pro Jahr bildet, muss während des ganzen Jahres mit Befall gerechnet werden.

Vorbeugung: Kohlarten mit Vorteil relativ tief pflanzen (Ausnahme: Kohlrabi).

Bekämpfung: Nach dem Auspflanzen in gefährdeten Lagen Setzlinge angiessen. Wirkstoffe siehe Tabellen auf den Seiten 294–296.

Wirtspflanzen: Kohlarten und Zierpflanzen der Cruciferae.

Wartezeiten: Siehe Tabellen auf den Seiten 276–282.

▽ Schaden durch Kohlfliegenlarven (Abb. 160c)

Bohnenfliegen

Delia platura (Phorbia platura)

Schadbild: Die Keimung nach der Aussaat ist nur vereinzelt normal. Befallene Sämlinge wachsen sehr schwach, verkümmern und sterben bald ab.

Ursache: Die kleine graue Bohnenfliege legt die Eier an keimenden Samen ab. Die weissen, beinlosen Larven fressen Gänge in die Keimblätter und zerstören oft auch die Keimknospe.

Vorbeugung: Samen beizen mit Trockenbeizmitteln. Nicht zu früh säen. Bei nasskalter Witterung sind die Sämlinge anfälliger. Verrottendes organisches Material wie Grobkompost, Häcksel und anderes lockt die Fliegenweibchen zur Eiablage an. Mit Vorteil Anzucht in Töpfen, in Frühbeeten und später ins Freie pflanzen.

Bekämpfung: Wirkstoffe aus der Tabelle der Saatbeizmittel auf der Seite 292.

Wirtspflanzen: Busch- und Stangenbohnen.

△ Schaden durch Bohnenfliegen (Abb. 161a)

▽ Geschädigte Bohnenkeimlinge (Abb. 161b)

▽ Gesundes Bohnenfeld (Abb. 161c)

△ Frass an Obstbaum durch Feldmäuse (Abb. 162a)
▽ Frass an Obstbaum durch die Schermaus (Abb. 162b)

Feldmäuse

Microtus arvalis

Schadbild: Besonders an Obstbäumen, vorwiegend bei Apfelsorten, im Frühjahr plötzliches Welken bis Absterben. Grund: Die Feldmaus hat die Rinde um die Stammbasis abgenagt, der Wasser- und Nährstoffanstieg ist unterbunden. Der Frass erfolgt meist im Winter, der Schaden wird oft zu spät festgestellt.

Ursache: Die Feldmaus hat über den Rücken ein kurzes, hellbraunes bis graues Fell, auf der Bauchseite ist das Fell beige bis grau. Die Ohren sind klein und abgerundet, die Augen klein und schwarz. Die Kopf-Rumpf-Länge beträgt 8 bis 11 cm. Als Bewohner des offenen Landes zeigt sie ihre Anwesenheit durch verschiedene offene Löcher. Es fehlen aufgestossene Erdhaufen. Neben grünen Pflanzenteilen ernähren sich die Feldmäuse auch von Samen, Körnern, Zwiebeln im Boden oder auch verholzten Pflanzen.

Vorbeugung: Grünflächen durch wiederholtes Mähen kurz halten = für Greifvögel und Katzen besser sichtbar. Stark riechende Blätter oder Jauche in die Gänge einbringen.

Bekämpfung: In aktive Mausgänge Giftköder (Weizenkörner mit Rotendiziden präpariert) legen oder Fangfallen einbringen. Tabelle Seite 299.

▽ Von links nach rechts: typische Merkmale der Bauten des Maulwurfs, der Schermaus und der Feldmaus (Abb. 162c)

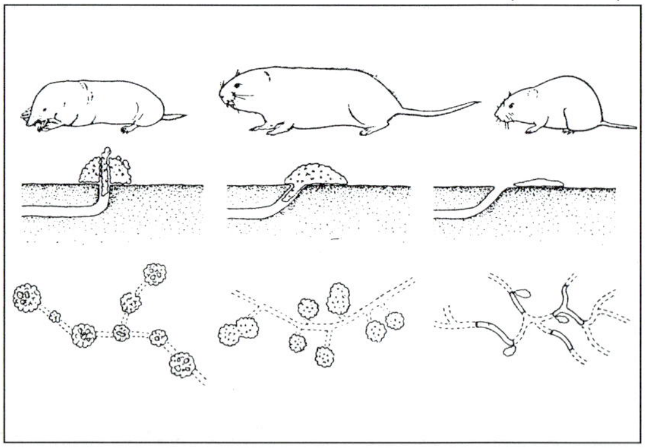

▽ Feldmaus (Abb. 162d)

Maulwürfe

Talpa europaea

Schadbild: Dieser Erdbewohner schadet nicht direkt an den Pflanzen, er ist in Deutschland sogar geschützt. Wo er aber auftritt, gräbt er umfangreiche Gänge dicht unter der Oberfläche, die aufgeworfene Erde bildet hochgewölbte Haufen, die Gärten und Wiesen verunzieren.

Ursache: Der Maulwurf besitzt ein sehr kurzhaariges, weiches, schwarzes bis grauschwarzes Fell. Typisch ist die lange Rüsselnase, die kräftigen Vorderbeine sind als Grabschaufeln ausgebildet, die in deutliche Krallen ausmünden. Auf dem Speisezettel stehen Engerlinge, Tausendfüsser, Larven, Käfer, Schnecken, aber auch Regenwürmer. Er ist also kein Vegetarier und daher eher nützlich!

Vorbeugung und Bekämpfung: Man sollte hier nicht von Bekämpfen, sondern von Vertreiben sprechen. Dies geschieht am einfachsten, indem man stark riechende Blätter von Nussbäumen oder Thujatriebe in die Gänge schiebt oder Holunder-Jauche in die Gänge giesst. Auch Flaschen, die man nur zum Teil aufrecht in den Boden gräbt und die bei starkem Wind am Hals Pfeiftöne entstehen lassen, vertreiben die Maulwürfe.

△ Haufen des Maulwurfs (Abb. 163a)

▽ Flache Haufen der Schermaus (Abb. 163b)

Hausmäuse

Mus musculus

Schadbild: Die Hausmaus ist im Garten selten eine grössere Plage, hingegen in Vorratsräumen kann sie durch enorme Frasstätigkeit einerseits und die Verunreinigung durch Kot und Urin grosse Schäden verursachen. Sie zernagen mit ihren scharfen Zähnen dabei auch solide Säcke, Karton und selbst auch Holzbretter. Sie können selbst an senkrechten Mauern hochklettern, auch Spaliere und Kletterpflanzen am Haus sind geschätzt.

Ursache: Die Hausmaus ist meist grau bis braun, der Kopf ist zugespitzt und der Schwanz ist so lang wie der Körper. Im Sommerhalbjahr lebt sie meist auf dem Land und kehrt im Spätherbst in Wohnräume oder Ställe zurück. Im Laufe eines Jahres kann sie bis 6 Würfe hervorbringen.

Vorbeugung: Fenster durch feine Drahtmaschengitter abdichten. Allfällige Ritzen und Fugen mit Mörtel ausfüllen. Eine Katze als Haustier halten.

Bekämpfung: Durch Fallen. Weniger geeignet sind Giftköder, da die Mäuse vor dem Sterben oft Ritzen und Löcher aufsuchen, wo sie später einen unangenehmen Gestank entwickeln.

△ Zwei Hausmäuse in einer Gitterfalle (Abb. 163c)

▽ Hausmaus (Abb. 163d)

Erkennungsmerkmale der Schadbilder von Krankheitserregern

Pflanzenkrankheiten

Die Pflanzenkrankheiten werden in die 3 folgenden Gruppen eingeteilt: **Pilzkrankheiten, Bakteriosen und Virosen.**

1. Pilzkrankheiten: Man rechnet, dass heute etwa 300 000 Pilzarten bekannt sind, von denen etwa 10 000 auf die Pflanzen schädigend einwirken können. In unseren Darstellungen haben wir uns nur auf die wichtigsten davon beschränkt.

Lebensweise: Die Pilze besitzen kein Chlorophyll, sie müssen demnach **saprophytisch** ihre Nährstoffe von abgestorbenen Pflanzen beziehen oder, wie es bei erkrankten Pflanzen üblich ist, als **Parasit** in die Pflanzenkörper eindringen. Sie verursachen dabei die bekannten Schädigungen, die in der Folge mit ausgewählten Bildern vorgestellt werden.
Pilze bestehen in der Regel aus einer Vielzahl von Zellfäden (Myzel), die in das Zellgewebe eindringen. Die einzelnen Pilzfäden, die in die Zellen eindringen und den Pflanzen Nährstoffe entnehmen, nennt man **Hyphen**. Nach der Keimung durch **Sporen** entwickelt sich ein Keimschlauch. Dieser dringt entweder durch natürlich vorhandene Öffnungen (Spaltöffnungen, Lentizellen) in den Pflanzenkörper ein oder durch Wunden, die durch Schädlingsbefall, Frost, Hagel oder Arbeit an den Pflanzen (Aufbinden, Pinzieren, Ausbrechen usw.) entstehen.
Einige Pilzerreger sind dazu befähigt, zellwandauflösende Enzyme zu entwickeln, so dass sie direkt durch die unbeschädigte Kutikula und Epidermis eindringen können. Die optimale Keimtemperatur liegt bei den meisten Pilzarten bei 22 bis 25 °C, die Luftfeuchtigkeit bei 90 bis 95 %.
Nach der **Infektionsphase** (inficere = hineintun) folgt die **Inkubation** (incubare = bebrüten). Auch hier wird das Durchdringen der Zellwände durch zellwandspaltende Enzyme erleichtert. An den Enden der Hyphen bilden sich verdickte **Haustorien**, die die Nährstoffe aufnehmen und weiterleiten. Während der Ausbreitung im Inneren der Pflanze erkennt man äusserlich meist noch keine Krankheitssymptome. Die Krankheit wird in der Regel erst mit dem **Ausbruch der Fruchtkörper an der Oberfläche** sichtbar. Oft bilden die Pilzerreger zahlreiche Fruchtkörper **(Konidien)**. An ihnen bilden sich die Sporen. Diese werden durch Wind, Wasser, Kleider und Hände, aber auch durch Schädlinge auf Nachbarpflanzen übertragen, wo sie weitere **Infektionen** auslösen können.

Prophylaxe: Wichtig ist es für den Gärtner, dass er bei drohender Infektion (lange feuchte Klimaperioden) prophylaktisch arbeitet, das heisst, er bringt einen **schützenden Fungizidwirkstoff vor einem möglichen Befall** auf die Pflanzen (besonders auch auf die Blattunterseiten), damit allfällig vorhandene oder auffliegende Sporen beim Keimen an der Oberfläche vernichtet werden. Wir kennen dabei **Aussenpilze** (Echter Mehltau und Russtaupilze), die ihre Myzelien an der Oberfläche ausbreiten, und **Innenpilze**, die in die Pflanzen eindringen und im Zellgewebe parasitisch leben und das Gewebe zum Teil vernichten. Eine weitere Schädigung durch Innenpilze ist durch die Ausscheidung von Toxinen möglich, wodurch sich zum Beispiel bei Sternrusstau die Blätter gelb verfärben und rasch abfallen.

Wirtswechsel: Besonders bei Pilzkrankheiten ist es möglich, dass sie im Laufe des Jahres ihre befallene Wirtspflanze wechseln. Beispiele: Birnengitterrost auf Juniperus, Kiefernblasenrost auf Ribes nigrum, Zwetschgenrost auf Anemonen und andere.

2. Bakteriosen: Bakterien sind winzig klein, in der Grösse um 1 Mikron (1/1000 mm); sie sind einzellig. Bei hoher Wärme vermehren sie sich durch stete Teilung sehr rasch, um 25 bis 30 °C bei Xanthomonas zum Beispiel jede Stunde einmal. Aus einem einzigen Bakterium können sich innerhalb 24 Stunden theoretisch 16 777 216 Stück entwickeln! Bei kühler Witterung verläuft die Vermehrung wesentlich langsamer. Daher ist es von Vorteil, gefährdete Kulturen möglichst kühl und luftig zu halten.
Bakterien dringen meistens durch Wunden in den Pflanzenkörper ein, zum Teil auch durch die Spaltöffnungen oder Lentizellen. Meist werden die Leitungsbahnen durch massenweises Vermehren und Verschleimen verstopft, so dass es oberhalb der Befallsherde zu Welkeerscheinungen und zum Absterben der Pflanzenteile kommt. Bakterien können auch Zellwucherungen auslösen (Wurzelkropf), Nassfäule (Erwinia) oder Feuerbrand bei Obst.
Bakteriosen treten besonders im Zierpflanzenbau oft verheerend auf. So bereitete in den letzten Jahren die bakterielle Welkekrankheit Xanthomonas pelargonii bei Pelargonien in vielen Gärtnereien und in der Folge auch bei Kunden grosse Probleme, indem durch Einkauf von erkrankten Jungpflanzen, durch Krankheitsübertragung durch Messer und auch durch die Verwendung von unsterilem Substrat und Gefässen (Töpfe und Balkonkisten) grosse Ausfälle zu verzeichnen waren. Auch bei Begonia-Elatior-Hybriden ist die sogenannte Ölkrankheit Xanthomonas begonii sehr gefürchtet und bei Kernobst der Feuerbrand.

Hygiene: Da Bakteriosen direkt nicht zu bekämpfen sind, muss im Umgang mit gesunden Pflanzen die grösstmögliche **Hygiene** praktiziert werden. So sind zum Beispiel Stecklingsmesser und andere Werkzeuge mit 70% Äthylalkohol oder 1% MENNO-Florades zu desinfizieren.

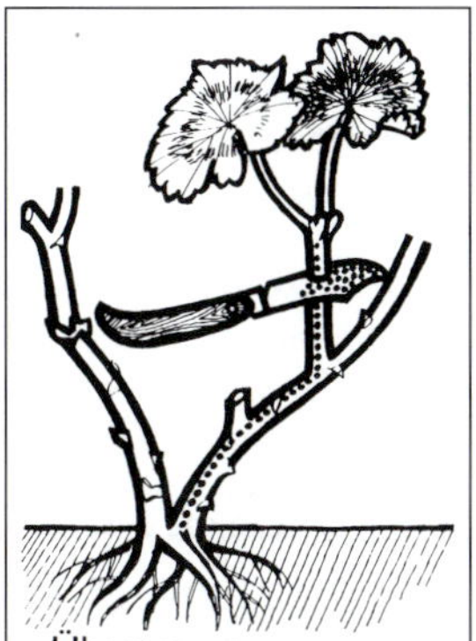

Übertragung

Ansteckung

3. Virosen: Pflanzenpathogene Viren sind von allen die kleinsten Krankheitserreger. Sie können im Ruhezustand stäbchen- bis keulenförmig sein, Grösse nur 200 nm. Viren sind keine selbständigen Organismen, sondern bestehen in der Regel aus einem **Nukleinsäuremolekül (RNS)** und sind mit einer Eiweisshülle umgeben. Um sich vermehren zu können, dringen sie in Pflanzenzellen ein, wo sie den Stoffwechsel der Pflanzen umsteuern, womit es zu den bekannten Deformationen kommt. Im Gegensatz zu den Bakterien vermehren sich Viren ziemlich temperaturunabhängig. Das macht man sich bei der Vermehrung von zum Beispiel Erdbeerjungpflanzen zunutze, indem man die Mutterpflanzen bei möglichst hoher Wärme anbaut. Sie treiben in der Folge rasch Ausläufer aus. Da sich die Viren nicht so rasch vermehren können, sind die Ablegerpflanzen am Ende der Triebe virusarm oder virusfrei. Neuerdings werden Erdbeeren vorwiegend durch Meristeme und Gewebekulturen vermehrt.
Die Übertragung von Pflanze zu Pflanze kann sehr vielfältig erfolgen, vor allem durch Blattläuse und Thripse (90% aller Infektionen), durch Milben, Wanzen, Nematoden oder durch Werkzeuge wie Messer (Stecklingsschnitt) oder Schere (Baumschnitt), durch Propfung, durch parasitische Pflanzen (Cuscuta), sogar durch Blütenpollen (Ringfleckenvirus bei Kirschen) oder durch Samen von befallenen Pflanzen (Bohnenvirus). Das Erscheinungsbild an den verschiedenen Pflanzen ist sehr vielfältig.
Virosen können nicht bekämpft werden, sondern es ist zu beachten, dass die Schädlinge als mögliche Überträger ausgeschaltet werden und dass auch hier **Hygienemassnahmen** unumgänglich sind. M. B.

▽ 4 Pilzkrankheiten an Rosen, von links: Sternrusstau, Rost, Falscher Mehltau und Echter Mehltau (Abb. 165a)

△ Echter Mehltau an Begonia-Elatior-Hybriden (Abb. 166a)
▽ Befall an Begonia-Rex-Hybriden (Abb. 166b)

Echter Mehltau

Erisyphaceae, verschiedene Arten wie Oidium, Microsphaera, Podosphaera, Uncinula, Erysiphe und Phyllactinea.

Schadbild: Auf den Blättern, Stengeln, Stacheln und zum Teil auch auf den Blütenblättern und Früchten weisser, mehlartiger Belag, der sich flächenartig ausbreitet. Bei starkem Befall kann auch die Blattunterseite befallen sein. Wachstumsstörungen und Verkrümmungen der befallenen Teile, die im Extremfall absterben.

Ursache: Das weisse Pilzmyzel verbreitet sich netzartig über die Pflanze. Mit Saugfortsätzen werden die Oberhautzellen angezapft = Nährstoffverlust. Der Echte Mehltau ist ein Aussenpilz, er dringt nicht in tiefere Gewebeschichten ein.

Vorbeugung: Gleichmässige Temperatur, K-betonte Düngung, nicht zu dichter Stand. In Gewächshäusern Schwefel verdampfen.

Bekämpfung: Bei Befall gründlich spritzen. Wirkstoffe siehe Tabellen auf der Seite 293.

Wartezeit: Siehe Tabellen auf den Seiten 266–271.

Wirtspflanzen: Zierpflanzen: Begonien, Dendranthema (Chrysanthemen), Hortensien, Kalanchoe, Rosen, Saintpaulien, Erica gracilis und andere.
Laubgehölze: Acer, Euonymus.
Beeren: Reben, Erdbeeren.
Gemüse: Gurken, Zucchini, Melonen und andere.

Verschiedenes: Spezifischer Pflanzenschutz je nach Pflanzenart beachten.

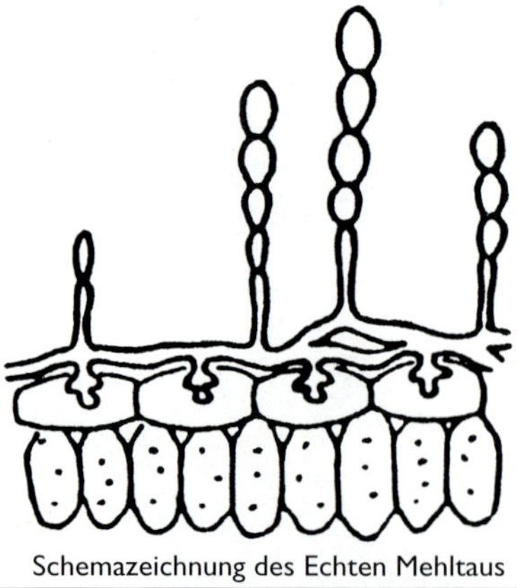

Schemazeichnung des Echten Mehltaus

△ Echter Mehltaubefall an Dendranthema (Abb. 167a)
▽ Befall an Kalanchoe (Abb. 167b)

△ Echter Mehltau an Saintpaulia (Abb. 168a)
▽ Myzel und Konidien (Abb. 168b)

△ Echter Mehltau an Senecio-Cruentus-Hybriden (Abb. 168c)
▽ Echter Mehltau an Lupinen (Abb. 168d)

△ Echter Mehltau an Phlox (Abb. 169a)

▽ Echter Mehltau an Delphinium (Abb. 169b)

△ Echter Mehltau an Mahonien (Abb. 169c)

△ Echter Mehltau an Rosen (Abb. 170a)

△ Echter Mehltau an Rosentrieb und Stachel (Abb. 170c)

▽ Echter Mehltau an Fruchtknoten von Rosen (Abb. 170b)

▽ Echter Mehltau an Rosen (Abb. 170d)

△ Echter Mehltau an Rosentrieb im Winter (Abb. 171a)

△ Echter Mehltau an Ahornblättern (Abb. 171c)

▽ Starker Befall von Echtem Mehltau an Rosen (Abb. 171b)

△ Echter Mehltau an Erdbeerblatt (Abb. 172a)

▽ Echter Mehltau an Gurken (Abb. 172b)

△ Echter Mehltau an Erdbeere (Abb. 172c)

△ Echter Mehltau an Pfirsichblättern (Abb. 173a)
▽ Echter Mehltau an Traubenbeeren (Abb. 173b)

△ Echter Mehltau an Pfirsichfrüchten (Abb. 173c)

Apfelmehltau

Podospaera leucotricha

Schadbild: Nach dem Austrieb sind befallene Triebe und Blätter mit einem weissen mehligen Belag überzogen. Die Blätter rollen sich ein und fallen frühzeitig ab. Bei starkem Befall Eintrocknen der Triebe.

Ursache: Da der Pilz in Knospenschuppen überwintert, zeigt sich ein Befall schon sehr früh. Weil befallene Pflanzenteile dauernd Sporen abgeben, sind laufend Neuinfektionen möglich. Im Spätsommer wachsen Pilzmyzelien in die neuen Knospen hinein. Feuchtwarme Witterung fördert den Befall.

Vorbeugung: Rückschnitt und Verbrennen von befallenen Triebspitzen im Winter und nach dem Neuaustrieb im Frühjahr. Schwefelhaltige Schorfspritzmittel hemmen den Mehltau.

Bekämpfung: Spezifische Apfelmehltaufungizide in kurzen Abständen spritzen. Wirkstoffe siehe Tabellen auf der Seite 293.

Wirtspflanzen: Äpfel, sortenbedingter Befall.

Wartezeit: Siehe in den Tabellen auf der Seite 270.

△ Apfelmehltau an Jungtrieb (Abb. 174a)

▽ Apfelmehltau im Winter (Abb. 174b)

▽ Apfelmehltau, Frühbefall (Abb. 174c)

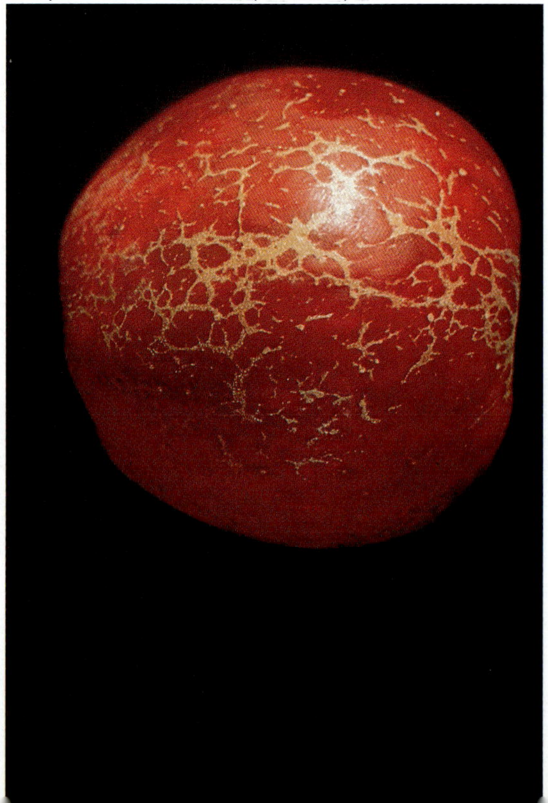

△ Gesunde Äpfel durch gute Pflege (Abb. 175a)
▽ Dahlienentyloma (Abb. 175b)

Dahlien-Blattfleckenkrankheit

Entyloma dahliae

Schadbild: Die Dahlienblätter weisen vor allem im unteren Pflanzenbereich zahlreiche rundliche, gelbe bis hellgrüne Flecken auf, die sich einige Millimeter vergrössern. Diese verfärben sich später graubraun und trocknen ein.

Ursache: Der Pilz Entyloma wird während der Sommermonate bei feuchter Witterung durch Regentropfen und Wind übertragen. Er nistet sich mit Pflanzenresten aus dem Vorjahr im Boden ein, wo er jedes Jahr wieder auftreten kann.

Vorbeugung: Jedes Jahr Standortwechsel. Periodisch in Abständen von 2 bis 3 Wochen Fungizide von unten her aufbringen, um einen Befall zu vermeiden.

Bekämpfung: Bei Befallsbeginn gründliche Spritzbehandlungen mit folgenden Wirkstoffen siehe Tabellen auf den Seiten 266 und 293.

Wirtspflanzen: Dahlien.

△ Falscher Mehltau an Erbsen (Abb. 176a)
▽ Falscher Mehltau an Spinat (Abb. 176b)

Falscher Mehltau

Pernonosporaceae, verschiedene Gattungen

Schadbild: Im Gegensatz zum Echten Mehltau Befall immer nur auf der Blattunterseite, meist weissgrauer bis mausgrauer Schimmelrasen in kompakten Flächen. Auf der Blattoberseite zuerst gelbliche Fleckenbildung, später Verfärbung je nach Pflanzenart in orangerote bis purpurrote Farbtöne. Oft starker Blattfall.

Ursache: Als Innenpilz dringen keimende Sporen durch die Spaltöffnungen ins Schwammgewebe der Blätter, wo sie sich stark ausbreiten und bäumchenartige Sporenträger bilden. Die Überwinterung erfolgt in Form von dickwandigen Dauersporen.

Vorbeugung: Nicht zu dichter Stand, K-betonte Düngung, gute Belüftung und Ventilierung in Kästen oder Gewächshäusern. Schützende Wirkstoffe ausbringen.

Bekämpfung: Gründliches und wiederholtes Spritzen auf die Blattunterseiten. Wirkstoffe siehe Tabellen auf der Seite 293.

Wirtspflanzen: Zierpflanzen: Antirrhinum, Lathyrus, Stiefmütterchen, Rosen. Gemüse: Salat, Kohlarten, Erbsen, Spinat. Tabak. Reben.

Wartezeit: Siehe Tabellen auf den Seiten 266–271.

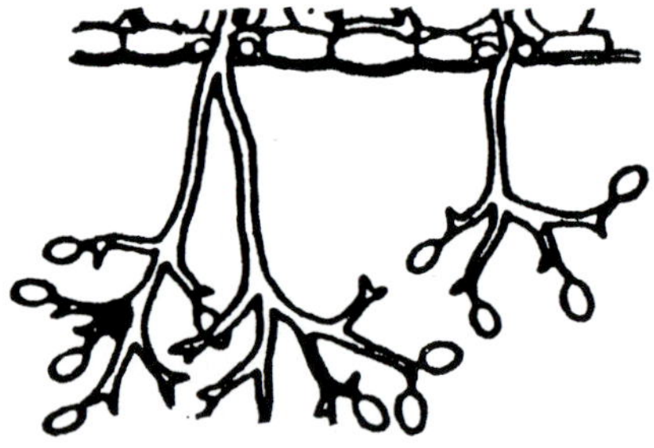

Schemazeichnung der Sporenträger des Falschen Mehltaus

▽ Befall an Antirrhinum (Abb. 176c)

△ Falscher Mehltau an Reben, Blattunterseite (Abb. 177a)

△ Falscher Mehltau an Rosenblatt (Abb. 177c)

▽ Falscher Mehltau an Rosentrieb (Abb. 177b)

△ Falscher Mehltau an Viola (Abb. 178a)

▽ Falscher Mehltau an Viola-Wittrockiana-Hybriden (Abb. 178b)

△ Falscher Mehltau an Gurken (Abb. 178c)

△ Gesundes Gurkenversuchsfeld (Abb. 179a)
▽ Falscher Mehltau, gleiches Feld 4 Wochen später (Abb. 179b)

△ Sternrusstau an Rosen
▽ (Abb. 180a+b)

Sternrusstau
Marssonina rosae

Schadbild: An Rosenblättern schwarze, braune bis violette Punkte, die sich strahlenförmig ausdehnen. In der Folge vergilben die Blätter und fallen ab. Bei starkem Befall totaler Blattverlust und schlechtere Frostresistenz.

Ursache: Der Pilz überwintert auf abgestorbenen Blättern am Boden und an der Rinde. Von Frühjahr bis Sommer bei günstigen Bedingungen Infektion an Jungtrieben von unten her. Begünstigung durch Taubildung oder Regen. In nassen Sommern Befall schon ab Juni. Sortenbedingte Unterschiede.

Vorbeugung: Schnittrosen vor Regenfällen schützen. Frühzeitige Fungizidbeläge an die Blätter bringen, besonders an Blattunterseite, damit Sporen nicht keimen können. Periodische Wiederholungen sind nötig. Weniger anfällige Sorten pflanzen.

Bekämpfung: Bei beginnendem Befall sofort und gründlich spritzen und in Abständen von 7 bis 14 Tagen fortsetzen. Wirkstoffe siehe Tabellen auf den Seiten 266 und 293.

Wirtspflanzen: Rosen.

▽ Sternrusstau an Rosen (Abb. 180c)

▽ Starker Befall an Rosen (Abb. 180d)

Grauschimmelpilz – Botrytis

Botrytis cinerea und andere Arten

Schadbild: An Blättern, Blüten und Früchten braune Faulstellen, die mit einem grauen Pilzrasen überzogen sind. Bei Fuchsien auch Befall am Trieb.

Ursache: Zu enger Stand, zu hohe Luftfeuchtigkeit, zu geringe Luftbewegung und N-betonte Düngung fördern diesen Schwächepilz. Infektionsbeginn vorzugsweise auf jungen oder geschwächten Pflanzen, besonders bei Niederschlagsbildung. Die Pilzmyzelien dringen in das Gewebe ein und zerstören es = Faulen der befallenen Pflanzenteile. An dünnen Konidienfäden bilden sich zahlreiche Sporen.

Vorbeugung: Pflanzen periodisch durchputzen, weiterstellen und vorsichtig giessen, damit sie nicht lange nass bleiben. Heizen, lüften, ventilieren und K-betonte Düngung.

Bekämpfung: Spritzen mit Wirkstoffen aus den Tabellen auf der Seite 293.

Wirtspflanzen: Zierpflanzen: Begonien, Dendranthema (Chrysanthemen), Cyclamen, Fuchsien, Cyclamen, Geranien, Kalanchoe, Erica gracilis, Rosenblüten und andere.
Obst und Beeren: Erdbeeren und andere.
Gemüse: Verschiedene Gemüsearten.

Wartezeiten: Siehe in den Tabellen auf den Seiten 266–271.

Besonderes: Nicht zu verwechseln mit der Graufäule (Sclerotium) siehe Seite 220.

▽ Botrytis an Kalanchoe (Abb. 181a)

△ Botrytis an Tulpen
▽ (Abb. 181b+c)

▽ Botrytis-Befall an Cyclamen (Abb. 181d)

△ Botrytisbefall an Pelargonium-Zonale-Hybriden
▽ (Abb. 180c+d)

△ Botrytisbefall an Rosenblüte (Abb. 182a)
▽ Botrytisbefall an Dendranthemablüte (Abb. 182b)

△ Botrytisbefall an Erdbeeren (Abb. 183a)

△ Botrytis, Myzel und Konidien (Abb. 183c)

▽ Botrytisbefall an Traubenbeeren (Abb. 183b)

▽ Befall an Rebentrieb (Abb. 183d)

△ Rost an Rosen, orangegelbe Sommersporen (Abb. 184a)

▽ Rost mit dunklen Wintersporen (Abb. 184b)

Rostkrankheiten

Uredinae, meist die Gattungen Puccinia, Uromyces, Phragmidium, Melampsora und Gymnosporangium.

Schadbild: An der Blattunterseite von verschiedenen Wirtspflanzen zuerst punktförmige, rostbraune bis dunkelbraune Pusteln, die sich zu grösseren Ringen bis Flecken ausdehnen. Auf der Blattoberseite gelbliche Flecken, später beim Absterben der befallenen Gewebeteile braune Flecken.

Ursache: Die braunen Pusteln sind die Sporenträger des Rostpilzes. Mittels Saugfortsätzen entzieht der Pilz den Zellen Nährstoffe = Schwächung der Pflanzen bis Totalverlust.

Vorbeugung: In Intervallen von 10 bis 14 Tagen während des Wachstums vorbeugende Spritzbeläge aufbringen, damit Sporen nicht keimen können. Wirkstoffe siehe Tabellen auf der Seite 293.

Bekämpfung: Gründliches Spritzen auch auf die Blattunterseiten. Wirkstoffe siehe Tabellen auf der Seite 293.

Wirtspflanzen: Fuchsien, Geranien, Löwenmaul, Nelken, Rosen, Malven, Hypericum und andere. Bohnen, Zwetschgen und andere.

Wartezeit: Siehe Tabellen auf den Seiten 266–271.

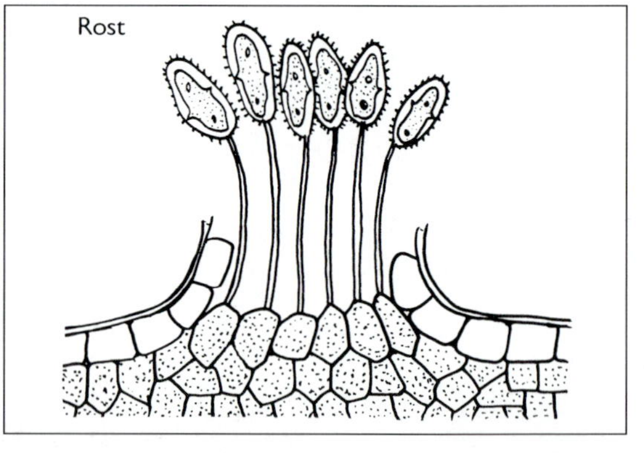

▽ Rost an Rosenblattstiel (Abb. 184c)

△ Rost an Senecio-Cruentus-Hybriden (Abb. 185a)
▽ Befall an Pelargonium-Zonale-Hybriden (Abb. 185b)

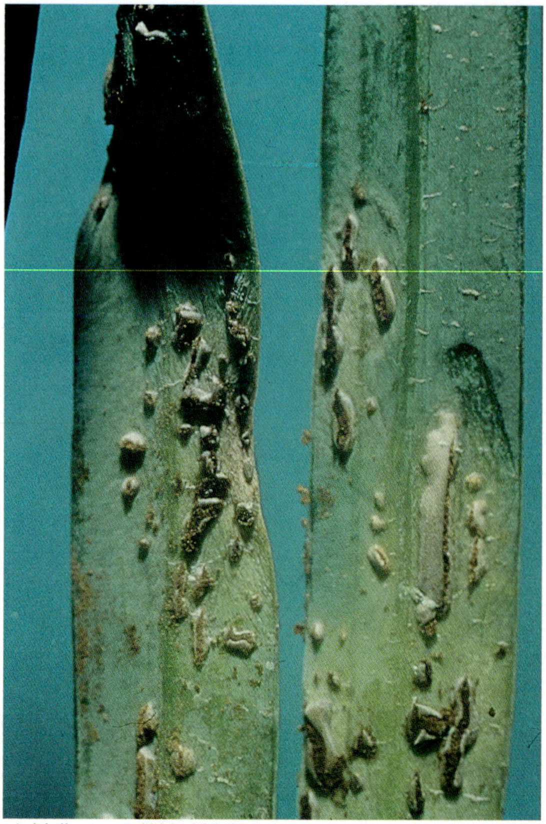

△ Nelkenrost (Abb. 186a)
▽ Nelkenrost an Dianthus barbatus (Abb. 186b)

△ Nelkenrost (Abb. 186c)

△ Rost an Fuchsia-Hybriden (Abb. 187a)
▽ Rost-Befall an Anemone coronaria (Abb. 187b)

△ Rost-Befall an Paeonienblatt (Abb. 187c)
▽ Rost-Befall an Rasen (Abb. 187d)

△ Rostbefall an Schnittlauch (Abb. 188a)
▽ Rost an Stangenbohnen (Abb. 188b)

△ Rost an Stangenbohnen (Abb. 188c)

Weisser Chrysanthemenrost

Puccinia horiana

Schadbild: Auf der Blattoberseite bis 5 mm grosse gelbe Flecken, auf der Blattunterseite weissgraue Pusteln. Bei starkem Befall Einrollen der Blätter. Die Pflanzen sind unverkäuflich.

Ursachen: Die Sporen überdauern längere Zeit an organischen und anorganischen Materialien. Die Pusteln entlassen eine Vielzahl von Sporen, die sich rasch ausbreiten. Durch hohe Luftfeuchtigkeit wird die Neuinfektion gefördert. Übertragung durch Wind, Kleider, Verdunkelungsfolien und anderes.

Vorbeugung: Alle 2 bis 3 Wochen Fungizide auch auf Blattunterseiten spritzen. Durch Lüften, Ventilieren und anderes für bessere Klimabedingungen sorgen. K-betonte Düngung.

Bekämpfung: Bei Befall ist eine Bekämpfung schwierig. Systemische Fungizide zeigen noch den besten Erfolg. Wirkstoffe siehe Tabellen auf den Seiten 266 und 293.

Wirtspflanzen: Dendranthema (Chrysanthemen).

△ Weisser Chrysanthemenrost
▽ (Abb. 189a+b)

Birnengitterrost
Gymnosporangium sabinae

Schadbild: Auf der Blattoberseite anfänglich gelbe, später leuchtendorangerote runde Flecken. Auf der Blattunterseite gelbliche bis braune Auswüchse = Befallsstellen des Gitterrostes.

Ursache: Der Pilz überwintert auf dem Zwischenwirt der Gattung Juniperus. Bei günstiger feuchter Witterung gelangen die Sporen durch Wind an die Birnbäume, wo sie an der Blattunterseite keimen.

Vorbeugung: Entfernen und Verbrennen aller möglichen Zwischenwirtspflanzen wie Juniperus sabina und Kulturformen der J. chinensis und J. virginiana. Stark befallene Blätter ablesen und verbrennen. Einsammeln der Blätter im Spätherbst. Ab Blütenbeginn bis Ende Mai (je nach Witterung und Klima) in Abständen von 10 bis 14 Tagen spritzen mit einem geeigneten Schorfbekämpfungsmittel gemäss Tabelle auf der Seite 270. Dabei die Blattunterseiten gut benetzen!

Bekämpfung: Wiederholte Behandlungen bis Ende Mai mit Wirkstoff auf der Seite 293.

Wirtspflanzen: Birnen im Wechsel mit Juniperus.

Wartefrist: Siehe in den Tabellen auf der Seite 270.

△ Gitterrost an Birnenblatt
▽ (Abb. 190 a + b)

▽ Gitterrost, Detail (Abb. 190 c)

Juniperusgitterrost
Gymnosporangium sabinae

Schadbild: An Zweigen und dicken Trieben spindelförmige Verdickungen, aus denen besonders bei feuchter Witterung im Frühjahr die Sporen als gelblichbraune, dickschleimige Masse austreten. Oft bilden sich grössere blasenartige, braune Ausstülpungen.

Ursache: Der Pilz ist wirtswechselnd. Ausgehend von verschiedenen Juniperusarten besiedeln die Sporen im Frühjahr die Blätter der Birnen und lösen dort den Birnengitterrost aus.

Vorbeugung: Gründliche Kontrolle besonders nach feuchter Witterung, wo die gelben Schleimsporen deutlich sichtbar werden.

Bekämpfung: Befallene Pflanzenteile oder ganze Bestände verbrennen, damit die Birnen in der Umgebung nicht befallen werden.

Wirtspflanzen: Juniperus sabinae, J.-chinensis-Sorten, J. virginiana, nicht aber J. communis 'Hibernica'.

△ Gitterrost an Juniperus
▽ (Abb. 191 b + c)

▽ Gitterrost an Juniperus (Abb. 191 a)

▽ Gitterrost an Juniperus (Abb. 191 d)

Kiefernrindenblasenrost

Cronartium flaccidum

Schadbild: An Zweigen und Ästen, besonders bei Verzweigungen, treten an der Rinde gelblichrote, bis 15 mm lange Rostsporenlager auf. Die blasenartigen Befallsstellen sind verharzt. Bei starkem Befall Absterben der Triebe erst nach Jahren.

Ursache: Der Rostpilz ist wirtswechselnd zwischen 5nadeligen Kiefern und Ribes nigrum. Die Infektion erfolgt im Herbst über die Nadeln. Die typische Blasenbildung erscheint oft erst 2 bis 3 Jahre nach einem Befall = sehr langsamer Verlauf der Krankheit = lange Inkubationszeit.

Vorbeugung: Sorgfältige Kontrolle auf gesunde Pflanzen beim Einkauf.

Bekämpfung: Erkrankte Pflanzen oder Astteile verbrennen. Die Pflanzenart, auf die der Wirt wechselt, jeweils mehrmals mit Mancozeb spritzen.

Wirtspflanzen: Pinus strobus, P. lambertiana, P. montana und Ribesarten.
Wirtswechsel mit Ribes nigrum (Schwarze Johannisbeere).

△ Rindenblasenrost
▽ (Abb. 192a+b)

Ramularia-Blattfleckenkrankheit
Ramularia primulae

Schadbild: An Blättern von verschiedenen Primelarten eckige bis kreisrunde gelbe Flecken, die mit dem Absterben der Gewebepartien braun bis schwarz werden. Der Befall konzentriert sich auf den Herbst/Winter. Bei kühlfeuchter Witterung blattunterseits weissgrauer Pilzrasen, durch den Sporen freigesetzt werden.

Ursache: Hohe Luftfeuchtigkeit und kühle Temperaturen sowie enger Stand der Pflanzen fördern einen Befall. Der Befall konzentriert sich auf den Herbst/Winter bis ins Frühjahr bei kühlfeuchtem Klima.

Vorbeugung: Ab Sommer gründlich auch von unten her gefährdete Pflanzen mit einem Fungizid versehen. Vorsichtig giessen, damit Pflanzen rasch abtrocknen.

Bekämpfung: Bei ersten Befallserscheinungen sofort auch auf die Blattunterseiten Spritzbehandlungen durchführen. Wirkstoffe siehe Tabellen auf den Seiten 266 und 293.

Wirtspflanzen: Primula vulgaris, P.-Elatior-Hybriden, P. malacoides und andere.

△ Ramularia an Primula malacoides (Abb. 193a)
▽ Ramularia an Primula vulgaris (Abb. 193b)

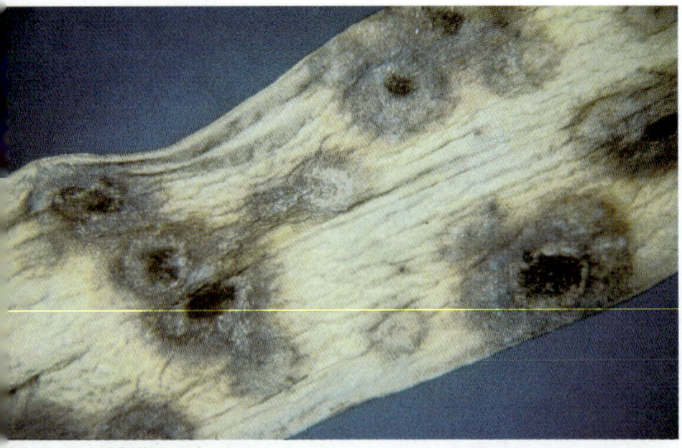

△ Nelkenschwärze
▽ (Abb. 194a+b)

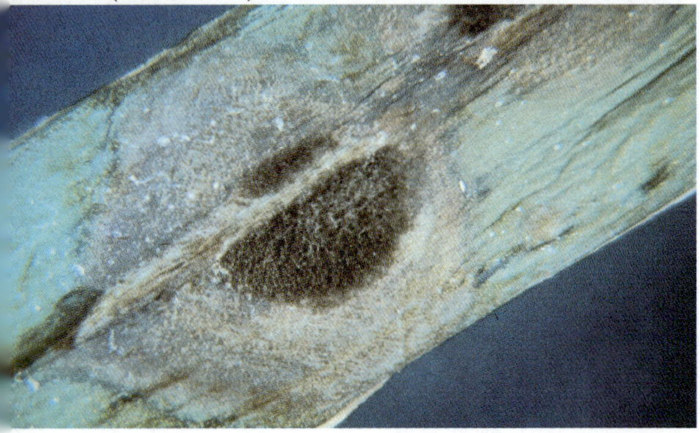

Nelkenschwärze

Heterosporium echinulatum

Schadbild: An Blättern, Trieben und Kelchen unregelmässig grosse, hellgraue bis schwarze Flecken mit oft dunkelroter Umrandung. Später dunkelgrüner bis schwarzer Pilzrasen mit Sporenbildung.

Ursache: Durch die Sporenbildung ist eine rasche Ausbreitung durch Wind und anderes möglich. Bei verseuchten Kulturen grosse Ausfälle.

Vorbeugung: In allen Kulturstadien Kulturen gründlich mit Fungiziden gegen Infektionen schützen. Erde dämpfen, zu hohe Wärme und Feuchtigkeit meiden.

Bekämpfung: Stark befallene Pflanzen verbrennen. Gründliche Spritzbehandlungen. Wirkstoffe: Kupfer, Mancozeb, Triforin.

Wirtspflanzen: Verschiedene Nelkenarten.

▽ Nelkenschwärze an Dianthus carthusianorum (Abb. 194c)

Macrosporium-Blattfleckenkrankheit

Macrosporium pelargoni

Schadbild: An älteren Geranienblättern bis zu 10 mm grosse dunkelgrüne Flecken mit überhöhten Randzonen. Später braune Flecken und Eintrocknen der Blätter.

Ursache: Der Pilz befällt vor allem Geranienblätter, wo er seuchenartig auftreten kann. Auch junge Blätter werden nicht verschont.

Vorbeugung: Gesunde Jungpflanzen zukaufen. Schützende Beläge auf die Blattober- und -unterseite ausbringen. Vorsichtig giessen, damit die Pflanzen rasch abtrocknen.

Wirtspflanzen: Alle vorkommenden Pelargonienarten. Sortenbedingte Anfälligkeit.

△ Macrosporiumbefall an Pelargonium
▽ (Abb. 195b+c)

▽ Macrosporiumbefall an Pelargonium (Abb. 195a)

Schwarz- oder Dürrfleckenkrankheit

Alternariaarten

Schadbild: Zuerst in Bodennähe ringförmige, graubraune bis schwarze Flecken an den Blättern, die in der Folge rasch einsinken und eintrocknen. Auch Früchte (Tomaten), Knollen (Kartoffeln) oder Wurzeln (Karotten) können befallen werden. Bei starkem Befall grössere Ausfälle.

Ursache: Der Pilz überwintert in Ernterückständen des Vorjahres oder wird durch infiziertes Saatgut übertragen. Die Konidien dringen durch Wunden oder Frassstellen in die Pflanzen ein und verbreiten sich bei nasser Witterung stark.

Vorbeugung: Ab Juni vermehrte Kontrolle und von unten her Spritzbehandlungen mit Fungiziden. Bei Tomaten Mulchschicht auf dem Boden, um Pilzübertragungen vom Boden her zu verhindern.

Bekämpfung: Gründliche Spritzbehandlungen. Wirkstoffe siehe Tabellen auf der Seite 293.

Wirtspflanzen: Zierpflanzen: Dendranthema (Chrysanthemen), Dianthus (Nelken), Senecio (Zinerarien) und andere.
Gemüse: Bohnen, Karotten, Tomaten, Kartoffeln, Kohlarten, Mangold und andere.

Wartezeit: Siehe in den Tabellen auf den Seiten 266–271.

△ Alternaria an Helleborus (Abb. 196a)

▽ Alternariabefall an Kohlblatt (Abb. 196b)

▽ Alternariabefall an Mangold (Abb. 196c)

△ Alternariabefall an Delphinium (Abb. 197a)
▽ Alternariabefall an Karotten (Abb. 197b)

Septoria-Blattfleckenkrankheit

Septoriaarten

Schadbild: An Blättern graubraune Flecken mit schwarzem Randsaum. In der Fleckenmitte schwarze Punkte. Eintrocknen der Blätter und Blattfall. Bei Azaleen rötlichgelbe Flecken. Bei Erdbeeren eingetrocknete weisse Flecken, daher auch der Begriff «Weissfleckenkrankheit».

Ursache: Begünstigung durch zu hohe Luftfeuchtigkeit. Die Sporen keimen dann rasch.

Vorbeugung: Durch Ventilation, Lüftung und/oder Heizen bessere Klimaverhältnisse schaffen. Pflanzen sollen nach dem Giessen rasch abtrocknen. Zu dichten Pflanzenstand vermeiden. Vorbeugende Fungizide aufbringen.

Bekämpfung: Gründliche Spritzbehandlungen. Wirkstoffe siehe Tabellen auf der Seite 293.

Wirtspflanzen: Anthurium, Dendranthema (Chrysanthemen), Phlox, Rhododendron simsii (Azaleen), Erdbeeren, Sellerie und andere.

Wartezeit: Siehe in den Tabellen auf den Seiten 266–271.

△ Septoriabefall an Sellerie (Abb. 198a)
▽ Septoriabefall an Erdbeeren (Abb. 198b)

△ Septoriabefall an Dendranthema (Abb. 199a)

△ Septoriabefall an Azaleenblatt (Abb. 199c)

▽ Septoriabefall an Phlox paniculata (Abb. 199b)

△ Frühschorf an Äpfeln (Abb. 200a)

Schorf an Äpfeln und Birnen

Apfel: Venturia inaequalis
Birnen: Venturia pirina

Schadbild: Sortenbedingt sehr unterschiedlicher Befall. Der Pilz befällt Blätter, Früchte und auch Jungtriebe und Blütenstiele. An den Früchten anfänglich kleine Flecken, die sich rasch ausbreiten und im Sommer tiefe Risse bilden. An den Blättern dunkelbraune bis graue, filzige Flecken, später Blattfall.

Ursache: Überwinterung des Pilzes an abgefallenen Blättern. Bei nassem Frühlingswetter werden Sporen freigesetzt = Neuninfektionen.

Vorbeugung: Wahl von weniger anfälligen Obstsorten und Verzicht auf anfällige Sorten. Vorbeugende Fungizidbehandlungen bei kritischer Witterung.

Bekämpfung: Behandlung vor Niederschlägen. Schutzwirkung während der Blattnassperiode und unmittelbar danach. Wirkstoffe siehe Tabellen auf der Seite 293.

Wirtspflanzen: Birnen, Äpfel, dabei sortenbedingte Unterschiede. Besonders anfällig sind: 'Golden Delicious', 'McIntosh' und andere.

Wartezeit: Siehe in den Tabellen auf der Seite 270.

△ Frühschorf an Blatt und Blütenstiel
▽ (Abb. 200b + c)

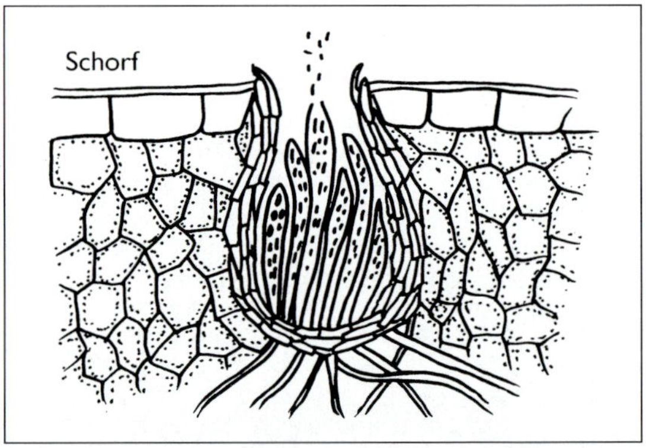

▽ Schorf an Blatt (Abb. 200d)

△ Ahornschorf (Abb. 201a)

△ Schorfbefall an Kartoffeln (Abb. 201c)

▽ Gesunde und verschorfte Äpfel (Abb. 201b)

Schrotschusskrankheit

Clasterosporium carpophilum/
Omphalospora beijerinckii

Schadbild: An den Blättern rotumrandete runde Flecken, die später eintrocknen und herausfallen. Die Blätter scheinen wie mit Schrotschusskugeln durchlöchert. Zum Teil werden auch die Früchte befallen, die schwarze, eingefallene Flecken aufweisen.

Ursache: Die Konidien dieses Pilzes überwintern an Trieben und an hängengebliebenen mumifizierten Früchten. Von hier werden die Neuaustriebe von Frühjahr bis Sommer wieder befallen.

Vorbeugung: Sorgfältiges Ablesen von verbleibenden faulen Früchten und hängenden Blättern.

Bekämpfung: Austrieb- und Vorblütenspritzungen. In nassen Sommern auch Nachblütenspritzung auf die Blätter. Wirkstoffe siehe Tabellen auf den Seiten 266–271 und 293.

Wirtspflanzen: Pfirsiche, Aprikosen, Zwetschgen, Pflaumen, Kirschen, Kirschlorbeer, Zierprunus.

Wartezeit: Siehe in den Tabellen auf den Seiten 266–271.

△ Schrotschuss an Kirschenzweig (Abb. 202a)
▽ Schrotschuss an Kirschlorbeer (Abb. 202b)

△ Schrotschussbefall an Kirschen
▽ (Abb. 203 a+b)

Pfirsichkräuselkrankheit

Taphrina deformans

Schadbild: Während des Austriebes sind die Pfirsichblätter blasig ausgestülpt und weissgrau bis rötlich gefärbt. Die befallenen Blätter trocknen ein und fallen später ab. Bei starkem Befall folgt auch Fruchtfall.

Ursache: Der Pilz überwintert in Knospenschuppen. Der Befall erfolgt bei feuchter Witterung vor dem Öffnen der Knospen im Ruhestadium.

Vorbeugung: Der Befall ist oft sortenbedingt. In gefährdeten Lagen sollten weniger anfällige Sorten gewählt werden.

Bekämpfung: Gründliche Spritzungen vor dem Schwellen der Knospen Ende Februar bis März. Bei niederschlagsreicher Witterung nach 10 bis 14 Tagen wiederholen. Wirkstoffe siehe Tabellen auf der Seite 293.

Wirtspflanzen: Pfirsich, sortenbedingt unterschiedlicher Befall.

Wartezeit: Siehe in den Tabellen auf der Seite 270.

△ Kräuselkrankheit an Pfirsich
▽ (Abb. 204a + b)

Krautfäule

Phytophthora infestans

Schadbild: An Blättern von Kartoffeln und Tomaten unregelmässig grosse, graugrüne Flecken, die später braun werden und eintrocknen. An Kartoffelknollen eingefallene Flecken. Tomatenfrüchte werden schwarzbraun und faulen.

Ursache: Zur Infektion ist nassfeuchtes Klima bei 15 °C förderlich. Nach den Blättern werden auch Knollen oder Früchte befallen. Befall auch auf Zierpflanzen = Stammfäule.

Vorbeugung: Ab Mitte Juni intensivierte Kontrolle und vorbeugende Behandlung mit Fungiziden. Eine Mulchschicht auf dem Boden verhindert das Übertragen des Erregers vom Boden her. Untere Blätter bei Tomaten entfernen und Regenschutz.

Bekämpfung: Wirkstoffe aus den Tabellen auf der Seite 293.

Wirtspflanzen: Kartoffeln, Tomaten. Bei Saintpaulia, Gloxinien = Stammfäule.

Wartezeit: Siehe in den Tabellen auf den Seiten 266–271.

△ Phytophthora an Saintpaulia (Abb. 205b)

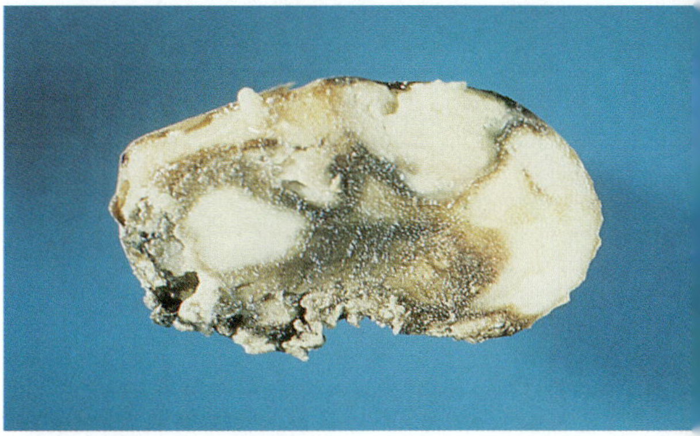

△ Phytophthora an Kartoffeln

▽ (Abb. 205c + d)

▽ Phytophthora an Tomaten (Abb. 205a)

△ Heterosporium an Iris (Abb. 206a)
▽ Roter Brenner an Hippeastrumhybriden (Abb. 206b)

Irisblattbrand

Heterosporium gracile

Schadbild: An den Blättern von Irisarten und verwandten Gattungen und Arten der Iridaceae unregelmässig zerstreut kleinere bis grössere Flecken, die anfänglich gelblich durchscheinen, später aber graubraun werden und dunkel umrandet sind. Bei starkem Befall Absterben der Blätter.

Ursache: Nasse Witterung und feuchtes Klima im Freiland und im Gewächshaus fördern den Befall. Auch sollen P- und Ca-Mangel den Befall stimulieren. Je nach Art und Sorte unterschiedlich starker Befall.

Vorbeugung: Für mässig trockenes Klima im Gewächshaus sorgen (lüften, ventilieren, heizen). Frühzeitig und vorbeugend geeignete Wirkstoffe aufbringen. Bodenanalysen und nach Bedarf P- und Ca-Korrekturen.

Wirtspflanzen: Neben Irisarten auch Gladiolen, Freesien, Hemerocallis und auch Narzissen.

Roter Brenner

Stagonospora curtisii

Schadbild: An Blütenschäften, Zwiebelschuppen und Blütenhüllblättern rote Flecken bis lange Linien, die an der Pflanze oft starke Missbildungen und Risse verursachen. Der Schaft ist meist verkürzt und gekrümmt. Bei starkem Befall auch Faulstellen.

Ursache: Der Erregerpilz wird mit den Zwiebeln übertragen. Die Sporenbehälter entlassen viele Sporen, die sich bei Wärme (22 bis 25 °C) und hoher Feuchtigkeit rasch entwickeln.

Vorbeugung: Warmwasserbad während $2^1/_2$ Stunden bei 43 bis 44 °C tötet vor dem Pflanzen die Sporen ab. Während der Anzucht kranke Pflanzenteile und stark befallene Zwiebeln vernichten.

Wirtspflanzen: Hippeastrum, Narzissen, Schneeglöcklein und andere Amaryllidaceen.

Samtfleckenkrankheit an Tomaten

Cladosporium fulvum

Schadbild: Auf der Blattoberseite vorerst gelbliche, unregelmässige Flecken. Blattunterseits an den Befallsstellen zuerst ein grüner, später ein brauner, samtartiger Myzelbelag mit starker Sporenbildung.

Ursache: Eine hohe Luftfeuchtigkeit, verbunden mit Temperaturen bis 20 °C, fördert die Infektion und Ausbreitung dieser Krankheit, höhere Temperaturen hemmen sie. Übertragung durch Wind, Insekten sowie durch Kleider und Hände bei der Arbeit.

Vorbeugung: Sehr gute Lüftung und gleichmässige Temperaturgestaltung mit möglichst geringer Luftfeuchtigkeit im Bereiche von 60%. Hitzestaus vermeiden! Kalibetonte Düngung.

Bekämpfung: Frühzeitige gründliche Spritzbehandlungen auch auf die Blattunterseiten. Wirkstoffe siehe Tabellen auf der Seite 293.

Wirtspflanzen: Tomaten, besonders im Gewächshaus.

Wartezeiten: Siehe in den Tabellen auf den Seiten 267–268.

△ Samtflecken an Tomaten
▽ (Abb. 207b + c)

▽ Samtflecken an Tomaten (Abb. 207a)

▽ Samtflecken an Tomaten (Abb. 207d)

Russtaupilze (Schwärzepilze)

Diverse Apiosporumarten

Schadbild: Auf den Blättern, Stielen, Sprossen und Blüten schwarze, dichte Pilzgeflechte, die jeweils auf der Oberseite grosse Flächen bedecken können. Die Assimilation der Pflanzen ist dadurch gehemmt und die Pflanzen werden unansehnlich.

Ursache: Immer sind Schadinsekten wie Blattläuse, Schildläuse, Weisse Fliegen und andere verantwortlich, die einen klebrigen Honigtau ausscheiden, der auf den darunterliegenden Pflanzenteilen haftet. Dies ist der Nährboden für verschiedene Russtauarten. Russtaupilze dringen nicht in das Pflanzengewebe ein = Aussenpilze.

Vorbeugung: Insektizidbehandlungen bei Bedarf, damit die Voraussetzungen ausgeschaltet werden. Der Nützlingseinsatz mit lebenden Organismen aus der Tabelle auf den Seiten 30–39 bringt einen guten Erfolg.

Bekämpfung: Insekten bekämpfen.

△ Russtaupilze an Tomaten (Abb. 208a)
▽ Russtaupilze an Fatsia japonica (Abb. 208b)

Ohrläppchenkrankheit

Exobasidium azaleae
Exobasidium vaccinii

Schadbild: Die jungen Blättchen oder auch Blütenblätter an Azaleen verdicken sich fleischig und verfärben sich blassgrün. Im Endstadium weisser, mehliger Sporenbelag und starke Verkrüppelungen.

Ursache: Der Pilz lebt im Pflanzengewebe. Besonders in der Treiberei werden die zarten Nebentriebe befallen.

Vorbeugung: Vorbeugende fungizide Schutzbeläge anbringen. Die verdickten Gallen vor der Ausbildung neuer Sporen (weisser Belag) ablesen.

Bekämpfung: Befallene Pflanzenteile vor der Sporenbildung (weisser Belag) sorgfältig auskneifen. Wirkstoffe siehe Tabellen auf den Seiten 266 und 293.

Wirtspflanzen: Rhododendron simsii, aber auch Rh. mollis und Rh.-Catawbiense-Hybriden.

△ Befall an Rhododendron simsii
▽ (Abb. 209a + b)

▽ Ohrläppchenkrankheit an Rhododendron-Catawbiense-Hybriden (Abb. 209c)

Föhren- oder Kiefernschütte

Lophodermium pinastri, Dorthistroma pini

Schadbild: Vor allem an jüngern Kiefern werden die Nadeln zunächst braungefleckt, später trocknen sie ein und fallen ab. Der Neuaustrieb ist nicht gefährdet, aber es entstehen Kahlstellen. Typisch für einen Befall sind die rotbraunen Bänder an den Nadeln, die zum Teil verdickt sind.

Ursache: An den schwielenförmigen schwarzen Sporenlagern der abgefallenen Nadeln bilden sich zahlreiche Sporen, die neue Nadeln befallen. Nach nassen Jahren oft epidemisches Auftreten.

Vorbeugung: Gute Bodenpflege, Unkrautbeseitigung, Düngung, einzelne Befallstriebe beim ersten Auftreten ausschneiden und verbrennen.

Bekämpfung: Wirkstoffe siehe Tabellen auf den Seiten 266 und 293.

Wirtspflanzen: Pinusarten, vor allem P. mugo, P. sylvestris, P. nigra, P. cembra und P. banksiana.

△ Föhrenschütte
▽ (Abb. 210a + b)

▽ Schadenbild der Föhrenschütte (Abb. 210c)

Rotfadenpilz oder Rotspitzigkeit im Rasen

Laetisaria fuciformis/Corticum fuciforme

Schadbild: Vor allem in den Sommermonaten bei feuchtwarmen Klimabedingungen sowie bei trockenem Boden entstehen in älteren Rasenflächen 7 bis 10 cm grosse, zuerst helle, dann rötliche Stellen. Zwischen und an den Gräsern entwickelt sich ein gallertähnliches, rosarotes bis später blassrosafarbenes, flaumiges Pilzgeflecht. Der Rasen stirbt nicht ab, aber er bleibt geschwächt.

Ursache: Vernachlässigte und wenig mit Stickstoff versorgte Rasenflächen sind für diesen Schwächepilz sehr anfällig. Auch eine schlechte Bodendurchlüftung und langandauernde Trockenheit sind sehr förderlich.

Vorbeugung: Den Rasen fleissiger schneiden, den Boden vertikutieren und auch N-betont düngen.

Wirtspflanzen: Rasen, dabei vor allem feine Ziergrasarten.

△ Rotspitzigkeit im Rasen (Abb. 211a)

Schneeschimmel im Rasen

Fusarium nivale, Calonectria graminicola

Schadbild: Im Frühjahr nach der Schneeschmelze zeigen sich Kahlstellen im Rasen. Diese sind von einem weissen bis rosafarbenen Myzel überzogen.

Ursache: Der Pilz breitet sich unter der Schneedecke auf den Blättern aus, besonders wenn der Rasen vor dem Schneefall nicht mehr geschnitten wurde und daher übereinander liegt.

Vorbeugung: Den Rasen im Spätherbst auf mittlere Höhe schneiden.

Bekämpfung: Es sind keine Fungizide ausgewiesen.

Wirtspflanzen: Rasenflächen im Garten, in Golf- und Sportplätzen.

△ Schneeschimmel im Rasen
▽ (Abb. 211b+c)

Blattfleckenkrankheit
Ascochytaarten

Schadbild: Bei Dendranthema (Chrysanthemen) am Spross, an Blättern und Blüten anfänglich kleine, braunschwarze Flecken, die sich später ausdehnen. Dadurch sterben Blätter und Blütenteile ab, sie werden schwarz. Der Saftzustrom ist unterbrochen und die befallenen Pflanzenteile welken, so dass auch ganze Triebe absterben können. An anderen Pflanzenarten nur Befall der Blätter.

Ursache: Der Pilz befällt die Pflanzen besonders bei dichtem Stand, N-betonter Düngung und feuchter Witterung. Er überwintert zum Teil im Boden, teils an Pflanzenrückständen. Verschleppung durch Stecklinge und Jungpflanzen.

Vorbeugung: Standortwechsel oder Dämpfen der Substrate oder Beetflächen, K-betonte Düngung und nicht zu dichter Stand der Pflanzen = bessere Durchlüftung.

Wirtspflanzen: Dendranthema-Grandiflora-Hybriden, Zinnia und andere.

△ Ascochyta an Dendranthematrieb (Abb. 212a)

▽ Befall an Spross und Blüten (Abb. 212b)

▽ Befall an Blütenstand (Abb. 212c)

△ Ascochytabefall an Zinnien (Abb. 213a)
▽ Rotpustelpilz (Abb. 213b)

Rotpustelpilz
Nectria cinnabarina

Schadbild: Einzelne Äste von Laubgebölzen sterben plötzlich ab. An den Befallsstellen zeigen sich auf der abgestorbenen Rinde zuerst gelblichrote, später dunkelrote Pusteln.

Ursache: Der Pilz infiziert die Pflanzen durch Sporen, die durch Wind, Tiere oder Werkzeuge übertragen werden. Das sich bildende Myzel wächst in der gesunden Rinde und tötet sie ab, worauf die Pusteln entstehen.

Vorbeugung: Vermeiden von extremen Bedingungen wie Trockenheit, Staunässe, Streusalz, Wurzelschäden, Bodenverdichtungen. Wunden mit Wundverschlussmitteln abdichten.

Bekämpfung: Ausschneiden und Verbrennen von einzelnen befallenen Ästen oder Zweigen und sofort mit Wundverschlusspasten verstreichen. Nach Hagelschlag und anderen mechanischen Verletzungen sofort spritzen. Wirkstoffe: aus den Tabellen auf den Seiten 266–271 und 293.

Wirtspflanzen: Laubgehölze wie Acer, Aesculus, Amelanchier, Carpinus, Crataegus, Fagus, Fraxinus, Malus, Robinia, Tilia, Ulmus und andere.

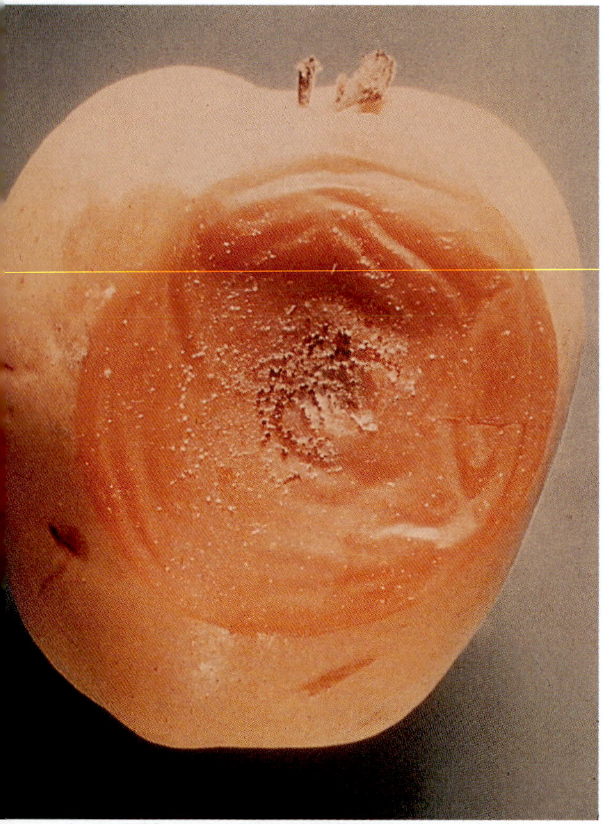

Bitterfäule

Gloeosporium album und andere Arten

Schadbild: In der Einlagerung an Äpfeln braune eingesunkene Faulstellen. Die Früchte schmecken in der Folge recht bitter und sind ungeniessbar. An Zweigen und am Stamm der Bäume oft krebsartige Wunden. An Kalanchoepflanzen ringförmige braune Flecken, diese trocknen ein oder faulen.

Ursache: Der Pilz überwintert am Baum und befällt während der Entwicklungszeit der Äpfel die Früchte.

Bekämpfung: Vor allem bei Lagersorten Spätspritzungen mit geeigneten Fungiziden, um ein Keimen der Sporen auf den Früchten zu verhindern. Wirkstoffe siehe Tabellen auf den Seiten 266–271 und 293.

Wartezeit: Siehe in den Tabellen auf den Seiten 266–271.

Wirtspflanzen: Äpfel, Kalanchoe.

△ Gloeosporium an Apfel (Abb. 214a)
▽ Gloeosporium an Kalanchoe (Abb. 214b)

Brennfleckenkrankheit

Colletotrichum lindemuthianum, Mycocentrospora

Schadbild: Vorwiegend auf Buschbohnen auftretende Pilzkrankheit. Die Hülsen weisen runde, eingesunkene Flecken auf. Später werden auch die Blätter befallen: braune Flecken, die später eintrocknen. Bei Primula weisen sowohl der Wurzelhals als auch die Wurzeln eine rote Färbung auf.

Ursache: Der Pilz ist meistens schon am Samen, der dann schmutzig grau bis braun gefleckt ist. Oft wird der Pilz auch von Stauden des Vorjahres übertragen.

Vorbeugung: Fruchtwechsel beachten. Saatgut gründlich mit Fungiziden beizen (Nassbeize). Kranke Pflanzen nach der Ernte verbrennen.

Bekämpfung: Im Frühstadium spritzen, später sind chemische Behandlungsmassnahmen problematisch. Wirkstoffe siehe Tabellen auf den Seiten 266–271 und 293.

Wirtspflanzen: Buschbohnen, seltener Stangenbohnen, Gurken, Kartoffeln, Stiefmütterchen und Primeln.

Wartezeit: Siehe in den Tabellen auf den Seiten 266–271.

△ Colletotrichum an Viola (Pensees) (Abb. 215c)

△ Colletotrichum an Kartoffel (Abb. 215a)

▽ Colletotrichum an Bohne (Abb. 215b)

△ Starker Befall an Primula vulgaris

▽ (Abb. 215d+e)

△ Himbeerrutenkrankheit (Abb. 216a)
▽ Rutenkrankheit an Brombeere (Abb. 216b)

Himbeerrutenkrankheit

Didymella applanata, Leptosphaeria coniothyrium und andere

Schadbild: Ab Mai bis Juni bilden sich an Jungtrieben rötlichbraune bis violette Flecken, besonders in Knospennähe. Durch das Eindringen des Pilzes in tiefere Gewebeschichten platzt die Rinde auf und die Ruten sterben ab.

Ursache: Der Pilz lebt im Boden und gelangt durch Erdspritzer bei Regenfällen an die oberen Rutenteile. Er dringt durch Rindenrisse und Verletzungen in die Ruten ein und überwintert dort.

Vorbeugung: Sofort nach der Ernte Ruten ebenerdig abschneiden. Durchlässigen und humosen Boden wählen. Von Vorteil Kultur auf Hügelbeeten in reichlich humoser Erde. Mulchen mit organischem Material oder Gründüngung, damit keine Erdkrümel an die Ruten gelangen. Vorbeugende Fungizidbehandlungen.

Bekämpfung: Frühzeitig spritzen mit Wirkstoffen aus den Tabellen auf den Seiten 271–293.

Wirtspflanzen: Himbeeren, vereinzelt auch Brombeeren.

Wartezeit: Siehe Tabellen auf der Seite 271.

Monilia-Fruchtfäule

Auch Blüten- und Zweigdürre
Moniliaarten

Schadbild: Befallene Früchte von Kern- und Steinobst zeigen kleine Flecken bis Faulstellen, die rasch um sich greifen. Mit zunehmender Ausbreitung ringförmig angeordnete, graubraune Pilzkörper auf den Faulstellen der Früchte. Bei starkem Befall oft Spitzendürre der Zweige.

Ursache: Im folgenden Frühjahr Verbreitung durch hängengebliebene Früchte an den Bäumen, wo reichlich Sporen ausgeschleudert werden. Überwinterung der Sporen auch in Rinden und Knospenschuppen. Insektenbefall fördert den Moniliabefall. Die Sporen werden auch durch den Wind auf Blüten übertragen.

Vorbeugung: Befallene Triebe bereits im Sommer ausschneiden. Im Herbst nach der Fruchternte alle verbleibenden, faulenden Früchte entfernen und vernichten. Blattläuse frühzeitig bekämpfen. Dürre Zweige ausschneiden.

Bekämpfung: Blüten- und Zweigdürre: Mit Wirkstoffen aus den Tabellen auf den Seiten 266–271 und 293 behandeln.

Wirtspflanzen: Äpfel, Birnen, Quitten, Zwetschgen, Pflaumen, Kirschen, Aprikosen, Pfirsiche. Zierprunus, Forsythia und andere.

Wartezeit: Siehe Tabellen der Seiten 266–271.

△ Moniliafruchtfäule an Birne (Abb. 217b)

▽ Monilia an Apfelzweig (Abb. 217a)

△ Blüten- und Fruchtmonilia an Aprikosen (Abb. 217c)

▽ Befall an Kirschen (Abb. 217d)

Rhizoctonia-Fusskrankheit

Rhizoctonia solani

Schadbild: Vom Boden her aufsteigend befällt der Pilz den Spross mit einem Myzel, das sich durch die Rinde nach oben ausdehnt. Am Fuss oft Faulstellen und am Spross helle Flecken, die später einfallen und eintrocknen.

Ursache: Der Pilz befällt die Pflanzen sporadisch bei ungünstigen Witterungs- oder Kulturbedingungen wie einseitige N-Düngung, zu grosse Nässe, zu kühl, unharmonische Düngung und anderes.

Vorbeugung: Optimale Kulturführung. Desinfektion der Standflächen und des Bodens mit Dampf oder chemisch mit Dazometprodukten.

Bekämpfung: Einzelne befallene Pflanzen entfernen und vernichten.

Wirtspflanzen: Euphorbia pulcherrima, Kalanchoe, Kartoffeln, Zinnia und andere. Bei Aussaaten = Vermehrungspilz.

△ Rhizoctonia an Euphorbia pulcherrima
▽ (Abb. 218a+b)

▽ Befall an Kalanchoe (Abb. 218c)

▽ Befall an Kartoffeln (Abb. 218d)

Schwarzbeinigkeit

Phoma lingam und auch die Erregerpilze Fusarium, Pythium und Rhizoctonia

Schadbild: Sämlinge oder Stecklinge fallen um und sterben ab. Die Stengelbasis ist meist schwarz bis dunkelgrün verfärbt, eingefallen und ganz oder teilweise faul.

Ursache: Für dieses Krankheitsbild sind oft mehrere Ursachen verantwortlich, wie unsterile Erde, zu dichte Saat, zuwenig Luft, zu hohe Boden- und Lufttemperaturen, zu feine Erde beim Aussäen und anderes.

Vorbeugung: Gebeiztes Saatgut verwenden, sterile Erde, Desinfektion der Aussaatgefässe. Nicht zu dichte Saat, genügend lüften, früh pikieren oder eintopfen, Abdecken der Aussaaten mit Perlite oder Grobsand, damit die Oberfläche rasch abtrocknet und dem Pilz keine Lebenschance bleibt. Aussaaten nach der Keimung sofort kühler stellen.

Bekämpfung: Bei feuchter Erde Saatgefässe giessen oder abbrausen mit Produkten gegen pathogene Bodenpilze. Wirkstoffe aus den Tabellen auf den Seiten 266–271 und 293 einsetzen.

Wirtspflanzen: Begonien, Dendranthema (Chrysanthemen), Cyclamen, Löwenmaul. Viele Gemüsearten wie Kohlarten, Gurken.

Wartezeit: Siehe in den Tabellen auf den Seiten 266–271.

△ Schwarzbeinigkeit an Kohlpflanze (Abb. 219a)
▽ Verticilliumwelke an Dendranthema (Abb. 219b)

Welkekrankheit

Verticillium alboatrum, V. dahliae

Schadbild: Die Blätter welken von unten her und hängen schlaff herunter. Sie verfärben sich gelb, rot bis braun und trocknen ein. Die oberen Pflanzenteile werden nur noch reduziert ausgebildet, die Blütenfarbe ist blass. Aufkommen nach Schönwetterperioden.

Ursache: Der Pilzerreger wächst vom Boden her mittels langer Myzelien in die Leitungsbahnen und bringt die Pflanze zum Absterben.

Vorbeugung: Gründliche Bodendesinfektion oder Standortwechsel. Zukauf von gesunden Jungpflanzen, sauberes Giesswasser. Hitzestaus fernhalten durch Lüften usw.

Bekämpfung: Eine direkte Bekämpfung ist nicht möglich. Stark befallene Pflanzen vernichten.

Wirtspflanzen: Dendranthema (Chrysanthemen), Pelargonien, Nelken, aber auch Kern- und Steinobstarten.

△ Kabatinabefall an Chamaecyparis (Abb. 220a)

Kabatina-Zweigsterben

Kabatina juniperi, Kabatina thujae

Schadbild: Zuerst werden die Blattschuppen befallen, später verfärben sich Triebe und Zweige gelbbraun bis braun. Befall meist nur im Spitzenbereich der Jungtriebe. Die erkrankten Pflanzenteile sind zu den älteren, gesunden Partien scharf abgegrenzt. Kranke Zweige brechen leicht ab. An der Rinde schwarze, ovale Sporenlager.

Ursache: Die Pilzarten werden durch Sporen von Wind und Regen übertragen.

Vorbeugung: Befallene Pflanzenteile im gesunden Holz ausschneiden und verbrennen. Verwendete Schnittwerkzeuge desinfizieren.

Wirtspflanzen: Thujaarten, Juniperus- und Chamaecyparisarten.

△ Sclerotiniagraufäule an Tulpen (Abb. 220b)

▽ Befall an Karotten (Abb. 220c)

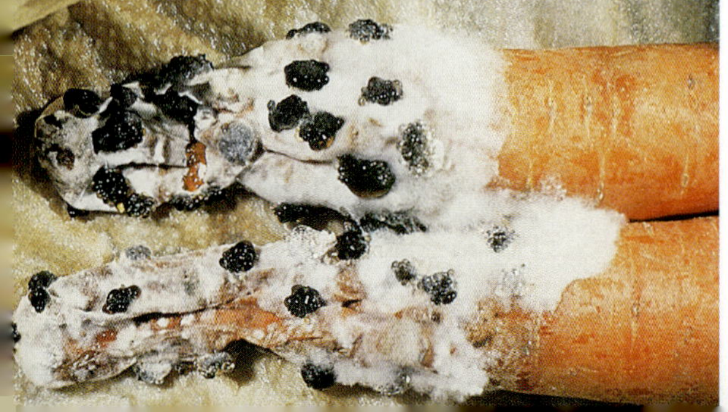

Graufäule

Sclerotiumarten

Schadbild: Sclerotiumpilze treten an verschiedenen Pflanzenarten auf, das Schadbild ist dabei unterschiedlich. Bei Tulpenzwiebeln faulen die Triebe, an den Zwiebeln bildet sich ein pelzartiger grauer Schimmelrasen, die Speicherblätter trocknen ein.

Ursache: Der Pilz befällt die Zwiebeln vom Boden her. Die Dauerkörper können jahrelang im Boden lebensfähig sein. Kühlfeuchtes Klima fördert den Pilz.

Vorbeugung: Standortwechsel beim Pflanzen und im Einschlag von Töpfen und Kisten. Befallene Zwiebeln vernichten. Bodendesinfektion mit Wirkstoffen aus den Tabellen der Desinfektionsmittel.

Bekämpfung: Blumenzwiebeln vor dem Pflanzen beizen.

Wirtspflanzen: Tulpen, Hyazinthen, Narzissen, Iris, Liatris und andere. Forsythia, Koniferenarten. Karotten, Salat, Zwiebeln.

Wartezeit: Siehe Tabellen auf den Seiten 266–271 und 293.

△ Sclerotiniabefall an Blaufichte (Abb. 221a)

△ Sclerotiniabefall an Speisezwiebeln (Abb. 221c)

▽ Sclerotiniabefall im Salatbeet (Abb. 221b)

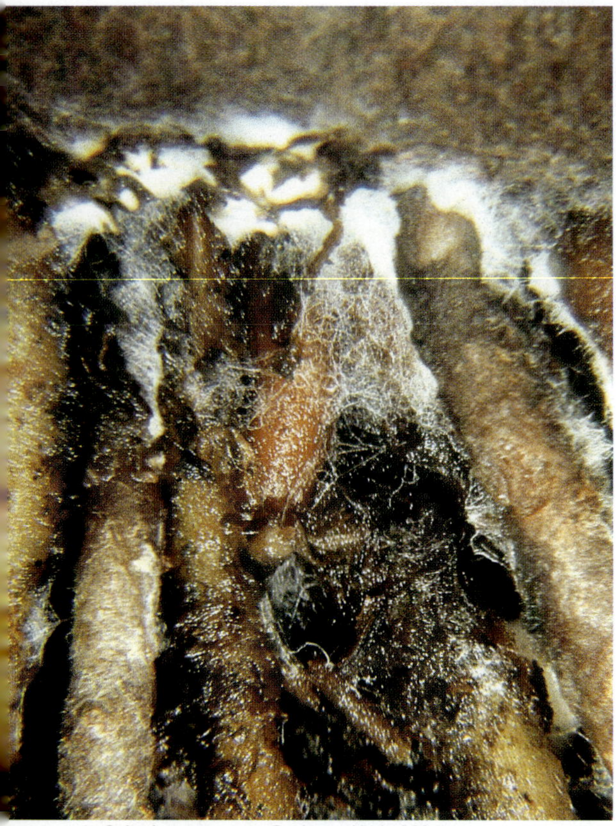

△ Cylindrocarpon an Cyclame (Abb. 222a)
▽ Vorbildliche Wundbehandlung (Abb. 222b)

Wurzel-, Knollen- und Stengelgrundfäule

Cylindrocarpon radicola

Schadbild: Faulstellen an der Basis von Blattstielen, Blütenstielen und an Knollen selbst. Die Blätter und Blüten knicken ein, das Knollenfleisch ist braun.

Ursache: Der Pilz befällt die Pflanzen vom Boden her. Er lebt vorzugsweise in den äusseren Gewebeschichten.

Vorbeugung: Gute Wachstumsbedingungen. Erde dämpfen. Kranke Pflanzen ausmerzen.

Wirtspflanzen: Cyclamen, Erica gracilis und andere.

Obstbaumkrebs

Nectria galligena

Schadbild: An Zweigen und Ästen, teilweise auch am Stamm eingetrocknete Stellen, die am Rande oft stark überwallen. Bei starkem Befall können Zweige welken und absterben.

Ursache: Der Obstbaumkrebspilz wird durch Konidien mittels Regen übertragen. Meist sind vorhandene Wunden (unsachgemässes Arbeiten beim Baumschnitt) die Eintrittspforten. Bei kühlem Wetter von Herbst bis Winter bilden sich rote Fruchtpusteln. Das Myzel überwintert im Boden oder an den Befallsstellen.

Vorbeugung: Keinesfalls mit Jauche oder anderen N-haltigen Düngern im Obstgarten arbeiten. Bei Wunden gegen Infektionen Wundverschlusspaste aufbringen.

Bekämpfung: Stark befallene Zweige oder Äste unterhalb der Befallsstellen sauber abschneiden. Bei Befallsbeginn den Infektionsherd sauber ausschneiden und mit Wundverschlusspaste ausstreichen. Krankes Material verbrennen, denn totes Holz kann noch 2 Jahre lang Sporen absondern.

Wirtspflanzen: Äpfel, Birnen.

△ Obstbaumkrebs, starker Befall
▽ (Abb. 223a + b)

Fusarium-Fusskrankheit

Fusarium oxysporium, F. oxysporium ssp. dianthi

Schadbild: Zuerst vergilben alte Blätter, später welken sie und sterben ab. Welkeerscheinungen vom Boden her aufsteigend, bei Nelken bilden sich an Blatt- und Blütenstielen rosafarbene Pilzgeflechte und rote Sporenlager. Absterben der Pflanzen.

Ursache: Die Pilzmyzelien verstopfen die Leitungsbahnen. Infektion auch über Wunden beim Nelkenschnitt. Befall zuerst an geschwächten Pflanzen. Verseuchte Erde.

Vorbeugung: Erde gründlich dämpfen. Bei Nelken sind hochstehende Bankbeete mit Bodenabschluss vorteilhaft. Nur gesunde Jungpflanzen kaufen und Kulturhygiene.

Bekämpfung: Keine chemische Bekämpfung möglich.

Wirtspflanzen: Cyclamen, Nelken, Kakteen, Sommerastern (Asternwelke), Zinerarien und andere. Karotten, Kartoffeln, Petersilie.

△ Fusariumbefall an Karotten (Abb. 224a)

▽ Fusariumbefall an Kartoffel (Abb. 224b)

▽ Fusariumbefall an Petersilien (Abb. 224c)

△ Fusariumbefall an Pelargoniumtrieb (Abb. 225a)
▽ Fusariumbefall an Callistephus chinensis (Abb. 225b)

△ Fusariumbefall an Pelargonium-Zonale-Trieb (Abb. 225c)
▽ Fusariumbefall an Kaktus (Abb. 225d)

Welke- oder Vergilbungskrankheit
Phialophora cinerescens

Schadbild: An Nelken sind die Triebspitzen rötlich marmoriert bis gefleckt. Die Pflanzen welken vom Boden her aufsteigend. Befall von Pflanze zu Pflanze = grosse Ausfälle bei Nelkenkulturen.

Ursache: Der Pilz befällt zurst die Wurzeln und dringt dann in die Leitungsbahnen ein. Geschwächte Pflanzen werden bevorzugt.

Vorbeugung: Entseuchte Erde und Standortwechsel. Wurzeln nicht beschädigen bei Bodenlockerungsarbeiten. K-betonte Düngung. Gesunde und getestete Jungpflanzen zukaufen.

Wirtspflanzen: Nelkenkulturen.

△ Welkekrankheit bei Edelnelken
▽ (Abb. 226a + b)

Rhododenron-Knospensterben

Pycnostysanus azaleae

Schadbild: Die sich entwickelnden neuen Blütenknospen bleiben zurück, sie verfärben sich braun bis grauschwarz und sind mit zahlreichen, borstigen Sporenbehältern überzogen. Die eingetrockneten Knospen können jahrelang an den Pflanzen verbleiben und so neue Infektionen ermöglichen. Blätter und Triebe werden nicht befallen.

Ursache: Die Pilzsporen werden meist durch die Rhododendronzikade von Pflanze zu Pflanze übertragen. Auch Wind und Regen sind im Nahbereich nicht auszuschliessen. Die Sporen keimen unter den Knospenschuppen, wo sie gut geschützt sind. Dort werden auch die Eier der Zikaden von April bis September abgelegt.

Vorbeugung: Die befallenen Knospen frühzeitig ausschneiden und verbrennen. Aufhängen von gelben Leimfallen. Kupferhaltige Mittel vorbeugend in die Knospen spritzen.

Bekämpfung: Eine direkte Bekämpfung ist schwierig, da die Zikaden sehr beweglich sind und immer wieder fortfliegen, daher sind Lockfallen neben Insektiziden das beste Mittel. Wirkstoffe siehe Tabellen Seiten 272–275.

Wirtspflanzen: Rhododendronarten, vor allem die Rh.-Catawbiense-Hybriden.

△ Rhododendron-Zikaden (Abb. 227a)

▽ Sporenbehälter auf Blütenknospe (Abb. 227b)

▽ Knospensterben an Rhododendron (Abb. 227c)

△ Pythiumstammfäule (Abb. 228a)
▽ Wurzelbrand an Kakteen (Abb. 228b)

Pythium-Wurzelfäule

Pythium splendens

Schadbild: Verbreitete Pilzkrankheit, die oft zusammen mit Fusarium, Rhizoctonia und anderen auftreten kann. Die Pflanzen wachsen schlecht, welken, vergilben und sterben ab. Die Wurzeln sind dabei faul und braun vermorscht.

Ursache: Pythiumpilze sind lange Zeit im Boden lebensfähig. Schwächeparasit. Voraussetzungen: zu feine Erde, zuwenig Bodenluft, zu nass, falscher pH-Wert und anderes.

Vorbeugung: Ideale Voraussetzungen schaffen. Beimischen von Styromull zur Erde, gründliche Desinfektion der Aussaat-, Vermehrungs- und Kultursubstrate. Allgemeine Hygiene!

Bekämpfung: Stark befallene Pflanzen ausmerzen. In feuchter Erde giessen mit Wirkstoffen aus den Tabellen auf den Seiten 266–271 und 293.

Wirtspflanzen: Anthurium, Azaleen, Kalanchoe, Geranien, Gerbera, Cyclamen, Euphorbia pulcherrima und andere.

▽ Pythiumbefall an Gerbera (Abb. 228c)

Wurzelbräune
Thielaviopsis basicola

Schadbild: Ältere Blätter an Befallspflanzen vergilben von unten her, und das Wachstum ist gehemmt. Die Wurzelballen sind braun, die Wurzeln faul und morsch.

Ursache: Der Pilz lebt an abgestorbenen Pflanzenresten im Boden, von wo er in die Wurzeln eindringt. Dabei werden neue Sporen gebildet. Zu feines Substrat und Nässe fördern den Befall.

Vorbeugung: Substrat desinfizieren. Keine Nässebildung durch durchlässiges Substrat. Nur gut verrotteten Kompost als Substratzusatz verwenden. In Kunststofftöpfen 10 bis 15 % Styropor- oder Perlitezusatz zum Substrat beimischen.

Bekämpfung: Giessen bei feuchten Erdballen. Wirkstoffe siehe Tabellen auf den Seiten 266–271 und 293.

Wirtspflanzen: Cyclamen, Poinsettien und andere.

△ Wurzelbräune an Euphorbia pulcherrima
▽ (Abb. 229a +.b)

▽ Gesunde und Kranke Cyclamenwurzeln (Abb. 229c)

Kohlhernie oder Kropfkrankheit

Plasmodiophora brassicae

Schadbild: Befallene Kohlpflanzen bleiben zurück und verkümmern, bei sonniger Witterung welken die Pflanzen. An den Wurzeln fingerdicke bis faustgrosse Gewebewucherungen.

Ursache: Der Pilz überwintert im Boden aus Vorjahreskulturen oder wird durch infizierte Setzlinge eingeschleppt. Das befallene Wurzelgewebe zerfällt und stinkt. Dabei werden eine Unmenge von Dauersporen freigesetzt. In sauren Böden und nach Frischmistgaben ist ein Befall begünstigt.

Vorbeugung: Unbedingter Fruchtwechsel. Auf befallenen Flächen mindestens 4 bis 5 Jahre keine Kohlarten pflanzen oder Cruciferen als Gründüngungspflanzen wählen. pH-Korrektur mit Kalkgaben (gebranntem Kalk).

Bekämpfung: Substrate zur Jungpflanzenanzucht und verseuchte Kulturflächen mit Dampf sterilisieren.

Wirtspflanzen: Kohlgewächse = Cruciferen.

△ Kohlhernie
▽ (Abb. 230a + b)

Lagerfäule

Penicillium sp.

Schadbild: Auf den braunen Faulstellen von Kernobst blaugrüne bis tiefblaue Pusteln. An Gladiolenknollen braune Faulstellen beim Wurzelansatz.

Ursache: Es handelt sich um einen Pilzbefall, der durch mechanisch zugefügte Wunden an den Früchten ausgelöst wurde, wie Kratzen durch Astzweige im Wind, Einstiche durch Schadinsekten und anderes.

Vorbeugung: Um spätere Lagerschäden zu vermeiden, ist sorgfältiges Ernten der Früchte äusserst wichtig. Gute Baumpflege mit lockerem Kronenaufbau gehört dazu sowie richtiger Erntezeitpunkt und keine Überreife im Lager, daher zur richtigen Genusszeit die Früchte verzehren.

Bekämpfung: Lagerspritzungen vor der Einlagerung.

Wirtspflanzen: Äpfel, Birnen, Quitten und auch Gladiolen.

△ Penicillium an Apfel (Abb. 231a)

▽ Penicilliumbefall an Gladiolenknollen (Abb. 231b)

Hexenringe

Verschiedene Ständerpilzarten

Schadbild: Meist in Ringen oder Bändern in Rasen- oder Grasflächen. Das Gras ist an den Befallsstellen meist dunkelgrün. Ständerpilze, die bei feuchter Witterung von Sommer bis Herbst oft sehr dicht auftreten.

Ursache: Die Verbreitung der Pilze geschieht durch Sporen, die aus den Fruchtkörpern massenweise austreten. Von einem Punkt ausgehend wandern die Ringe oder Bänder nach aussen weiter.

Vorbeugung: Vermeiden von lange liegenden Grasresten oder Altholz im Boden (Baumstrünke mit Wurzeln), die die Voraussetzung für das Gedeihen dieser Pilze bieten.

Bekämpfung: Für gute Wachstumsbedingungen, wie z. B. Düngung, Wasserversorgung und regelmässiger Schnitt, sorgen. Keine Fungizide ausgewiesen.

Wirtspflanzen: Rasenflächen und Graswiesen.

△ Hexenringe

▽ (Abb. 231c+d)

Ölfleckenkrankheit an Begonia-Elatior
Xanthomonas begoniae

Schadbild: Bei Elatiorbegonien blattunterseits ölige Flecken, die später braun werden und eintrocknen.

Ursache: Die winzig kleinen Bakterien vermehren sich bei zunehmender Wärme sehr rasch. Infolge Schleimbildung Verstopfung der Leitungsbahnen, was zum Welken und Absterben der Blätter führt. Eintritt über Wunden.

Vorbeugung: Hygienische Massnahmen wie sterile Erde, Töpfe, Stellflächen. Desinfektion des Messers mit 70% Alkohol. Abgiessen der Stellflächen mit Florades. Gesunde Jungpflanzen kaufen.

Bekämpfung: Eine direkte Bekämpfung ist nicht möglich.

Wirtspflanzen: Begonia-Elatior-Hybriden.

△ Bakteriose an Begonia-Elatior-Hybriden (Abb. 232a)
▽ Symptome an den Blättern (Abb. 232b)

Blatt- und Stengelbakteriose an Pelargonien

Xanthomonas pelargoni

Schadbild: Bei Geranien welken die jungen Blätter, später trocknen sie ein und fallen bei geringster Berührung ab. Am Spross bräunlich durchscheinende Leitungsstränge. Bei starkem Befall Faulstellen mit austretendem orangerotem Saft = Bakterienschleim.

Ursache: Winzig kleine einzellige Erreger, die sich bei hoher Wärme rasch vermehren. Verdoppelung innerhalb 30 bis 60 Minuten = mehrere Millionen aus einem Bakterium innerhalb eines Tages. Oft totaler Zusammenbruch der Pflanzen bei warmem Wetter. Eintritt nur über Wunden, Faulstellen oder Wurzeln möglich.

Vorbeugung: Hygienische Massnahmen wie sterile Erde, Töpfe, Stellflächen. Desinfektion der Stecklingsmesser mit 70 % Äthylalkohol. Bekämpfen von Schadinsekten, die Bakterien übertragen können. Stecklingsschnitt über dem Knoten = nur eine Wunde statt 4 bis 5 Wunden unterhalb des Knotens.

Abgiessen der Stellflächen mit MENNO-Florades (siehe Seite 312). Vermehrungssubstrate vor dem Stecken desinfizieren. In Balkonkisten keine zu leichten Erdsubstrate verwenden. Mindestens 50 % Lehmerdeanteil! Kalibetonte Düngung. Hitzestaus im Gewächshaus durch gute Lüftung vermeiden!

Bekämpfung: Eine direkte Bekämpfung mit chemischen Produkten ist nicht möglich.

Wirtspflanzen: Pelargonienarten.

△ Schwarze Befallsstellen am Spross (Abb. 233b)

▽ Welkeerscheinung (Abb. 233c)

▽ Blattbakteriose an Pelargonium (Abb. 233a)

△ Welkeerscheinung an Pelargonien
▽ (Abb. 234a + b)

△ Stammfäule bei starkem Befall (Abb. 234c)
▽ Kranke Mutterpflanzen (Abb. 234d)

△ Fluoreszenztest: gesund (Abb. 235a)

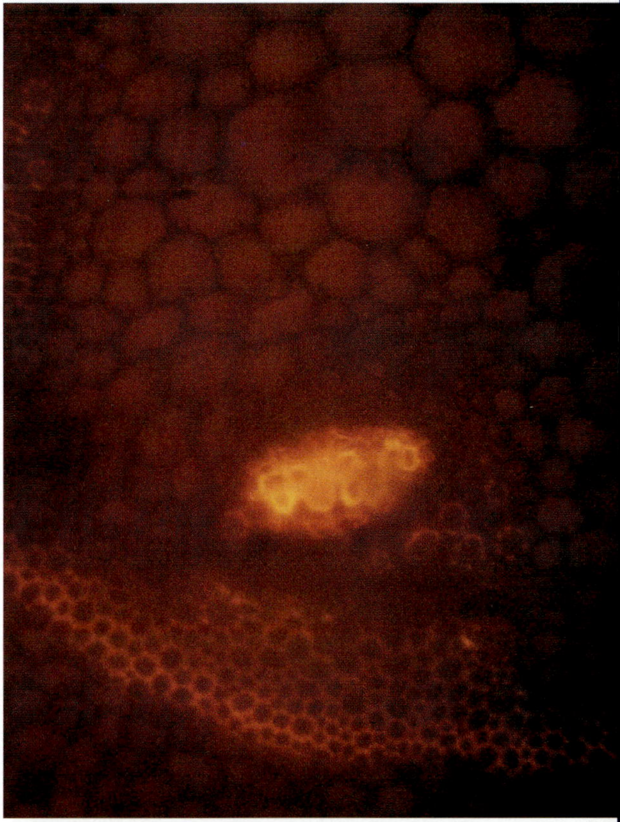

△ Fluoreszenztest: Leitungsbahnen sind verstopft (Abb. 235b)

▽ Wurzelkropf an Dendranthema (Abb. 235c)

Bakterienkrebs

Corynebacterium fascians

Schadbild: Am Stengelgrund bilden sich kropfartige hellgrüne Zellwucherungen, hervorgehend aus Nebensprossen oder schlafenden Knospen. Die Pflanzen werden dadurch geschwächt und kümmern.

Ursache: Die Bakterien dringen vom Boden her durch Wunden in die Pflanze ein. Sie lösen eine extrem starke Zellvermehrung aus. Infektionen können auch durch Messer, Insekten und unsauberes Giesswasser ausgelöst werden.

Vorbeugung: Sterile Erde, Leitungswasser, neue Töpfe verwenden. Ausschneiden von befallenen Basistrieben. Messer mit 70 % Äthylalkohol desinfizieren.

Bekämpfung: Eine direkte Bekämpfung ist nicht möglich.

Wirtspflanzen: Asparagus densiflorus, Begonien, Brombeeren, Dendranthema (Chrysanthemen), Erika, Geranien, Rosen und andere.

△ Bakterienkrebs an Erica gracilis (Abb. 236a)
▽ Bakterienkrebs an Brombeere (Abb. 236b)

△ Wurzelkropf bei Begonia-Lorraine (Abb. 236c)
▽ Bakterienkrebs an Rosen (Abb. 236d)

Rindenbrand

Pseudomonas morsprunorum

Schadbild: Auf den Blättern bilden sich durchscheinende Flecken, die später zu grösseren braunvioletten Nekroseflecken eintrocknen. An der Rinde vorerst runde, etwas eingesunkene braune Flecken mit späteren Anschwellungen. Die Zweig- und Astpartien über den Befallsstellen sterben in der Folge schlagartig ab.

Ursache: Die Übertragung dieser Bakterienkrankheit erfolgt während des Sommers über die Spaltöffnungen von Blatt zu Blatt, später auch über Wunden an der Rinde. Die Bakterien überwintern in und an der Rinde, von wo sie im nächsten Jahr wieder die Blätter und Äste befallen. Oft bildet sich auch Gummifluss an den Befallsstellen.

Vorbeugung: Im Herbst während und nach dem Blattfall und im Frühjahr bei Austrieb vorbeugend mit Kupfer spritzen, damit vorhandene Bakterien an der Oberfläche nicht eindringen können.

Bekämpfung: Ausschneiden der Befallsstellen und verbrennen derselben.

Wirtspflanzen: Steinfrüchte wie Kirschen, Pflaumen, Aprikosen und andere.

△ Rindenbrand an Kirschbaum (Abb. 237b)

▽ Rindenbrand an Kirschbaum (Abb. 237a)

▽ Rindenpfropfung = gesunder Neuaustrieb (Abb. 237c)

△ Befall an Birnbaumzweig (Abb. 238a)
▽ Aufgeschnittene Astnekrose an Apfelbaum (Abb. 238b)

Feuerbrand
Erwinia amylovora

Schadbild: Diese gefürchtete Bakterienkrankheit aus den USA wurde in Europa erstmals 1957 festgestellt. Sie hat sich seuchenartig in Nordeuropa ausgebreitet und trat 1989 erstmals in der Schweiz auf. Befallen werden vorwiegend Kernobstarten und Ziersträucher aus der Rosaceae. Ein befallener Baum oder Strauch zeigt zuerst typische Welkeerscheinungen, innerhalb einer Vegetationsperiode kann eine Infektion zum Absterben führen. Die Krankheit gilt in Fachkreisen als **extrem gefährlich,** so mussten bereits grosse Obstplantagen gefällt und verbrannt werden (Bild 241 d). Befallene Zweige biegen sich U-förmig nach unten, die Zweige verfärben sich braun-schwarz, die welkenden Blätter werden aber nicht abgestossen. Die Rinde wird rissig, daraus wird bei günstiger Witterung Bakterienschleim ausgestossen.

Ursache: Das Bakterium vermehrt sich besonders bei feuchtwarmer Witterung sehr rasch. Es überwintert im befallenen Rindengewebe an Ästen und am Stamm. Die Bakterien werden in Form von milchig-weissen Schleimtropfen ausgeschieden, die sich später rotbraun verfärben. Die Verbreitung geschieht von hier aus durch Wind, Regen, Insekten, Vögel und, für uns Menschen sehr wichtig, durch Schnittwerkzeuge, Kleider und Hände auf andere Wirtspflanzen. Die Infektion geschieht über Blüten und noch weiche Triebteile. Von hier wandert das Bakterium in die Äste, in Stamm und Wurzeln, worauf die Pflanze rasch abstirbt.

Vorbeugung: Stete intensive Kontrolle der gefährdeten Obstbaum- und Zierstraucharten. Bei Befallsverdacht und Erstauftreten die zuständige Pflanzenschutzdienststelle informieren.
Als Vorbeugemassnahme gilt auch, bei Schnittarbeiten die Schnittwerkzeuge mit Alkohol (70%) zu desinfizieren und auch die Hände gründlich zu waschen.

Bekämpfung: Befallene Zweige und Äste bis tief ins gesunde Holz ausschneiden und verbrennen. Eine direkte chemische Bekämpfung ist nicht möglich!

Wirtspflanzen: Aus dem grossen Familienverband der Rosaceae sind vor allem alle Kernobstarten (Äpfel, Birnen, Quitten) und die Zierstrauchgattungen und Arten von Cotoneaster salicifolius, C. bullatus, C. watereri, C. franchetii und Crataegus mit Vorliebe befallen. Diese werden als **hochanfällig** bezeichnet. Als **mittelanfällig** (mit abnehmender Anfälligkeit) gelten Stranvaesia, Sorbus aria, Cotoneaster dammeri, Pyracantha, Sorbus aucuparia und Chaenomeles.

△ Birnbaum mit orangebraunem Gewebe (Abb. 239a)
▽ U-förmiges Abbiegen des Zweiges (Abb. 239b)

△ U-förmiges Abbiegen des Zweiges (Abb. 239c)
▽ Beginn des Feuerbrandes an Apfelzweig (Abb. 239d)

ACHTUNG!

Verdacht auf Feuerbrand ist unverzüglich der zuständigen Pflanzenschutzdienststelle zu melden. Diese ordnet die notwendigen Massnahmen an.

△ Feuerbrand an Apfelbaum (Abb. 240a)
▽ Starker Feuerbrandbefall an Birne (Abb. 240b)

△ Starker Feuerbrandbefall an Quitte (Abb. 240c)
▽ Feuerbrand an Stranvaesia (Abb. 240d)

△ Starker Befall an Obstbaum (Abb. 240e)
▽ Feuerbrandbefall an Stranvaesia (Abb. 240f)

△ Feuerbrand an Cotoneaster salicifol. var. floc. (Abb. 241a)

△ Feuerbrand an Cotoneaster salicifol. var. floc. (Abb. 241b)

▽ Feuerbrand an Cotoneaster dammeri (Abb. 241c)

▽ Das Ende einer Obstplantage (Abb. 241d)

△ Erwinia-Nassfäule an Dieffenbachia (Abb. 242a)

Bakterielle Nassfäule

Erwinia atroseptica

Schadbild: Am Stengelgrund von Dieffenbachiapflanzen rissförmige Wunden von der Basis her, die später in Fäulnis übergehen. Bei starkem Befall Eingehen der Pflanzen mit vorausgegangenen vergilbten Blättern.

Ursache: Das Bakterium dringt über Wunden, meist durch unsaubere Stecklingsmesser verursacht, bei der Vermehrung von Pflanze zu Pflanze. In den Leistungsbahnen steigen sie auf und vermehren sich bei Wärme rasch. Die Leitungsbahnen werden verstopft und faulen.

Vorbeugung: Befallene Pflanzen vernichten. Schnittblumen (Calla) nicht in Beeten kultivieren, da sich der Pilz im Boden sehr schnell weiterverbreitet. Keine Jungpflanzen von befallenen Pflanzen entnehmen. Hygiene beim Stecklingsschnitt, Desinfizieren des Messers in Äthyl-Alkohol (70 %) oder MENNO-Florades.

Bekämpfung: Eine direkte Bekämpfung ist nicht möglich.

Wirtspflanzen: Dieffenbachia maculata, Zantedeschiaarten und andere (Araceae).

▽ Erwinia-Nassfäule an Dieffenbachia (Abb. 242b)

▽ Erwinia-Nassfäule an Dieffenbachia (Abb. 242c)

Mosaikvirus

Schadbild: Blätter von befallenen Pflanzen weisen zuerst Aufhellungen zwischen den Leitungsbahnen auf, später heben sich diese deutlich von der dunkelgrünen Normalfarbe ab. Die Blattflächen sind gegenüber gesunden Pflanzen kleiner und schmaler, die Blattränder nach unten gebogen.

Ursache: Der Viruserreger kann schon von Samen herrühren, er kann aber auch durch Schadinsekten übertragen werden. Von Pflanzenart zu Pflanzenart spezifische Merkmalsunterschiede.

Vorbeugung: Gesundes Saatgut einkaufen. Blattläuse durch frühzeitige Behandlungen fernhalten. Von befallenen Pflanzen keinen Samen ernten und keine vegetative Vermehrung vornehmen.

Bekämpfung: Viren können nicht direkt bekämpft werden.

Wirtspflanzen: Bohnen, Gurken, Himbeeren, Dahlien, Pelargonien und andere.

△ Mosaikvirus an Himbeeren (Abb. 243a)
▽ Mosaikvirus an Pelargonium (Abb. 243b)

△ Befall an Tomatenpflanzen (Abb. 244a)
▽ Befall an Tomatenfrüchten (Abb. 244b)

△ Befallene Triebteile von Dendranthema (Abb. 244c)
▽ Befall an Dendranthema-Blüten (Abb. 244d)

Tomatenbronzefleckenvirus

Schadbild: Je nach Temperatur, Licht und Ernährung entsteht ein veränderter Schaden. Die Blätter können graue bis braune Flecken aufweisen oder auch vergilben. An älteren wie jungen Pflanzenteilen können Chlorosen, Verbräunungen oder Flecken mit mehr und weniger scharfen Abgrenzungen auftreten. Die Blüten verkümmern oder sind deformiert, im Endstadium können die Pflanzen welken und absterben.

Ursache: Für die Übertragung sind besonders Thripse und deren Larven oder sämtliche saugenden Insekten verantwortlich. Eine starke Verbreitung ist auch möglich mit verseuchten Samen (Tomaten) und Jungpflanzen. Hohe Temperaturen fördern die Ausbreitung des Virus.

Vorbeugung: Rigorose Bekämpfung der saugenden Insekten, gesundes Saatgut einkaufen, Hygienemassnahmen vornehmen und Unkräuter in Kulturen und unter Tischen frühzeitig entfernen.

Bekämpfung: Es gibt keine direkte Virusbekämpfung. Vektoren (Thripse u.a.) bekämpfen. Gutes Beobachten der Pflanzen und rechtzeitiges Einleiten von Gegenmassnahmen sind im Moment am wirkungsvollsten.

Wirtspflanzen: Es sind bereits über 500 Arten bekannt, beispielsweise Alstroemeria, Amaryllis, Antirrhinum, Astern, Begonien, Cyclamen, Dahlien, Dendranthema (Chrysanthemen), Gloxinien, Hortensien, Lilien, Pelargonien, Petunien, Primeln, Zinnien usw.

▽ Vorgang einer Virusinfektion (Abb. 244e)

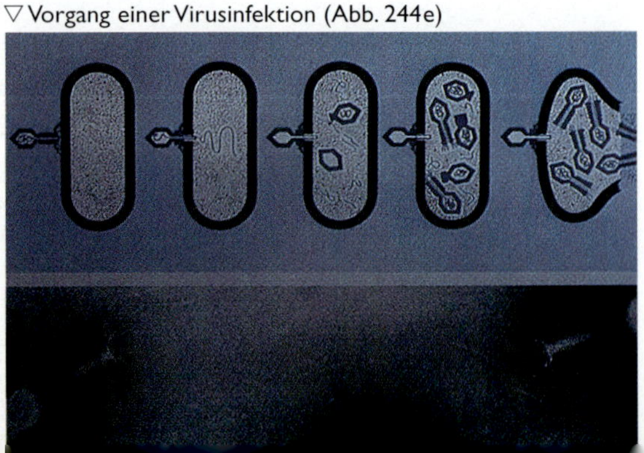

Kräusel- und Stauchevirus

Stuntvirus

Schadbild: Die befallenen Chrysanthemenpflanzen wachsen schon ab Jungpflanzenstadium gedrungener mit kürzeren Internodien und etwas kleineren Blättern. Im Endstadium sind auch die Blüten etwas kleiner als bei gesunden Pflanzen. Ein Welken wird nicht festgestellt. Die Pflanzenhöhe erreicht 30 bis 50 % gegenüber gesunden Pflanzen.

Ursachen: Das Virus von befallenen Mutterpflanzen wird direkt auf die davon geernteten Stecklinge übertragen, es kann aber auch durch den Stecklingsschnitt, Schneiden von Schnittblumen mit dem Messer oder durch fressende oder saugende Insekten auf gesunde Pflanzen übertragen werden.

Vorbeugung: Gründlicher Pflanzenschutz gegen virusübertragende Insekten und äusserste Hygiene beim Stecklingsschnitt. Auf Herkunft mit gesunden Jungpflanzen achten.

Bekämpfung: Eine direkte Bekämpfung ist nicht möglich.

Wirtspflanzen: Dendranthema (Chrysanthemen) für Topf und Schnitt, spezifischer sortenbedingter Befall, sowie Dahlien, Pelargonien und Kartoffeln.

△ Kräuselvirus an Kartoffeln (Abb. 245a)

▽ Kräuselvirus an Pelargonium (Abb. 245b)

▽ Stauchevirus, links gesunder Topf (Abb. 245c)

△ Streifenvirus an Pelargoniumblüten (Abb. 246a)
▽ Gelbstreifenvirus an Zwiebeln (Abb. 246b)

Streifenvirus

Tomatenaspermievirus (TAV)

Schadbild: Die Blütenblätter scheinen zerzaust, sie sind kleiner und ungeordneter ausgebildet. Die einzelnen Blütenblätter sind schmaler, oft löffelartig eingebogen und zum Teil hell gestreift. Die Blätter sind kleiner und weisen sorten- oder wirtspflanzenbedingt teilweise helle Flecken auf. Befallene Pflanzen sind unverkäuflich.

Ursache: Das Aspermievirus tritt hauptsächlich bei Tomaten auf, ist jedoch auch bei anderen Zier- und Nutzpflanzen anzutreffen. Übertragung durch befallene Mutterpflanzen, durch Stecklingsschnitt mit dem Messer oder durch Schadinsekten.

Vorbeugung: Gesunde Mutterpflanzen oder Jungpflanzen und Hygiene bei den Vermehrungsarbeiten. Pflanzenschutzmassnahmen gegen Schädlinge.

Bekämpfung: Eine direkte Bekämpfung ist nicht möglich.

Wirtspflanzen: Dendranthema (Chrysanthemen), Pelargonien, Sellerie, Tomaten.

Gelbstreifigkeit bei Zwiebeln

Schadbild: Befallene Pflanzen entwickeln gelbgestreifte Blattröhren, die zudem oft verbogen oder gewellt sind. Der Wuchs ist geschwächt bis kümmerlich. Die Zwiebeln werden weich und sind kaum lagerfähig.

Ursache: Gelbstreifigkeitsvirose. Übertragung durch Blattläuse oder verseuchte Steckzwiebeln.

Vorbeugung: In gefährdeten Regionen Anbau von Saatzwiebeln vermeiden. Stets auf Läusebefall achten und frühzeitig Insektizide ausbringen.

Bekämpfung: Eine direkte Bekämpfung ist nicht möglich.

Wirtspflanzen: Zwiebeln und Steckzwiebelanzucht, Lauch, Schnittlauch.

Kleeseide
Cuscuta epiphytum

Schadbild: Die Triebe der Wirtspflanzen werden von dünnen, seidenartigen Trieben windenartig eng umwunden. Einerseits werden die befallenen Triebe langsam erwürgt, andererseits dringen Haustorien durch die Epidermis in die Leitungsbahnen ein und entnehmen der Pflanze Nährstoffe. Die Wirtspflanze wird geschwächt und verunstaltet.

Ursache: Die zu den Windengewächsen gehörende Kleeseide wird durch Samen in der Erde verschleppt (Landerde in Substraten) oder kann auch als Verunreinigung in Sämereien enthalten sein. Im Jugendstadium wachsen sie selbständig, im Alter beginnt ihr Parasitentum.

Vorbeugung: Erdsubstrate dämpfen, Samen reinigen. Junge Kleeseidenpflänzchen frühzeitig mit den Wurzeln entfernen.

Bekämpfung: Eine direkte Bekämpfung ist nicht möglich.

Wirtspflanzen: Dendranthema (Chrysanthemen) und andere Zier- und Nutzpflanzen.

△ Kleeseide an Dendranthema (Abb. 247a)
▽ Mistel an Fraxinus (Esche) (Abb. 247b)

Mistel
Viscum album

Schadbild: An älteren Bäumen aus der Rinde austretende grüne, breit verzweigte Triebe mit langovalen Blättern. Im Spätherbst bilden sich weisse, durchscheinende Beeren, die für Bindereizwecke begehrt sind.

Ursache: Die Mistel ernährt sich als Halbparasit von den Wirtspflanzen, indem sie Haustorien entwickelt, mit denen sie die Leitungsbahnen unter der Rinde anzapft. Mit den grünen Blättchen assimiliert sie die Nährstoffe selbst. Die Vögel fressen die Beeren im Winter und sorgen mit dem ausgeschiedenen Kot für eine Verbreitung auf weitere Bäume.

Vorbeugung: Stete Kontrolle, besonders in Waldnähe. Frühzeitig die jungen Misteln ausschneiden.

Bekämpfung: Die Schmarotzerpflanzen so tief wie möglich ausschneiden. Allfällige Basisknospen ausschneiden und die Wunden mit Wundsalbe ausstreichen.

Wirtspflanzen: Äpfel, Birnen, Eschen, Pappeln und andere.

Erkennungsmerkmale der Schadbilder von nichtparasitären Ursachen

Wie im Abschnitt «Voraussetzungen für gesunde Pflanzen» schon darauf hingewiesen wurde, entfallen im Gartenbau über 50 bis 60 % der Pflanzenschäden auf sogenannte nichtparasitäre Ursachen. **Das Nichterfüllen der Optimalansprüche der Pflanzen an die Wachstumsfaktoren Licht, Wärme, Luft, Wasser, Nährstoffe, auch ungeeigneter pH-Wert, Erde** und andere kann in der gärtnerischen Praxis noch weitergefasst werden, wie die nachfolgenden Bilder zeigen. Ungeeigneter Pinzierzeitpunkt, falsche Anwendung von Wachstumsregulatoren, unsachgemässe Dosierung von Pflanzenschutzmitteln, unsachgemässes Einhalten der spezifischen Belichtungs- oder Verdunkelungserfordernisse bei gesteuerten Kulturen und anderes mehr sind Fehlerquellen, die ins Gewicht fallen. Dazu kommen noch **witterungsbedingte Einflüsse wie Hagel, Sturm, Frost, starker Schneefall sowie unsachgemässer Einsatz von Streusalz** im Winter auf Strassen, auf Wegen und Plätzen, wo Pflanzenwurzeln in der Nähe geschädigt werden, sowie auch vermehrt die **Belastungen der Umwelt durch Abgase und Rauch.**

Aus der Fülle dieser vielen Möglichkeiten wollen wir einige wichtige aufzeigen. Es liegt am Gärtner und Kultivateur, aus solchen zum grossen Teil **physiologisch bedingten Wachstumsstörungen, die allgemein als Kulturfehler** gewertet werden, die nötigen Schlüsse zu ziehen und diese Wachstumsstörungen durch angepasste Kulturmassnahmen im richtigen Zeitpunkt zu vermeiden. Hier liegen noch grosse Reserven, wie durch **stetes Beobachten der Kulturen und Einzelpflanzen, des Klimas, der Bodenverhältnisse, des Wurzelzustandes** oder durch allfällige Wahrnehmungen von Veränderungen sofort die richtigen Schlüsse zu ziehen sind und somit für Abhilfe gesorgt werden kann. **Als Endziel sollte ins Auge gefasst werden: Pflanzen mit bester Qualität zu kostendeckenden und gewinnbringenden Preisen zu verkaufen.** Der Pflanzenschutz mit chemischen und anderen Produkten sollte erst die zweite Massnahme sein. Auch hier zeigen sich Schäden meist erst nach vorangegangener Schwächung der Pflanzen.

Die Diagnose über mögliche Ursachen ist nicht immer einfach, da das Schadbild gerne mit solchen verwechselt wird, die von Krankheitserregern und Schädlingen verursacht werden. M. B.

▽ Spritzschaden an Euphorbia pulcherrima (Abb. 248a)

Verbrennung durch Sonnenstrahlen

Schadbild: An den Blättern, zum Teil auch an Blüten oder Früchten grossflächige gelbe bis braune Flecken, die mit zunehmendem Alter intensiver werden und die Pflanzen verunstalten. Früchte können in Fäulnis übergehen.

Ursache: Zu intensive Sonneneinstrahlung nach wochenlanger trüber bis regnerischer Witterung mit hoher Luftfeuchtigkeit. Die sehr weiche Epidermis hält plötzlich krasse Extreme nicht aus und es kommt infolge Überhitzung zur Zerstörung des Chlorophylls. Bei Früchten wird im Sommer das Gewebe tiefgründig in Mitleidenschaft gezogen.

Vorbeugung: Die Lichtwerte sind stets innerhalb der optimalen Grenzen auf die Bedürfnisse der Pflanzen abzustimmen. Bei unsicherer Witterung lieber einmal zuviel als zuwenig schattieren (Mittagszeit oder bei Sonntagsdienst). Durch Luftbefeuchtung und gute Belüftung Kühlung fördern.

Gefährdete Pflanzen: Besonders aus den weichblättrigen Zierpflanzen grosses Sortiment von gefährdeten Pflanzen, aber auch Kakteen und andere Sukkulenten können bei langem, schattigem Standort und plötzlichem Wechsel an die Sonne Verbrennungsschäden erleiden.

△ Hitzeflecken an Apfel (Abb. 249b)

△ Zuviel Sonnenlicht für Calceolaria (Abb. 249c)

▽ Hitzeschaden an Lilien (Abb. 249a)

▽ und Sinningia (Abb. 249d)

Gelbe Ringe oder Flecken bei Gesneriaceen

Schadbild: Auf den grünen Blättern bei verschiedenen Gattungen der Gesneriaceae gelbe Flecken bis Ringe, die die Pflanzen oft sehr unansehnlich machen.

Ursache: Es bestehen 2 Möglichkeiten: Entweder wurde bei Sonnenschein gegossen, die auf den Blättern haftenden Wassertropfen wirken wie ein Glasprisma und verstärken die Sonnenstrahlen, die in der Folge die Chlorophyllkörperchen der Epidermis zerstören, oder das Giesswasser war zu kalt. Bei höheren Differenzwerten als 3 bis 4 °C zwischen Giesswasser und Lufttemperatur bilden sich ebenfalls gelbe Flecken.

Vorbeugung: Nie bei starker Sonneneinstrahlung giessen! Vorher immer schattieren! Unbedingt temperiertes Giesswasser verwenden. Bei Tröpfchen-, Matten- oder Rinnenbewässerung besteht diese Gefahr praktisch nicht. Im Sommer leichter Dauerschatten und nach Bedarf Zusatzschattierung.

Gefährdete Pflanzen: Gesneriaceen wie Saintpaulia, Sinningia, Streptocarpus, Naegelia und andere.

△ Ringflecken an Smithiantha (Abb. 250a)
▽ Wasserflecken an Saintpaulia (Abb. 250b)

Versalzung der Erde

Schadbild: Die Pflanzen wachsen kümmerlich, es findet keine neue Wurzelbildung statt. Die Blattränder trocknen ein, schliesslich sterben die Pflanzen ab. Oft an der Oberfläche weisse Salzausscheidungen, besonders im Winterhalbjahr im Gewächshaus, wo wenig gegossen wird.

Ursache: Durch hohe Düngergaben ist der Salzgehalt im Boden höher als in der Pflanze. Höhere Salzwerte ziehen Wasser aus der Pflanze, um sich zu verdünnen, es kommt zur umgekehrten Osmose. Oft grosse Kulturausfälle bis Wachstumsdepressionen.

Vorbeugung: Vor dem Pflanzen Bodenanalysen vornehmen. Effektiven Bedarf berechnen und nach der Salzverträglichkeit der Pflanzen düngen. Lieber nur mässige Grunddüngergaben und nachher, dem Wachstum und der Witterung angepasst, flüssig nachdüngen. Eventuell Auswaschen durch reichliches Wässern (Sommerhalbjahr) oder in schwächer gedüngte Erde umpflanzen. Im Freiland bei zu hoher Grunddüngung Torf oder ungedüngte Landerde einmischen.

Gefährdete Pflanzen: Breites Sortiment im Bereich der Zier- und Nutzpflanzen.

△ Blattrandschaden Hydrangea (Abb. 251 a)
▽ Stark versalzte Erde bei Pelargonien (Abb. 251 b)

▽ Versalzungsschäden an Dendranthema (Abb. 251 c)

△ Spritzen bei Hitze (Abb. 252a)

Spritzschäden durch Druck und Hitze

Schadbild: An den Triebspitzen Verkrüppelung der jungen Blätter bis Triebspitzen, die nach 3 bis 4 Wochen wieder normal weiterwachsen.

Ursache: Spritzen bei relativ grosser Hitze um die Mittagszeit, womöglich sogar bei Trockenheit und Welken der Pflanzen. Auch zu starker Druck aus zu geringer Distanz oder Überkonzentration kann gleiche oder ähnliche Folgeerscheinungen zeigen.

Vorbeugung: Nie bei zu grosser Wärme (über 25 bis 28 °C) spritzen. Es sollten besonders bei weichen Triebspitzen nie 2 oder mehrere Emulsionen zusammengemischt werden. Auch eine Überdosis an Netzmitteln kann Ätzungen verursachen. Zu behandelnde Pflanzen dürfen nie welken!

Gefährdete Pflanzen: Calceolaria, Dendranthema (Chrysanthemen), Hydrangea (Hortensien), Senecio-Cruentus-Hybriden (Zinerarien) und andere.

△ Verätzungen durch langes Haften der Lösung
▽ (Abb. 252b + c)

Spritzschäden durch langes Haftenbleiben

Schadbild: An der Basis von zum Beispiel Geranienblättern, wo die Hauptnerven zusammenlaufen, weisse Verkorkungen insbesondere auf den Blattnerven, dazwischen weisse Punkte bis braune Flecken.

Ursache: Das Schadbild tritt insbesondere dann auf, wenn die Spritzbrühe nicht rasch abtrocknet, sondern während mehrerer Stunden auf den Blättern in den trichterförmigen Vertiefungen der Blattbasis zusammenläuft.

Vorbeugung: Grundsätzlich ist bei jeder Spritzarbeit darauf zu achten, dass die Spritzlösung möglichst bald abtrocknet. Das heisst nicht, dass bei Hitze gespritzt werden soll, jedoch bei angemessenen Bedingungen. Nie in die Nacht spritzen, wo die Luftfeuchtigkeit an sich schon sehr hoch ist. Luftumwälzung fördert das rasche Abtrocknen der Pflanzen = Ventilation.

Gefährdete Pflanzen: Pelargonien, Zinerarien und andere Pflanzenarten mit relativ weichen und grossflächigen Blättern.

Hormonschäden

Schadbild: Die Blätter oder Blüten der geschädigten Pflanzen sind in ihrem Aussehen stark verändert. Die Blätter sind kleiner, deformiert bis stark verkrüppelt. Die Blüten zum Beispiel von Pelargonien nehmen eine Röhrenform an.

Ursache: Durch Giess- und Spritzgeräte, Messbecher und andere, die zur Behandlung von breitblättrigen Unkräutern im Rasen mit Wuchsstoffen verwendet und in der Folge nicht gründlich gereinigt wurden. Auch kleinste Reste dieser Hormone vermögen das Wuchsbild der Pflanze stark zu verändern.

Vorbeugung: Nie die gleichen Geräte und Messbecher für Unkrautbekämpfung im Rasen und für allgemeine Pflanzenschutzarten benützen. Immer sollten jedoch für das Ausbringen von Herbiziden benützte Geräte gründlich gereinigt werden.

Gefährdete Pflanzen: Das ganze Sortiment der Dikotyledonen.

△ Hormonschäden an Reben (Abb. 253a)
▽ Hormonschäden an Pelargoniumblüten (Abb. 253b)

Chlorose oder Gelbsucht

Schadbild: Einzelne Blätter bis ganze Pflanzenteile oder Pflanzen vergilben. Das Wachstum ist geschwächt und die Blütenfarben sind blass.

Ursache: Die Hauptursache ist ein falscher pH-Wert des Erdsubstrates. Bei Pflanzen, die einen tiefen pH-Wert von 4 bis zirka 5,5 lieben, aber zu hohe Kalkwerte aufweisen, wird Eisen in der Aufnahme gehemmt. Eisen ist aber für die Blattgrünbildung unentbehrlich. Bei Rosen mit einem pH-Wert von 6,5 bis 7 kann ein zu hoher Phosphoranteil im Boden die Eisenaufnahme blockieren. Aber auch Bodenverdichtung kann Chlorosen auslösen.

Vorbeugung: Für kurzfristige Behebung der Chlorose kann ein Eisenchelat verabreicht werden. Für längerfristige Behebung ist jedoch nur eine Korrektur des pH-Wertes oder der anderen Ursachen angezeigt. Bei einem Phosphorüberschuss soll während längerer Zeit mit einem NK-Zweinährstoffdünger gedüngt werden. Der P-Spiegel geht dann langsam zurück.

Gefährdete Pflanzen: Hortensien, Pelargonien, Rosen und andere Zier- und Nutzpflanzen.

△ Chlorose an Rosen (Abb. 253c)
▽ Chlorosen, rechts gesundes Blatt (Abb. 253d)

△ Vergrünen der Brakteen
▽ (Abb. 254a+b)

Vergrünen der Poinsettienbrakteen

Schadbild: Die Brakteen vergrünen nach begonnener Induktion und Ausfärbung durch Verdunkelung im Sommerhalbjahr.

Ursache: Die Verdunkelungszeit wurde zu früh abgebrochen. Da es sich bei den Hochblättern nicht um eigentliche Blütenblätter mit fixierten Blütenfarben, sondern um umgewandelte grüne Blätter handelt, reagieren die Poinsettien, die von der Endausbildung wieder in den Langtag gelangen, mit Chlorophyllbildung statt mit der Bildung von sortenspezifischen Farbkörperchen.

Vorbeugung: Gesteuerte Kulturen, die in der Zeit von Ende März bis Ende September (Zeit über der kritischen Tageslänge) zum Verkauf oder für Ausstellungen kultiviert werden, müssen bis zur Vollentwicklung der Cyathien (Blütenanlagen) verdunkelt werden, sonst werden sie wieder grün und dadurch unansehnlich.

Gefährdete Pflanzen: Poinsettiensorten in Rot, Rosa und Weiss.

△ Splitten der Brakteen (Abb. 254c)
▽ Splittungsversuch (Abb. 254d)

Splitten der Poinsettien

Schadbild: Statt einer einzigen Braktee am Triebende bildet sich eine Verzweigung mit 3 Trieben, die in der Folge 3 dichtgestellte Brakteen entwickeln.

Ursache: Entweder waren es vorausgegangene starke Temperaturschwankungen oder ein Unterbruch der eingeleiteten Verdunkelung. Jedenfalls wurde der Induktionsablauf gestört. Ein Versuch (Bild unten) hat dies bestätigt. Die Pflanze links wurde dauernd verdunkelt. Die Pflanze 2 erhielt nach 10 Kurztagen wieder 10 Langtage, dann wurde weiter verdunkelt. Die Pflanze 3 erhielt nach 10 Kurztagen 3 Wochen Langtag und in der Folge wieder Kurztag.

Vorbeugung: Ab Verdunkelungsbeginn jeden Tag verdunkeln bis zur vollen Brakteenausbildung oder bis spätestens Ende September. Auch sind die Temperaturen ausgeglichen zu halten.

Gefährdete Pflanzen: Poinsettien = Euphorbia pulcherrima.

Verkorkungen

Schadbild: Insbesondere auf der Blattunterseite von Pelargonien punktförmige Ausbuchtungen, die teils dunkelgrün gefärbt sind, teils auch in grössere weisse Flecken übergehen können. Die Oberfläche ist aufgerauht und weist bei starkem Auftreten korkartige Höcker auf.

Ursache: Durch zu hohe Luftfeuchtigkeit im Pflanzenbereich (Mikroklima), besonders bei feuchtem Torf als Einsenkmaterial, bildet sich durch Verdampfen des Wassers ein Taufilm auf der Blattunterseite. Die Spaltöffnungen sind dadurch verschlossen, so dass es im Schwammgewebe zu einem Überdruck der Gase (CO_2 und O_2) kommen kann, was zum Platzen der unteren Epidermis führt. Die Korkwucherungen sind die Narben der erzeugten Wunden. Weitere mögliche Ursachen: Spinnmilbenbefall und Thripsbefall (Frankliniella).

Vorbeugung: Durch Lüften oder Ventilieren für gute Luftdurchmischung sorgen. Bei empfindlichen Sorten statt dem dunklen Torf, der Sonnenstrahlen in Wärme umwandelt, weisses Perlite verwenden. Auf keinen Fall chemische Pflanzenschutzmittel aufbringen, diese würden die Narben noch mehr verätzen.

Gefährdete Pflanzen: Perlargonium-Peltatum-Sorten und auch einige Zonale-Sorten.

△ Verkorkungen an Pelargoniumblatt (Abb. 255a)

Nässeschäden

Schadbild: Die Pflanzen können trotz hoher Feuchtigkeit im Erdbereich welken. Die Blätter weisen Nekrosen im Bereich der Blattnerven oder braune Flecken an der Blattunterseite auf. Die Wurzeln sind schlecht ausgebildet oder gehen in Fäulnis über.

Ursache: Bei ständiger hoher Nässe atmen die Wurzelhaare oder Saugwurzeln nicht mehr, sie sterben ab, und es werden wenig bis keine neuen Wurzeln gebildet. Die Folge ist oft ein Welken und Vergilben der Pflanzen. Bei extremer Nässe folgt nach einer gewissen Zeit oft ein totaler Zusammenbruch.

Vorbeugung: Vorsichtiger giessen. Kein Dauerwasser in den oft dicht anschliessenden Übertöpfen der Zimmerpflanzen mit schlechter Sichtkontrolle. Mit Ausnahme von nässeliebenden Pflanzen (Cyperus und andere) erst giessen, wenn die Erde leicht antrocknet. Dadurch kann Luft zu den Wurzeln gelangen und es entwickeln sich wieder neue Wurzeln.

Gefährdete Pflanzen: Nässeempfindliche Pflanzenarten.

△ Nässeschaden an Ficusblatt (Abb. 255b)

▽ Nässe an Pelargonium-Zonale-Hybriden (Abb. 255c)

△ Hagelschaden an Kirschen (Abb. 256a)
▽ Hagelschaden an Trauben (Abb. 256b)

Hagelschäden

Schadbild: Starke Hagelwetter, die auf empfindliche Gemüse, Obst, Beeren und Zierpflanzenkulturen niedergehen, können in kurzer Zeit grosse Schäden verursachen. Die Blätter sind durchlöchert bis abgeschlagen, die Früchte weisen tiefe Kerben auf, die in der Folge von Fäulnispilzen (Monilia, Botrytis und andere) befallen werden. Die Ruten weisen oft starke Quetschwunden auf, die als Eingangspforten für Pilzkrankheiten, Bakteriosen und Virosen dienen.

Ursache: Klimatische Extremverhältnisse, besonders nach Schönwetterpeioden, wenn kalte Luftfronten eindringen und in kurzer Zeit für starke Abkühlung sorgen.

Vorbeugung: In kritischen Gegenden ist in der Regel ein gut funktionierender Abwehrschutz mittels Hagelraketen organisiert. Jedenfalls lohnt es sich, die Kultureinrichtungen (Gewächshäuser, Kästen und andere) mittels Lättlirollen, Deckbrettern und dergleichen abzudecken. Gemüsebeete kurz vor der Ernte mit dünnem Drahtgeflecht, das über Lattengerüste gespannt wird, Obstplantagen mit feinen Netzüberbauungen schützen.

Gefährdete Pflanzen: Obst, Beeren, Gemüse, Zierpflanzen im Freiland.

▽ Hagelschaden an Obstbaum (Abb. 256c)

△ Hagelschutznetze über Obstplantage (Abb. 257a)

Frostschäden

Schadbild: An Obstbäumen vor, während und nach der Blütenentwicklung starke Ausfälle. Die Blüten oder die jungen Früchte erfrieren oder zeigen Frostschäden, in deren Folge sie verkrüppeln. Auch andere Zier- und Nutzpflanzen des Freilandes oder in Frühbeeten können bei starken Kälteeinbrüchen Frostschäden erleiden.

Ursache: Kältewerte unter der 0-Grad-Grenze können in klaren Nächten durch Zerstören von lebenden Gewebeteilen besonders an den Blüten und Blättern grosse Schäden verursachen.

Vorbeugung: In frostempfindlichen Lagen eher spätblühende Sorten wählen. Ferner gute Wetterbeobachtungen und in kritischen Nächten gefährdete Obstkulturen mit Düsenanlagen besprühen. In kompakten Buschobstanlagen bei relativer Windstille durch Übersprühen mit Wasser, das einen dünnen, schützenden Eismantel bildet, vor Frostschäden schützen. Freilandkulturen und ungeheizte Frühbeete mit Frostschutzanlagen schützen. Frostwarnungen beachten!

Gefährdete Pflanzen: Verschiedene Obstarten in dichten Buschobstplantagen und andere Freiland- und Frühbeetkulturen.

△ Frostschaden an Apfelzweig (Abb. 257b)

▽ Beregnung bei Frostgefahr (Abb. 257c)

△ Stippigkeit an Apfel (Abb. 258a)
▽ Gesundes Obst dank guter Pflege (Abb. 258b)

▽ Glasigkeit an Apfel (Abb. 258c)

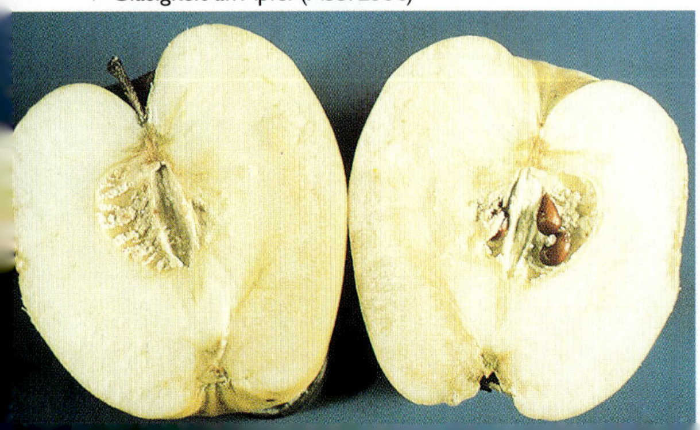

Stippigkeit bei Äpfeln

Schadbild: Kurz vor der Ernte oder während der Einlagerung dicht unter der Fruchtschale 1 bis 5 mm grosse braune Verfärbungen. Später sinkt die Schale an den Befallsstellen leicht ein, und es bilden sich an der Oberfläche dunkelgrüne Flekken. Das Aroma ist dabei oft etwas bitter und nicht mehr sortenspezifisch.

Ursache: Nach den bisherigen Erkenntnissen handelt es sich um eine ernährungsphysiologische Störung. In der Regel wird im Fruchtfleisch zu wenig Calcium eingelagert. Zusätzlich sind starke Temperatur- und Feuchtigkeitsschwankungen von August bis September, zu späte und zu hohe N-Gaben sowie ein zu geringer Humusgehalt im Boden beteiligt.

Vorbeugung: Ab Walnussgrösse der Früchte Ca-haltige Spezialblattdünger spritzen. Besonders in der Entwicklungs- und Ausreifephase der Früchte sollte bei langer Trockenheit gründlich gewässert werden. Man hüte sich vor späten und zu hohen N-Gaben. Bei zu dichtem Fruchtbestand sollte ausgelichtet werden. Auch sind die Früchte nicht zu früh zu ernten, anderseits fördert eine verspätete Ernte die Stippe!

Gefährdete Pflanzen: Äpfel.

Glasigkeit bei Äpfeln

Schadbild: Den Äpfeln ist äusserlich meist nichts Aussergewöhnliches anzumerken. Beim Durchschneiden der Früchte finden wir jedoch wässerige und glasige Stellen im Fruchtfleisch.

Ursache: Zu hohe Temperaturen im Lagerraum, weshalb die Äpfel in kurzer Zeit viel Wasser verlieren.

Vorbeugung: Nur gesundes und unverletztes Obst einlagern. Für die Einlagerung eignen sich gute gereinigte, kühle und luftige Räume, die durch gezieltes Öffnen und Schliessen der Fenster und Luftklappen reguliert werden können. Die günstigste Einlagerungstemperatur für Äpfel und Birnen liegt bie 2 bis 4 °C, keinesfalls über 6 °C. Die Luftfeuchtigkeit sollte im Bereiche von 85 bis 90 % liegen, also relativ hoch. Entsprechende Thermometer und Hygrometer geben uns die nötigen Hinweise für eine sichere und verlustfreie Einlagerung.

Gefährdete Pflanzen: Äpfel.

Fachbegriffe im Pflanzenschutz

Abbaubarkeit: Abbau eines Pflanzenschutzmittels durch chemische Umwandlung oder andere Einflüsse wie UV-Licht, Mikroorganismen usw.

Abbaukurve: Zeitliche Abnahme der Rückstände auf Pflanzen.

Abdrift: Unerwünschtes Verwehen von Stäubemitteln oder Spritzflüssigkeiten durch den Wind.

Absorption: Aufnahme von Flüssigkeiten, Dämpfen, Gasen durch Flüssigkeiten oder feste Körper (Pflanzen).

Adsorption: Anlagerung von Gasen oder gelösten Stoffen an der Oberfläche.

Aerosol: Luft mit Schwebeteilchen aus feinverteilten Flüssigkeiten (Nebel).

Akarizid: Tötet Milben ab.

Aktivsubstanz: Wirkstoff aus synthetischer oder natürlicher Herkunft, der die Wirkung auslöst.

Akute Vergiftungen: Plötzlich und heftig auftretende Erscheinungen.

Akute Wirkung: Wirkung eines Mittels nach einmaliger Aufnahme.

Alar: Wachstumsregulator, der im Spritzverfahren über das Blatt ausgebracht wird = Kürzung der Internodien.

Alaun: Doppelsalz aus Kaliumsulfat oder Aluminiumsulfat, das zur Blaufärbung der Hortensien verwendet wird. Beste Wirkung bei tiefem pH-Wert bei 4 bis 4,5.

Allergie: Überempfindlichkeit gegenüber Reizstoffen.

Antagonismus: Die Wirkung einer Substanz wird durch eine andere Substanz beeinflusst.

Antidote: Gegenmittel zur Behandlung von akuten Vergiftungen.

Aphizid: Tötet Blattläuse ab.

Applikation: Ausbringen eines Präparates (stäuben, spritzen, giessen, räuchern, streuen).

Arborizid: Vernichtet verholzte Pflanzen (Sträucher).

Atemgift: Substanzen, die über die Atemwege aufgenommen werden und so tödlich wirken (räuchern, vergasen, verdampfen).

Atrinal: Wachstumsregulator, der vor allem die Vegetationsspitzen abtötet oder hemmt und dadurch eine Vielzahl von Seitentrieben hervorbringt = kompakter, breitbuschiger Wuchs.

Ausbruch: Nach einer Infektions- und Inkubationsphase erfolgt der sichtbare Ausbruch einer Krankheit, zum Beispiel Rostpusteln auf der Blattunterseite.

Aussenpilze: Parasitäre Pilzkrankheiten, die nur die Blattoberfläche befallen (Echter Mehltau, Russtaupilz).

Bakterien: Einzellige Mikroorganismen. Diese sind sehr klein (unter 1/1000 mm). Bei verschiedenen Zier- und Nutzpflanzen kennen wir seuchenartig auftretende, nicht zu bekämpfende Krankheitserscheinungen = Bakteriosen.

Bakterienpräparate: Biologisches Verfahren gegen Raupen, zum Beispiel mit Bacillus thuringiensis.

Bakteriosen: Krankheiten, die durch Bakterien ausgelöst werden.

Bakterizide: Sie töten oder hemmen Bakterien.

Beizmittel: Wirkstoffe zum Schutze von Samen, Knollen oder Zwiebeln beim Keimen oder Austreiben = Nass- und Trockenbeize.

Bekämpfung: Massnahmen gegen Schädlinge oder Krankheiten.

Benetzungsfähigkeit: Eigenschaft einer Flüssigkeit, auf einer Oberfläche einen zusammenhängenden Film zu bilden.

Benetzungsmittel: In flüssigen Pflanzenschutzmitteln (Emulsionen) enthaltene Mittel zur Verringerung der Oberflächenspannung = verhindert Tropfenbildung und ermöglicht, dass der Schutzbelag als feiner Film auf der Pflanze haften bleibt.

Biologisch: Naturgemäss, lebensgesetzlich.

Biologisch abbaubar: Stoffe, die durch Mikroorganismen oder andere Lebewesen abgebaut oder zersetzt werden.

Biologische Verfahren: Einsatz von lebenden Organismen wie Marienkäfer, Schlupfwespen, Raubmilben und andere gegen Schädlinge.

Biozide: Natürliche oder synthetische Substanzen, die Organismen abtöten.

Blattdünger: Flüssige, leicht lösliche Düngemittel, die über die Pflanzen gesprüht werden und durch die Oberfläche (Epidermis) direkt ins Blatt gelangen. Besonders bei Stecklingen ohne Wurzeln und nach dem Umpflanzen sinnvoll.

Blattherbizide: Unkrautbekämpfungsmittel, die bei Aufnahme durch die Blätter wirken.

Blattrandschäden: Vergilbungen bis Verbrennungen der Blattränder durch Überdüngung oder Spritzschäden bei nicht sachgerechter Anwendung.

Bodenanalysen: Feststellen, welche Nährstoffe, organischen oder mineralischen Bodenteile in einem Boden vorhanden sind inklusive pH-Wert = sachgerechte Düngung.

Bodenherbizide: Unkrautbekämpfungsmittel, die bei Aufnahme durch die Wurzeln wirken.

Bonzi: Wachstumshemmer, der über das Blatt aufgenommen wird. Rasche und doch andauernde Wirkung. In Deutschland nicht zugelassen.

Brand: Pflanzenkrankheiten, die durch Bakterien oder Pilze verursacht werden. Typisch ist die schwarze Verfärbung der befallenen Gewebeteile.

CCC: Cycocel = Wachstumsregler zur Wuchshemmung, der im Giess- oder Spritzverfahren eingesetzt wird.

Chemosterilans: Substanz, die einen Organismus unfruchtbar macht. (Sterilisation von Männchen von Schädlingen, die in der Folge die Weibchen begatten. Diese bekommen dann von den sterilen Männchen keine Nachkommen.)

Chlorierte Kohlenwasserstoffe: Insektizide Wirkstoffe, die im Fettgewebe abgelagert werden (sehr langsamer Abbau), wie DDT usw.; heute nicht mehr zugelassen.

Chlorosen: Gelbsucht der Pflanzen, verursacht durch Kulturfehler.

Chronische Toxizität: Wirkung eines Wirkstoffes bei wiederholter Aufnahme über längere Zeit.

Desinfektion: Vernichten von Mikroorganismen (Krankheitserregern) meist durch Dämpfen oder chemische Behandlung.

Dosierung: Die bemessene, meist auf die Gewichtseinheit bezogene Menge eines Wirkstoffes oder Mittels.

Embryotoxische Wirkung: Einfluss auf die Entwicklung vom Embryo im Mutterleib oder Ei.

Emulgator: Hilfsstoff bei der Herstellung von Emulsionen, der eine feinste Verteilung einer wasserunlöslichen Flüssigkeit im Wasser bewirkt.

Emulsion: Feinste Verteilung einer nichtlöslichen Flüssigkeit in feinsten Tröpfchen in einer anderen, zum Beispiel Mischen eines ölhaltigen Mittels im Wasser (Fett in der Milch).

Entomologie: Wissenschaft von den Insekten.

Fadenwürmer: Nematoden, nützliche und schädliche (Älchen).

Fäulnisherd: Durch Bakterien oder Pilze verursachte Faulstellen an den Pflanzen.

Feldversuche: Versuche unter Praxisbedingungen auf kleinen Parzellen, um zu prüfen, ob das Präparat unter den gegebenen Bedingungen wirksam ist.

Fensterfrass: Schadbild an Blättern durch Raupen verursacht, bei dem nur noch die Kutikula an der Oberfläche (Epidermis) erhalten bleibt.

Formulierungen: Unterschiedliche Herstellungsverfahren zur Erzeugung eines bestimmten Wirkstoffes. Je nach Fabrikat sind daher mit dem gleichen Wirkstoff auch unterschiedliche Reaktionen möglich.

Frassgift: Mittel, das wirkt, wenn es durch den Schädiger gefressen wird = Magengift.

Fruchtwechsel: Gegenteil von Monokultur = jedes Jahr wird auf dem gleichen Grundstück eine andere Pflanzenart angebaut = gegen Bodenmüdigkeit.

Fungizide: Pilze werden abgetötet.

Fusskrankheiten: Krankheitserreger dringen vom Boden her in die Pflanzen ein und vernichten oder hemmen die Lebensfunktionen an der Stengelbasis (Pythium, Fusarium, Verticillium und andere).

Gallen: Wucherung an Pflanzenteilen, die durch Ausscheidungen von Schädlingen, Pilzen oder Bakterien ausgelöst wurden = blasenartige Ausstülpungen, in denen zum Teil Läuse oder Larven leben.

Gasphase: Bei der chemischen Bodendesinfektion bilden sich Gase, die bei einer optimalen Feuchtigkeit und Wärme Pilze, Schädlinge und Unkraut abtöten können.

Geisterflecken: Beim Weihnachtsstern meist durch Magnesiummangel verursachte weisse Fleckenbildung auf den Brakteen.

Gift: Schadstoffe, Toxika = anorganische, organische oder künstlich hergestellte Stoffe, die schon in geringen Mengen Mensch, Tier und Umwelt schädigen können.

Giftklassen (Gefahrensymbole): Einteilung der Pflanzenschutzmittel, Dünger, Herbizide und anderer Produkte nach ihrer Gesamtgefährlichkeit gemäss Gefahrstoffverordnung.

Giessbehandlung: Gegen Bodenpilze oder -schädlinge wird der Wirkstoff durch Giessen in wässriger Lösung ausgebracht.

Giessmittel: Flüssiges Pflanzenschutzmittel, das in den Wurzelbereich ausgebracht wird, um die Pflanze vor Schädlingen oder Krankheiten zu schützen.

Granulat: Ein Mittel in fester, körniger Form, das gestreut wird.

Haftfähigkeit: Eigenschaft eines Mittels, an Pflanzenteilen zu haften.

Haftmittel: Hilfsstoff zur Verbesserung der Haftfähigkeit von Spritzbrühen mit Spritzpulvern (Suspensionen).

Harmonische Düngung: Die einzelnen Nährelemente N, P, K, Ca, Mg und andere sind optimal auf den spezifischen Bedarf einer Pflanzenart abgestimmt.

Herbizide: Vernichten Unkräuter. Es gibt dabei Total- und Selektivherbizide.

Herzfäule: Durch Bormangel verursachte, nicht parasitäre Krankheitserscheinung, besonders bei Sellerie, Zuckerrüben, Randen.

Honigtaubildung: Nach einem Befall durch verschiedene Lausarten scheiden diese zuckerhaltige Tropfen aus. Die Blätter werden klebrig. Darauf siedeln sich Russtaupilze an = schwarzer Belag. Ameisen werden angelockt.

Hyphen: Fadenartige Gebilde eines Pilzes in einem Pflanzenkörper.

Imago: Vollständig entwickeltes Insekt, zum Beispiel Maikäfer, Schmetterling.

Immunität: Unempfindlichkeit von Pflanzen gegenüber gewissen Schädlingen oder Krankheiten. Diese wird heute durch die Pflanzenzüchtung gefördert, zum Beispiel Feldsalat ist immun gegen den Echten Mehltau.

Infektionsdruck: Schädigende Organismen sind praktisch überall vorhanden. Sind wenige vorhanden = niedriger Infektionsdruck, genügt das körpereigene Abwehrsystem, um eine Erkrankung zu verhindern. Bei hohem Infektionsdruck ist das Abwehrsystem überfordert = Erkrankung der Pflanze.

Inkubationszeit: Zeitspanne, die der Krankheitserreger vom Befall (Infektion) bis zum Erscheinen (Ausbruch) der ersten Krankheitssymptome benötigt.

Insektivoren: Eine Gruppe von Pflanzen, die meist in nährstoffarmen Mooren leben und ihre Nahrung durch eingefangene Insekten erhalten, zum Beispiel Sonnentau, Pinguicula. Diese werden zum Teil im biologischen Pflanzenschutz gegen Trauermücken eingesetzt.

Insektizide: Vernichten Insekten.

Integrierter Pflanzenschutz: Verfahren, das alle wirtschaftlich, ökologisch und toxikologisch vertretbaren Methoden im Pflanzenschutz umfasst, um die Schaderreger unter der wirtschaftlichen Schadschwelle zu halten. Dabei ist eine stete Kontrolle nötig, die die bestmögliche Behandlung einleitet.

In-vitro-Vermehrung: Übergeordnete Bezeichnung aller Vermehrungsarten im Reagenzglas unter sterilsten Bedingungen, die die Erzeugung von gesunden Mutterpflanzen zum Ziele haben.

Juvenilhormone: Entwicklungshemmende Hormone (bei Metamorphose der Insekten).

Kahlfrass: Totalfrass aller oberirdischen Pflanzenteile, zum Beispiel durch Schnecken.

Kanzerogen: Wirkstoffe, die bei Einnahme durch Menschen oder Tiere krebserzeugend sind.

Karenzfrist: Wartefrist nach der Behandlung bis zur Ernte (Konsum) bei Gemüsen, Obst und Beeren.

Ködermittel: Mittel, die neben ihrer Wirksubstanz einen vom zu bekämpfenden Schädling bevorzugten Lockstoff enthalten.

Kompatibilität: Chemisch-physikalische Verträglichkeit verschiedener Pflanzenschutzmittel untereinander bei kombinierten Behandlungen.

Kontaktgifte: Berührungsgifte. Der Schädling muss durch das Mittel getroffen werden. Der Wirkstoff dringt durch die Haut in den Körper ein.

Kontamination: Verunreinigung mit einem Mikroorganismus oder einem Fremdstoff.

Kressetest: Nach einer chemischen Bodenbehandlung wird Kressesamen ausgesät, um eventuelle Rückstände festzustellen.

Krustentiere: Krebstiere wie Asseln.

Kumulation: Anreicherung eines Wirkstoffes in einem Organismus oder im Boden, wenn in kurzen Folgen weitere Behandlungen durchgeführt werden.

Kumulative Wirkung: Erhöhte Wirkung eines Wirkstoffes nach wiederholter Aufnahme.

Kurative Wirkung: Heilende Wirkung = therapeutische Wirkung.

Labortests: Erste wissenschaftliche und technische Untersuchungen eines neuen Präparates über die Wirkung und eventuelle Spätfolgen, die in Feldversuchen später erweitert werden.

Larve: Erstes Stadium im Lebenszyklus von Insekten mit vollständiger Metamorphose, zum Beispiel Raupen von Schmetterlingen.

Larvizid: Mittel, das Larven, ein bestimmtes Entwicklungsstadium vieler Insekten, zum Beispiel Raupen, Maden, Drahtwürmer, Engerlinge, abtötet.

Latenter Befall: Die Pflanze ist durch Pilze, Bakterien oder Viren bereits befallen, aber es zeigt sich noch kein Schadbild = Inkubationsphase.

LD 50 (DL 50): Letale Dosis oder tödliche Dosis. Die Menge einer giftigen Substanz, die innerhalb von 5 Tagen 50 % der Versuchstiere abzutöten vermag.

Lochfrass: Durch Raupenfrass verursachte Löcher im Blatt.

Lockfallen: Technische Einrichtungen, die mittels Sexuallockstoffen oder Farben die Schädlinge anlocken und einfangen (Borkenkäferfallen, leimbeschichtete Tafeln oder Folien).

LV-Technik: LV = Low Volume. Versprühen eines Präparates in hoher Konzentration mit wenig Wasser. Durch hohen Druck wird eine feine Tröpfchenbildung erzielt.

Maden: Fuss- und kopflose Larven von Fliegen.

Magengift: Wirkstoffe, die nur zur Wirkung kommen, wenn sie durch Fressen oder Saugen in den Magen gelangen.

MAK-Werte: Maximale Arbeitsplatzkonzentration in ppm/mg auf einen m^3 eines staub-, dampf- oder gasförmigen Wirkstoffes, der bei langfristiger, täglich achtstündiger Einwirkung während der Wochenarbeitszeit von 45 Stunden die Gesamtheit der Beschäftigten im Raum nicht schädigt.

Mangelkrankheiten: Krankheiten respektive physiologische Störungen bei Fehlen eines oder mehrerer Makro- oder Mikroelemente, wie Herzfäule bei Bormangel oder Chlorose bei Eisenmangel und andere.

Markttoleranz: Höchstmenge, Höchstkonzentration. Vom Gesetzgeber festgelegte, maximal erlaubte Rückstandsmenge eines Fremdstoffes in oder auf einem Lebensmittel; meist in mg/kg (= ppm) ausgedrückt.

Metamorphose: Verwandlung = Gesamtheit der Veränderung bei Insekten und Milben vom Ei über die Larve bis zum geschlechtsreifen Tier.

MIK-Werte: Maximale Immissionskonzentration. Luftverunreinigender Wirkstoff, der bodennah im Freien bei dauernder Einwirkung als unbedenklich anzusehen ist.

Mikroelemente: Spurenelemente.

Milben: Zu den Spinnentieren gehörende Gliederfüssler. Darunter gibt es Tier- und Pflanzenschädlinge, aber auch nützliche Raubmilben.

Mittel: Name eines Produktes, das zur Bekämpfung von Schädlingen oder Krankheiten entsprechende Wirkstoffe enthält. Da verschiedene Mittel oft den gleichen Wirkstoff enthalten, muss gegen Resistenz auf jeden Fall der Wirkstoff gewechselt werden und nicht unbedingt das Mittel!

Molluskizide: Töten Weichtiere (Schnecken) ab.

Monokultur: Alleiniger Anbau der gleichen Pflanzenart auf längere Zeiträume auf demselben Areal, führt zu Bodenmüdigkeit und zu vermehrtem Auftreten von Krankheiten und Schädlingen.

Mykologie: Lehre von den Pilzen.

Mykose: Pilzkrankheit.

Myzel: Pilzgewebe, das sich in Pflanzen und im Boden ausbreitet und Fruchtkörper bilden kann.

Nachwirkung: Erwünschte oder unerwünschte Wirkung eines Stoffes (zum Beispiel Düngemittel oder Pflanzenschutzmittel) über den Zeitpunkt des gezielten Einsatzes hinaus.

Nebenwirkung: Erwünschte oder unerwünschte Wirkung eines Wirkstoffes zusätzlich zur Hauptwirkung.

Nekrose: Abgestorbenes Gewebe an einer Pflanze.

Nematizide: Töten Nematoden in und an den Pflanzen ab.

Nematoden: Fadenwürmer, auch Älchen genannt, die meist in der Pflanze leben.

Netzmittel: Hilfsstoffe, die die Benetzungsfähigkeit verbessern.

Nichtparasitäre Ursachen: Pflanzen weisen Schädigungen auf, die ihre Ursache in Kulturfehlern haben wie zuviel Licht, zuwenig Wasser, zu viele Nährstoffe, falscher pH-Wert und andere.

Nützlinge: Freilebende Tiere, die dem Menschen auf irgendeine Weise nützlich sind, wie zum Beispiel Marienkäfer, Raubmilben, Schlupfwespen, Uhu, Igel und Blindschleichen.

Ökologie: Lehre von den Beziehungen der Lebewesen zur Umwelt.

Oral: Aufnahme durch den Mund.

Ovizid: Mittel, das Eier abtötet.

Parasit: Schmarotzer, der auf Kosten von Pflanzen oder Tieren lebt (Bakterien, Pilze und auch Schädlinge), zum Teil auch Pflanzen, die auf anderen Pflanzen leben, wie Mistel auf Bäumen und Kleeseide auf Klee und andere.

Parthenogenese: Jungfernzeugung. Bei gewissen Schädlingen wie Blattläusen, Schild- und Wolläusen, Sägewespen und beim gefürchteten Dickmaulrüssler ist es möglich, dass die Weibchen über längere Zeit Jungtiere ohne vorausgegangene Zeugung durch Männchen gebären.

Pathogen: Krankheitserreger (Pilze, Bakterien oder Viren).

Persistenz: Beständigkeit eines Pflanzenschutzmittels.

Pestizid: (engl. Pest = Schädling). Aus dem Englischen übernommener Ausdruck für Schädlingsbekämpfungsmittel. Fälschlicherweise oft auch für Pflanzenbehandlungsmittel verwendet.

Pheromone: Duftstoffe, die von Insekten zur gegenseitigen «Verständigung» gebildet werden. Synthetische Sexualpheromone werden eingesetzt für Lockfallen und zur Verwirrung von Insektenmännchen, um eine Verringerung der Begattungsrate und somit der Nachkommenschaft zu erzielen. Beispiel: Borkenkäferfalle.

pH-Wert: potentia Hydrogenii = Gehalt an Wasserstoffionen oder vereinfacht gesagt: Säuregrad des Bodens. Die Gradzahl 4 zeigt einen sehr sauren, die Zahl 7 einen neutralen und über 7 einen alkalischen (kalkhaltigen) Wert an. Der pH-Wert ist oft entscheidend für einen möglichen Chlorosebefall.

Physiologische Störung: Negative Stoffwechselerscheinung, hervorgegangen aus nichtparasitären Ursachen = Kulturfehler.

Phytopathologie: Die Lehre von den Pflanzenkrankheiten.

Phytotoxizität: Die Giftwirkung eines Produktes auf die Pflanzen.

Pilze: Artenreiche Gruppe von chlorophyllosen Pflanzenarten, die als Saprophyten auf totem organischem Material leben, während die parasitären Pilze lebende Pflanzen befallen, zum Beispiel Mehltauarten, Rost und andere.

Population: Gesamtheit aller Organismen einer bestimmten Art in einem bestimmten Gebiet.

ppm (parts per million): Teile pro Million, zum Beispiel 1 g auf 1 000 kg oder 1 cm^3 auf 1 m^3.

Primärinfektion: Erstinfektion.

Prophylaktische Wirkung: Präventive oder vorbeugende Wirkung, zum Beispiel Ausbringen eines Fungizides vor einem Befall.

Puppe: Ruhestadium von Insekten in der Metamorphose = vor dem Ausschlüpfen als Vollinsekt.

Quarantäne: Absonderung von krankheitsverdächtigen Pflanzen während einer bestimmten Zeit.

Raupe: Larve der Schmetterlinge.

Repellent: Abschreckungsmittel. Mittel, das Schädlinge davon abschreckt, sich auf einer damit behandelten Fläche niederzulassen oder von einer damit behandelten Pflanze zu fressen.

Residualherbizid: Der Wirkstoff wird durch Pflanzenwurzeln aufgenommen = schwer lösliche Mittel, sie bleiben in den obersten Bodenschichten liegen.

Resistenz: Unempfindlichkeit einer Population oder eines Organismus (Pflanze, Insekt usw.) gegenüber irgendeinem Einfluss. Kälteresistenz, Resistenz gegen bioaktive Wirkstoffe, Krankheitsresistenz usw. Siehe auch Toleranz.

Rodentizide: Töten Nagetiere (Mäuse und Ratten).

Rückstände: Restmengen von einem Wirkstoff auf Pflanzen oder im Boden.

Saprophytisch: Organismen, die von abgestorbenen Pflanzenteilen leben.

Schadbild: (= Schadsymptom, Schadensmerkmal, Krankheitsbild): Erscheinungsbild einer Pflanzenkrankheit oder eines Schädlingsbefalls.

Schadschwelle: Wirtschaftlicher Grad des Befalls eines Pflanzenbestandes durch Krankheiten oder Schädlinge, ab welchem die Behandlungskosten des Pflanzenschutzes geringer sind als der Wert des möglichen Schadens.

Schädlinge: Tierische Schädlinge, die durch Fressen oder Saugen die Pflanzen schädigen können.

Schonspritzung: Verwendung von nützlingsschonenden Insektiziden, zum Beispiel Pirimor.

Schwebefähigkeit: Fähigkeit von festen, unlöslichen kleinen Teilchen, in einer Spritzbrühe möglichst lange in Schwebe zu bleiben.

Selektive Wirkung: Wirkung gegen nur eine bestimmte Gruppe oder eine einzige Art von Schadorganismen, zum Beispiel nur gegen Blattläuse.

Sekundär: An zweiter Stelle, indirekt untergeordnet.

Sporen: Winzig kleine Verbreitungsorgane von Pilzen und Bakterien. Zur Keimung ist Wasser erforderlich.

Spritzpulver: Pulverförmiges Mittel, das mit Wasser ausgebracht wird (Suspension).

Spritzschäden: Schadbilder, die nicht durch das Behandlungsmittel selbst, sondern durch unsachgemässe Behandlung verursacht wurden wie zu hoher Druck, zu langes Haftenbleiben und andere.

Sterilisation: Keimfreimachen von Erden, Geräten, Töpfen usw. durch Dampf oder chemische Produkte.

Stimulatoren: Wuchsstoffe, die zum Teil das Pflanzenwachstum beeinflussen.

Subletale Dosis: Nicht tödliche Menge eines Gifts.

Suspension: Gleichmässige feine Verteilung eines unlöslichen festen Stoffes in einer Flüssigkeit = Spritzpulver und Wasser.

Synergismus: Eine Steigerung der Wirkung bei gleichzeitiger Anwendung von 2 verschiedenen Wirkstoffen.

Synthetisch: In Fabriken mittels chemischer Reaktionen hergestellt.

Systemische Wirkung: Die Wirkstoffe dringen ins Gewebe und in die Leitungsbahnen der Pflanzen ein und wirken innertherapeutisch (von innen heraus).

Therapeutisch: Heilend.

Tiefenwirkung: Bis zu einer gewissen Tiefe ins Pflanzengewebe eindringend und wirkend.

Toleranz: Siehe unter Markttoleranz.

Trägerstoff: Hilfsstoffe, an die die Wirkstoffe zwecks besserer Ausbringung, Löslichkeit, Dosierung usw. gebunden sind.

Toxikologie: Lehre von den Giften.

Toxisch: Giftig.

Toxizität: Giftigkeit.

Vektoren: Überträger von Krankheitserregern auf Wirtspflanzen, auch Zwischenwirte.

Vergilbung: Gelbsucht oder Chlorose.

Virgines: Weibliche Blattläuse mit parthenogenetischer Vermehrung.

Vivipar: Lebendgebärend (bei Blattläusen).

Virosen: Viruskrankheiten.

Vorbeugung: Massnahmen zur Herabsetzung der Schadenswahrscheinlichkeit.

Wachstumsregulatoren: Wirkstoffe, die das Längenwachstum der Pflanzen fördern oder hemmen können.

Wartezeit: Mindestzeit in Tagen, die gemäss amtlichen Vorschriften zwischen der letzten Anwendung eines bestimmten Pflanzenschutzmittels und der Ernte verstrichen sein muss (Obst, Gemüse, Beeren).

Wirkstoff: Aktivsubstanz eines Mittels, die die tötende oder hemmende Wirkung auslöst.

Wirkungsspektrum: Wirkungsbreite, gibt an, gegen welche Schaderreger ein Mittel wirkt.

Wirtspflanzen: Pflanzenarten, auf denen sich gewisse Lebewesen entwickeln können = Übertragung auf andere Pflanzen.

Wirtswechsel: Im Laufe des Lebens (oder Jahres)

wechseln gewisse Schädlinge oder Krankheiten die Wirtspflanze. Beispiel: Gitterrost bei Birnen.

M. B./B. F.

Eigene Ergänzungen:

Verzeichnis der Wirkstoffe und Pflanzenschutzmittel

Im Text über die jeweilige Bekämpfung der Schädlinge oder Krankheiten sind Wirkstoffe aufgeführt. Die Handelsnamen der Pflanzenschutzmittel, welche diese Wirkstoffe enthalten, sind auf den folgenden Seiten aufgelistet, und zwar getrennt nach Insektiziden, Molluskiziden, Fungiziden und Rodentiziden. Zugrunde gelegt wurde der Zulassungsstand November 1998 in Deutschland.

Es sind nicht alle Indikationen, die in den Tabellen für einen Wirkstoff angegeben sind, auch für jedes Mittel mit diesem Wirkstoff vorgesehen. Letztlich ist die Gebrauchsanweisung die entscheidende Information. Da die Zulassungssituation immer in Bewegung ist, wurden teilweise auch solche Pflanzenschutzmittel genannt, die zu diesem Zeitpunkt möglicherweise gerade nicht zugelassen waren, aber für die die erneute Zulassung vorgesehen ist.

Vor dem Einsatz von Pflanzenschutzmitteln in Zierpflanzenkulturen sind die Angaben zur Verträglichkeit aus den Produktinformationen der Herstellerfirmen unbedingt zu beachten. Liegen keine eigenen Erfahrungen zur Verträglichkeit der genannten Präparate an einzelnen Zierpflanzenarten/-sorten vor, sollten vor einer grossflächigen Anwendung vorsichtshalber Testversuche an wenigen Pflanzen durchgeführt werden.

Beim Pflanzenschutz im Gemüse-, Obst-, und Beerenbau sind die Wartezeiten einzuhalten. Um der Gefahr von Resistenzen vorzubeugen, sollten nach Möglichkeit Wirkstoffe gewechselt werden. Auch sollten die vielseitigen Möglichkeiten des biologischen Pflanzenschutzes noch stärker genutzt werden. Wegen der jährlich steigenden Zahl der käuflichen Nützlinge sollten zur(m) Planung und Einsatz die Beratung einbezogen werden.

Da im Laufe der Jahre die zugelassenen Wirkstoffe stets einem gewissen Wechsel unterzogen sind, können jedes Jahr neue Produkte in der gärtnerischen Praxis Eingang finden. Diese sind mit Vorteil bei den entsprechenden Schädlingen oder Krankheiten einzutragen oder auch bei den entsprechenden Wirkstoffgruppen, beispielsweise Insektizide, Fungizide, Nematizide usw. Zudem sind am Ende des Buches noch zwei freie Seiten für Notizen reserviert. Andererseits sollten nicht mehr zugelassene Wirkstoffe gestrichen werden. In diesem Sinne sollte dieses Werk keine «Eintagsfliege» sein, sondern über Jahre hinaus ein wertvolles und gültiges Hilfsmittel, um im Umgang mit Pflanzenschutzmitteln ständig à jour zu sein.

Im Verzeichnis erwähnte und ausgewiesene Anwendungsgebiete werden wie folgt abgekürzt:

O = Obstbau
W = Weinbau
G = Gemüsebau
Z = Zierpflanzenbau
N = Nichtkulturland

+ zugelassene Anwendung
* ungefährlich

	Aluminiumfosetyl	Bitertanol	Dazomet	Dichlofluanid	Fenarimol	Iprodion	Kupferoxychlorid	Mancozeb	Propamocarb	Schwefel	Triforine	Vinclozolin						
Krankheiten allgemeiner Art																		
1. Blattfleckenpilze (Alternaria, Ascochyta, Septoria)																		
2. Pathogene Bodenpilze (Fusarium, Penicillium, Pythium, Rhizoctonia, Sclerotinia, Thielaviopsis, Phytophthora)	+		+						+									
3. Echter Mehltau		+			+					+	+							
4. Falsche Mehltaupilze (Albugo, Bremia, Peronospora)							+	+										
5. Gitterrost																		
6. Graufäule (Botrytis)				+		+						+						
7. Monilia																		
8. Rostpilze		+						+			+							
Krankheiten in Saatbeeten																		
9. Bodenbürtige Keimlingskrankheiten (pathogene Bodenpilze: Aphanomyces, Phoma, Pythium, Phytophthora, Rhizoctonia)	+		+															
Anzucht von Jungpflanzen																		
10. Bodenbürtige pathogene Pilze (Phoma, Plasmodiophora, Phytophthora)			+															
Krankheiten an Blumen																		
11. Weissrost der Chrysanthemen																		
Ungefährlich für																		
– Bienen	*	*	*	*	*	*	*	*	*	*	*	*						

* ungefährlich
Zahl Wartezeit in Tagen
F Wartezeit durch Anwendungszeitpunkt festgelegt

	Aluminiumfosetyl	Dazomet	Dichlofluanid	Iprodion	Metiram	Propamocarb	Schwefel	Thiram	Triadimenol	Triforine	Vinclozolin
Allgemein											
1. Auflaufkrankheiten (pathogene Bodenpilze)		F						F			
Bohne											
2. Graufäule (Botrytis)											7
Chinakohl											
3. Alternaria											14
Gurke											
4. Echter Mehltau			3				3			3	
5. Falscher Mehltau	4					4					
6. Schwarze Wurzelfäule						F					
Porree											
7. Rost									28		
Salat											
8. Falscher Mehltau	14				21	21					
9. Salatfäule (Botrytis, Sclerotinia)			21	14				42			35
Ungefährlich für											
– Bienen	*	*	*	*		*	*	*	*	*	*
– Raubmilben P. persimilis				*			*			*	
– Raubmilben Amblyseius ssp.				*							
– Schlupfwespen E. formosa				*			*			*	
– Schlupfwespen Aphidius ssp.							*				
– Marienkäfer											
– Florfliegen				*			*	*			

* ungefährlich
Zahl Wartezeit in Tagen
F Wartezeit durch Anwendungszeitpunkt festgelegt

	Dichlofluanid	Difenoconazol	Kupferoxychlorid	Mancozeb	Maneb	Metiram	Propamocarb	Propineb	Triadimenol	Triforine
Sellerie										
10. Septoria-Blattfleckenkrankheit			14					28		
Tomate, Eierfrucht (Aubergine)										
11. Alternaria-Dürrfleckenkrankheit			7		14			7		
12. Phytophthora-Krautfäule			7		14			7		
13. Samtfleckenkrankheit										
14. Graufäule (Botrytis)	3									
15. Phytophthora-Stengelfäule							F			
Zwiebeln										
16. Botrytis	14									
17. Mehlkrankheit									42	
Radies										
18. Falscher Mehltau							14			
Spargel										
19. Rost		F	F	F		F				
Ungefährlich für										
– Bienen		*	*	*	*	*	*	*	*	*
– Raubmilben P. persimilis				*	*					*
– Raubmilben Amblyseius ssp.										
– Schlupfwespen E. formosa				*	*					*
– Schlupfwespen Aphidius ssp.					*					
– Marienkäfer				*						
– Florfliegen				*	*			*		

* ungefährlich
Zahl Wartezeit in Tagen

	Aluminiumfosetyl + Mancozeb	Cymoxanil + Dithianon	Cyprodinil	Dichlofluanid	Dichlofluanid + Tebuconazole	Dimethomorph	Dithianon	Kresoxim-methyl	Kupfer-(Oxichlorid + Hydroxide + Oxysulfat)	Mancozeb	Metiram	Propineb	Pyrifenox	Pyrimethanil	Schwefel	Triadimenol	
1. Falscher Mehltau	56	35		35	35	35	42		35	56	56	56					
2. Echter Mehltau					35			35					35		56	35	
3. Rotbrenner				35			42			56	56	56					
4. Graufäule (Botrytis)			35	35	35									28			
5. Schwarzfleckenkrankheit	56	35					42			56	56	56					
Ungefährlich für																	
– Bienen	*	*	*	*	*	*	*	*	*	*	*	*	*	*	*	*	
– Typhlodromus pyri							*		*				*			*	
– Amblyseius andersoni							*		*				*			*	

* ungefährlich
Zahl Wartezeit in Tagen
F Wartezeit durch Anwendungszeitpunkt festgelegt

	Benomyl	Captan	Cyprodinil	Dichlofluanid	Dithianon	Fenarimol	Flusilazole	Kresoxim-methyl	Kupferoxychlorid	Mancozeb	Mancozeb + Penconazol	Metiram	Myclobutanil	Penconazol	Propineb	Pyrimethanil	Pyrimethanil + Fluquinconazole	Schwefel	Thiophanat-Methyl	Triadimenol	Triforine	Vinclozolin
Kernobst																						
1. Schorf		21	F	7	21	21	28	35	F	28	28	28	14	28	28	21	28	7			14	
2. Apfelmehltau						21		35			28		14	28			28	7		14	14	
3. Lagerfäule	7			7															10			
4. Krebs									F													
Steinobst																						
5. Schorf										28					28							
6. Schrotschuss									F													
7. Monilia													21								7	56
8. Sprühfleckenkrankheit der Kirschbäume					28										28						7	
9. Zwetschgenrost												28									7	
10. Kräuselkrankheit des Pfirsichs				F					F													
Ungefährlich für																						
– Bienen	*	*	*	*	*	*	*	*	*	*	*	*	*	*	*	*	*	*	*	*	*	*
– Typhlodromus pyri		*			*	*	*		*											*		*
– Amblyseius andersoni		*			*	*	*		*						*					*		*

*	ungefährlich
Zahl	Wartezeit in Tagen
F	Wartezeit durch Anwendungszeitpunkt festgelegt

	Aluminiumfosetyl	Cyprodinil + Fludioxonil	Dichlofluanid	Iprodion	Kupferoxychlorid	Myclobutanil	Pyrimethanil	Schwefel	Triforine
Beerenobst									
1. Echter Mehltau der Erdbeere						14			
2. Graufäule der Erdbeere (Botrytis)		7	12	10			7		
3. Blattfleckenkrankheit der Erdbeere					F				
4. Lederfäule der Erdbeere			12						
5. Rote Wurzelfäule der Erdbeere	F								
6. Rhizomfäule der Erdbeere	F								
7. Graufäule der Himbeeren und Brombeeren (Botrytis)			14						
8. Echter Mehltau der Johannisbeere									14
9. Blattfallkrankheit der Johannisbeere			14						
10. Echter Mehltau der Stachelbeere								7	14
Ungefährlich für									
– Bienen	*	*	*	*	*	*	*	*	*

x nur in gedeckten Kulturen einsetzen
* ungefährlich

	Abamectin	Azadirachtin (Neem)	Bacillus thuringiensis	beta Cyfluthrin	Buprofezin	Butocarboxim	Carbofuran	Chinomethionat	Chlorfenvinphos	Chlorpyriphos	Clofentezin	Cyfluthrin	Deltamethrin	Dimethoat	Ethiofencarb	Fenazaquin	Fenpropathrin	Fenpyroximat	Hexythiazox
saugende Insekten		x											x	x					
saugende Insekten ohne wollige Laub- und Nadelholzläuse ohne gallbildende Nadelläuse				x								x							
Blattläuse					x	x								x	x				
Blattläuse ohne wollige Laub- und Nadelholzläuse sowie gallbildende Nadelläuse						x													
Weiße Fliege	x	x		x	x	x						x	x	x		x	x		
Schildläuse														x					
Schildläuse ohne San-Jose-Schildläuse														x					
Woll- und Schmierläuse																			
Napfschildläuse													x						
Thripse	x					x													
Blattwanzen																			
Zikaden														x					
beißende Insekten														x					
beißende Insekten ohne minierende Kleinschmetterlinge und Minierfliegen				x								x							
beißende Insekten ohne Rüsselkäfer																			
freifressende Schmetterlingsraupen													x						
freifressende Schmetterlingsraupen ohne Lymantriiden und Eulen			x																
Goldafter			x																
Wurzelspinner																			
Minierfliegen	x	x																	
Trauermücken							x		x										
Dickmaulrüßler							x						x						
Erdraupen													x						
Ameisen										x									
Spinnmilben	x	x						x			x			x		x	x	x	x
Weichhautmilben	x																		
Ziergehölze																			
saugende Insekten																			
saugende Insekten ohne wollige Laub- und Nadelholzläuse																			
Blattläuse													x						
Sitkafichtenlaus																			
Schildläuse													x						
beißende Insekten ohne Rüsselkäfer																			
Goldafter			x																
Schwammspinner			x																

Imidaclopid	Kali-Seife	lambda Cyhalothrin	Metathizium anisopliae	Methamidophos	Methiocarb	Methiocarb+Imidacloprid	Mineralöle	Omethoat	Oxydemton methyl	Parathion	Permethrin	Phosphamidon	Phoxim	Pirimicarb	Propoxur	Pyrethrine + Piperonalbutoxid	Pyrethrine + Piperonalbutoxid + Lecithin	Rapsöl	Sulfutep	Tebufenpyrad	Teflubenzuron	Triflumuron						
x				x		x	x	x	x			x			x	x	x		x									
	x			x					x							x												
x														x		x		x										
																x												
x	x			x		x										x		x			x							
x						x	x									x		x	x									
x						x	x									x												
x					x	x																						
x																												
x																												
				x		x				x	x	x																
																x						x						
		x																										
			x																									
			x							x																		
													x															
	x			x		x	x	x	x			x				x	x	x	x	x								
		x																										
								x																				
		x																x										
		x																x										
							x																					
		x																										

x nur in gedeckten Kulturen einsetzen * ungefährlich NB Nach Bienenflug O Durch Ausbringweise kein Kontakt mit Bienen	Abamectin	Azadirachtin (Neem)	Bacillus thuringiensis	beta Cyfluthrin	Buprofezin	Butocarboxim	Carbofuran	Chinomethionat	Chlorfenvinphos	Chlorpyriphos	Clofentezin	Cyfluthrin	Deltamethrin	Dimethoat	Ethiofencarb	Fenazaquin	Fenpropathrin	Fenpyroximat	Hexythiazox
minierende Schmetterlinge														x					
Afterraupen																			
Spinnmilben																			
Ungefährlich für:																			
– Bienen	O	*	*	NB	O	O			O	O	*		NB		*	*	*		*
– Raubmilben Phytoseiulus persimilis		*	*								*								*
– Raubmilben Amblyseius spp.		*	*					*			*								
– Schlupfwespe Enkarsia formosa	*	*	*					*			*				*				*
– Schlupfwespe Aphidius spp.		*	*					*			*								*
Marienkäfer		*	*								*			*					*
Florfliegen		*	*								*								*
Blütenwanzen																			*

Imidaclopid	Kali-Seife	lambda Cyhalothrin	Metathizium anisopliae	Methamidophos	Methiocarb	Methiocarb+Imidacloprid	Mineralöle	Omethoat	Oxydemton methyl	Parathion	Permethrin	Phosphamidon	Phoxim	Pirimicarb	Propoxur	Pyrethrine + Piperonalbutoxid	Pyrethrine + Piperonalbutoxid + Lecithin	Rapsöl	Sulfutepp	Tebufenpyrad	Teflubenzuron	Triflumuron						
		x																										
							x																					
	*	NB	O				*							*		*		*										
			*													*		*			*							
			*											*		*					*	*						
*			*											*							*	*						
*			*											*							*	*						
			*																									
*			*											*		*												
			*													*						*						

Zahl Wartezeit in Tagen
F Wartezeit durch Anwendungszeitpunkt festgelegt

	Abamectin	Azocyclotin	Bacillus thuringiensis	beta Cyfluthrin	Chlorfenvinphos	Chlorpyrifos	Cyfluthrin	Cypermethrin	Deltamethrin	Dimethoat	Ethiofencarb	Hexythiazox	Kali Seife	Lambda-Cyhalothrin	Methamidophos	Oxydemeton-methyl	Oxydemeton-methyl + Parathion
Gemüse allgemein																	
Blattläuse ohne mehlige Kohlblattlaus																	
saugende Insekten ohne Weisse Fliege													F				
freifressende Schmetterlingsraupen			F														
Weisse Fliege																	
Spinnmilben																	
Kohl																	
saugende Insekten										14					21	14	14
saugende Insekten ohne mehlige Kohlblattlaus									7								
Blattläuse											4					14	
Blattläuse ohne mehlige Kohlblattlaus																	
Weisse Fliege (Mottenschildlaus)															21		14
beissende Insekten				7			7		7						21		14
beissende Insekten ohne Rüsselkäfer, ohne Kohleule								14									
freifressende Schmetterlingsraupen			F														
Kohlschabe			F														
Kohlweissling			F														
Kohleule			F					14									
Kohlzünsler			F														
Rüsselkäfer								14									
Kohlfliege					F	F				42							
Erdraupen																	
Salat																	
Saugende Insekten									5	21						14	14
Saugende Insekten ohne mehlige Kohlblattlaus									5								
Blattläuse											4						
Beissende Insekten																	14
Beissende Insekten ohne Rüsselkäfer								14									
Erdraupen																	
Möhren																	
Saugende Insekten										14							
Blattläuse																	
Beissende Insekten																	
Möhrenfliege					F	F											
Bohnen																	
Saugende Insekten																7	7
Blattläuse											4						
Beissende Insekten																	7
Erdraupen																	
Spinnmilben		7														7	

Parathion	Permethrin	Pirimicarb	Propoxur	Pyrethrine + Piperonylbutoxid	Rapsöl	Triazophos
					F	
					F	
					F	
14			7			
	7					
		7				
				3	F	
14	7					
			7	3		
35						35
14						
			7			
	7					
		7		3		
14	7		7	3		
14						
	21					
		7				
	21					
14	7		7			
		3		1		
14	7		7			
14						
					F	

Zahl Wartezeit in Tagen
F Wartezeit durch Anwendungszeitpunkt festgelegt

	Abamectin	Azocyclotin	Bacillus thuringiensis	beta Cyfluthrin	Buprofezin	Chlorfenvinphos	Chlorpyrifos	Cyfluthrin	Cypermethrin	Deltamethrin	Dimethoat	Ethiofencarb	Hexythiazox	Kali Seife	Lambda-Cyhalothrin	Methamidophos	Oxydemeton-methyl	
Erbsen																		
Saugende Insekten										7							7	
Blattläuse																		
Beissende Insekten																		
Beissende Insekten ohne Rüsselkäfer									14									
Rüsselkäfer									14									
Erdraupen																		
Porree																		
Saugende Insekten																		
Saugende Insekten ohne mehlige Kohlblattlaus																		
Blattläuse																		
Beissende Insekten																		
Lauchmotte						28												
Erdraupen																		
Spinat																		
Saugende Insekten																		
Saugende Insekten ohne mehlige Kohlblattlaus																		
Blattläuse																		
Beissende Insekten																		
Beissende Insekten ohne Rüsselkäfer									21									
Erdraupen																		
Knollensellerie																		
Beissende Insekten																		
Saugende Insekten																		
Möhrenfliege						F												
Rettich																		
Kohlfliege						F												
Zwiebeln																		
Saugende Insekten										7	14							
Saugende Insekten ohne mehlige Kohlblattlaus																		
Beissende Insekten										7								
Zwiebelflige						F	F											
Tomaten																		
Saugende Insekten										7								
Blattläuse																		
Beissende Insekten																		
Erdraupen																		
Beissende Insekten ohne Rüsselkäfer																		

Oxydemeton-methyl + Parathion	Parathion	Permethrin	Pirimicarb	Propoxur	Pyrethrine + Piperonylbutoxid	Rapsöl	Triazophos
7	14	7		7			
			3				
7	14	7		7			
	14						
	14			7			
		7					
			7		3		
	14	7		7	3		
	14						
14	14			7			
		21					
			7		3	F	
14	14	21		7			
	14						
		21					
		21					
		7					
		7					
	14	4					
			3				
	14	4					
	14						
					2		

Zahl Wartezeit in Tagen
F Wartezeit durch Anwendungszeitpunkt festgelegt
NB Nach Bienenflug
O Durch Ausbringweise kein Kontakt mit Bienen
* ungefährlich

	Abamectin	Azocyclotin	Bacillus thuringiensis	beta Cyfluthrin	Chlorfenvinphos	Chlorpyrifos	Cyfluthrin	Cypermethrin	Deltamethrin	Dimethoat	Ethiofencarb	Hexythiazox	Kali Seife	Lambda-Cyhalothrin	Methamidophos	Oxydemeton-methyl	Oxydemeton-methyl + Parathion
Gurken																	
Saugende Insekten																	
Blattläuse																	
Beissende Insekten																	
Erdraupen																	
Spinnmilben												3					
Wurzelfliege					F												
Kartoffeln																	
Kartoffelkäfer			F	45				14	7					14	14		
Wurzelzichorie																	
Blattläuse																	
Ungefährlich für:																	
Bienen			*		O				NB		*	*	*	NB			
Schlupfwespe Aphidius			*									*					
Marienkäfer																	
Florfliegen			*		*												

Parathion	Permethrin	Pirimicarb	Propoxur	Pyrethrine + Piperonylbutoxid	Rapsöl	Triazophos
14	4					
			3			
14	4			2		
14						
	14		14	F		
		7				
		*		*	*	
		*				
		*			*	

Zahl Wartezeit in Tagen
F Wartezeit durch Anwendungszeitpunkt festgelegt
NB Nach Bienenflug
O Durch Ausbringweise kein Kontakt mit Bienen

	Abamectin	Azocyclotin	Buprofezin	Chlorfenvinphos	Dimethoat	Fenpropathrin	Permethrin	Rapsöl	Sulfotep
Gemüsebau									
Blattläuse außer mehlige Kohlblattlaus								F	
Weiße Fliege								F	
Spinnmilben								F	
Kohl									
Kohlfliege				F					
Gurken									
Saugende Insekten									4
Weiße Fliege			3			3			
Beißende Insekten							4		
Spinnmilben	3					3			4
Zucchini									
Spinnmilben	3								
Tomaten									
Saugende Insekten					3				4
Weiße Fliege			3			3			
Beißende Insekten							4		
Minierfliegen	3								
Spinnmilben	3	7				3			4
Bohnen									
Saugende Insekten							7		7
Weiße Fliege						3			
Beißende Insekten							7		
Spinnmilben		7				3			7
Radies und Rettich									
Kohlfliege				F					
Salat (Kopfsalat, Endivie, Bindesalat, Schnitt- und Pflücksalat, Zuckerhutsalat)									
Saugende Insekten									
Auberginen (Eierfrucht)									10
Spinnmilben	3								
Paprika									
Spinnmilben	3								
Ungefährlich für:									
Bienen				NB				*	
Raubmilben Phytoseiulus persimilis			*						
Raubmilben Amblyseius spp.			*						
Schlupfwespe Enkarsia formosa			*						
Schlupfwespe Aphidius spp.			*						
Marienkäfer									
Florfliegen			*						
Blütenwanzen									

Zahl Wartezeit in Tagen
N Wartezeit ohne Bedeutung
F Wartezeit durch Anwendungszeitpunkt festgelegt
NB Nach Bienenflug
O Durch Ausbringweise kein Kontakt mit Bienen
* ungefährlich

Schädling	Bacillus turingiensis	Clofentezin	Deltamethrin	Fenoxycarb	Fenpyroxymat	Hexythiazox	Metarhizium anisopliae	Methidation	Mineralöle	Oxydemethonmethyl	Parathion	Parathionmethyl	Rapsöl	Tebufenozid	Tebufenpyrad	Z-9-Dodecenylacetat + (E)7-(Z)9-Dodecadienylacetat	Z-9-Dodecenylacetat
Traubenwickler																	
1. und 2. Generation: Heu- und Sauerwurm								28				35				F	
nur 1.Generation: Heuwurm	F		35	28							F			28			
nur 2. Generation: Sauerwurm	F		35	28										28			
Einbindiger Traubenwickler																	
Heu- und Sauerwurm																	F
Rhombenspanner			35														
Springwurm			35					28				F					
Dickmaulrüßler							F										
Zikaden					35												
Spinnmilben		35			28	49			F				N		14		
Blattgallmilbe										F		F					
Ungefährlich für:																	
Bienen	*	*	NB		*	*	*		*				*	*	*	*	*
Typhlodromus pyri	*	*		*	*	*	*		*				*	*		*	*
Amblyseius andersoni		*		*		*	*									*	*

Zahl Wartezeit in Tagen
F Wartezeit durch Behandlungsstadium festgelegt
NB Nach Bienenflug
O Kein Kontakt mit Bienen durch Anwendungsweise
* ungefährlich

	Amitraz	Apfelwickler-Granulosevirus	Bacillus thuringiensis	beta Cyfluthrin	Codlemone	Clofentezin	Cyfluthrin	Deltamethrin	Dimethoat	Ethiofencarb	Fenazaquin	Fenoxycarb	Hexthiazox	Imidacjopid	Kali Seife	Mineralöl
Obstbau ohne Erdbeeren																
saugende Insekten ohne Blutlaus und Birnenblattsauger															F	
Schildläuse																F
Spinnmilben																F
Gallmilben																
Kernobst																
saugende Insekten							7	7								
saugende Insekten ohne Birnenblattsauger									21							
saugende Insekten ohne Blutlaus und Birnenblattsauger																
saugende Insekten ohne Blutlaus																
Schildläuse																F
Schildläuse ohne San-José-Schildlaus																F
Blattläuse										4						
Blutlaus														14		
beißende Insekten							7	7								
beißende Insekten ohne minierende Raupen und Schalenwickler, Rüsselkäfer und Gallmücken																
Apfelwickler		F			F			7				35				
Frostspanner			F													
Fruchtschalenwickler												35				
freifressende Schmetterlingsraupen			F													
freifressende Schmetterlingsraupen ohne Schwammspinner-, Goldafter- und Eulenraupen			F													
Gespinstmotten									21							
Goldafter			F													
Apfelglasflügler																
Schwammspinner			F													
Sägewespen																
Spinnmilben	28					35					28		28			
Apfel																
saugende Insekten				7												
Apfelblattsauger								7								
Blattläuse														14		
Blutläuse														14		
beißende Insekten				7												
Apfelwickler				7	F		7									
Apfelschalenwickler					F							35				
Miniermotten														14		
Spinnmilben																

Oxydemeton methyl	Parathion	Parathion methyl	Permethrin	Phosphamidon	Pirimicarb	Propoxur	Pyrethrine + Piperonylbutoxid	Rapsöl	Schalenwickler-Granulosevirus	Tebufenozid	Tebufenpyrad	(Z,Z)-3,13-Octadecadien-1-yl-a														
								F																		
28		28		21																						
							2																			
						7																				
						7																				
					21			F																		
				21		7																				
		28		21		7																				
							2																			
		28								14																
									F	14																
												F														
F		28																								
				21				F																		
				21		7																				
								F		21																

Zahl Wartezeit in Tagen
F Wartezeit durch Behandlungsstadium festgelegt
NB Nach Bienenflug
O Kein Kontakt mit Bienen durch Anwendungsweise
* ungefährlich

	Amitraz	Apfelwickler-Granulosevirus	Bacillus thuringiensis	beta Cyfluthrin	Codlemone	Clofentezin	Cyfluthrin	Deltamethrin	Dimethoat	Ethiofencarb	Fenazaquin	Fenoxycarb	Hexthiazox	Imidacjopid	Kali Seife	Mineralöl
Birnen																
Birnenblattsauger	28							7								
Steinobst																
saugende Insekten								14								
Schildläuse																F
beißende Insekten								14								
beißende Insekten ohne minierende Schmetterlingsraupen, Schalenwickler, Rüsselkäfer und Gallmücken																
freifressende Schmetterlingsraupen			F													
Frostspanner			F													
Goldafter			F													
Schwammspinner			F													
Spinnmilben																F
Steinobst ohne Kirschen																
saugende Insekten																
beißende Insekten																
Spinnmilben																
Kirschen																
saugende Insekten							7		21							
Blattläuse										4						
Schwarze Kirschblattlaus																
beißende Insekten ohne Rüsselkäfer							7									
Gespinstmotten									21							
Kirschfruchtfliege									21							
Pflaumen																
saugende Insekten							7		14							
Blattläuse										4						
Schildläuse																
beißende Insekten																
beißende Insekten ohne Rüsselkäfer							7									
Gespinstmotten									14							
Pflaumenwickler							7		14			28				
Sägewespe									14							
Spinnmilben						F							28			

Oxydemeton methyl	Parathion	Parathion methyl	Permethrin	Phosphamidon	Pirimicarb	Propoxur	Pyrethrine + Piperonylbutoxid	Rapsöl	Schalenwickler-Granulosevirus	Tebufenozid	Tebufenpyrad	(Z,Z)-3,13-Octadecadien-1-yl-a
							2					
							2					
								F				
28				21								
				21								
				21								
					10							
								F				
F				28		7						
								F				
				28		7						
F												
				28				F				

Zahl Wartezeit in Tagen
F Wartezeit durch Behandlungsstadium festgelegt
NB Nach Bienenflug
O Kein Kontakt mit Bienen durch Anwendungsweise
* ungefährlich

	Amitraz	Apfelwickler-Granulosevirus	Bacillus thuringiensis	beta Cyfluthrin	Codlemone	Clofentezin	Cyfluthrin	Deltamethrin	Dimethoat	Ethiofencarb	Fenazaquin	Fenoxycarb	Hexthiazox	Imidacjopid	Kali Seife	Mineralöl
Beerenobst ohne Erdbeeren																
saugende Insekten																
Schildläuse																F
beißende Insekten																
beißende Insekten ohne minierende Schmetterlingsraupen und Schalenwickler, Rüsselkäfer																
Erdbeeren																
saugende Insekten								F	F						F	
beißende Insekten								F								
Spinnmilben						F							F			
Johannisbeeren																
saugende Insekten								7								
Blattläuse										7						
beißende Insekten								7								
Stachelbeeren																
saugende Insekten																
Schildläuse																
beißende Insekten																
Ungefährlich für:																
Bienen	*	*	*	NB		*		NB		*			*		*	*
Typhlodromus pyri		*	*			*						*	*			
Amblyseius andersoni		*	*			*						*	*			

Oxydemeton methyl	Parathion	Parathion methyl	Permethrin	Phosphamidon	Pirimicarb	Propoxur	Pyrethrine + Piperonylbutoxid	Rapsöl	Schalenwickler-Granulosevirus	Tebufenozid	Tebufenpyrad	(Z,Z)-3,13-Octadecadien-1-yl-a
				28			2					
				28								
							2					
F			F	F			F					
	F		F	F			F					
				F								
	14											
						7						
						7						
	14					7						
					*		*	*	*	*	*	*
					*				*	*		*
					*				*	*		*

F Wartezeiten durch Anwendungszeitpunkt (vor Kulturbeginn) festgelegt

	Dazomet	Triazophos
Gemüsebau		
Wandernde Wurzelnematoden (Pratylenchus sp.)	F	
Gallenbildende Wurzelnematoden (Meloidogyne sp.)	F	
Zierpflanzenbau		
Wandernde Wurzelnematoden (Pratylenchus sp.)	F	
Gallenbildende Wurzelnematoden (Meloidogyne sp.)	F	
Blattälchen	F	F
Baumschulen		
Wandernde Wurzelnematoden (Pratylenchus sp.)	F	

Herbizide im Gemüsebau

+ zugelassene Anwendung

	Bentazon	Chloridazon	Cyanamid	Diclofop	Fenoxaprop-P	Fluazifop-P-Butyl	Glufosinate	Metazachlor	Metribuzin	Pendimethalin	Phenmedipham	Propyzamid	Pyridate	Terbutryn	Trifluralin
1. Gepflanzter Lauch			+										+		
2. Schnittlauch			+												
3. Zwiebelsaaten			+				+			+			+		
4. Spargel							+		+				+		
5. Randen		+		+							+				
6. Spinat											+				
7. Kopfkohl					+	+		+							+
8. Bohnen							+								
9. Erbsen	+									+				+	
10. Karotten						+	+			+					
11. Tomaten									+						
12. Feldsalat							+								
13. Salat				+								+			
14. Rettich / Radies								+							
15. Rhabarber												+			
16. Blumenkohl, Broccoli						+				+					+
17. Kohlrabi						+									+
18. Chinakohl					+										

Herbizide im Obstbau/Weinbau

+ zugelassene Anwendung	Diuron + Glyphosate	Diuron + Amitrol	Glufosinate	Glyphosate	Glyphosate + Diuron	MCPA	Mecoprop	Mecoprop-P + MCPA	Phenmedipham	Propyzamid	Simazin							
Obstbau																		
1. Kernobst	+	+	+	+	+	+		+		+	+							
2. Steinobst			+		+	+				+	+							
3. Himbeerkulturen			+								+							
4. Schwarze und rote Johannisbeerkulturen			+							+	+							
5. Brombeerkulturen											+							
6. Erdbeerkulturen			+						+	+								
7. Stachelbeeren			+							+								
Weinbau																		
8. Ertragsreben	+	+	+	+	+	+	+			+	+							

Herbizide im Zierpflanzenbau und auf Nichtkulturland

+ zugelassene Anwendung	2,4-D + Dicamba	2,4-D + Mecoprop-P + Dicamba	Dazomet	Dichlobenil	Diuron	Diuron + Glyphosat	Eisen-II-Sulfat	Eisen-II-Sulfat + Eisen-III-Sulfat	Fluazifop-P	Glufosinat	Glyphosate	MCPA + Dicamba	MCPA + Chlorflurenol	Mecoprop-P + 2,4-D	Propyzamid + Diuron	Quinoclamine	Simazin	
Zierpflanzenbau																		
– Zierpflanzen allgemein			+								+							
– Containerkulturen																+		
– Gehölze				+					+	+	+				+		+	
– Zier- und Sportrasen	+	+					+	+			+	+	+	+		+		
Nichtkulturland																		
– Wege und Plätze mit Holzgewächsen					+	+				+	+				+			
– Nichtkulturland, ohne Baumbewuchs						+				+	+							

+ ausgewiesene Anwendung

	Dazomet	Metalaxyl	Metalaxyl + Thiabendazol	Propamocarb-hydrochlorid	Thiram	organ. Säuren
Samen- und bodenbürtige Krankheiten						
Gemüsebau						
Auflaufkrankheiten	+		+	+	+	
Zierpflanzen						
Auflaufkrankheiten	+	+		+	+	
Tulpenzwiebeln				+		
Desinfektion von						
Einrichtungen						+
Stellflächen						+

Verzeichnis der im Werk erwähnten und in Deutschland 1998 zugelassenen Fungizide

Wirkstoff	Handelsbezeichnung	Gefahrensymbol	Anwend.-Gebiet
Aluminiumfosetyl	Aliette	Xi	O, G, Z
Benomyl	DuPont Benomyl		O
Captan	Malvin	Xn	O
Bitertanol	Baycor Spritzpulv. Baymat Compo Rosenschutz		O Z Z
Carbendazim + Diethofencarb	Botrylon	Xn	W
Cyprodinil	Chorus		O
Cyprodinil + Fludioxonil	Switch		O, W
Dazomet	Basamid-Granulat	Xn	G, Z
Dichlofluanid	Euparen WG Obstspritzmittel	Xi Xi	O, W, G, Z O, W, G, Z
Dichlofluanid + Tebuconazole	Folicur E	Xi	W
Difenoconazol	Bardos		G
Dithianon	Delan SC 750	Xn	O, W
Fenarimol	Chrysal Rosensp. Compo Rosensch. Curol Elital Pflanzen Paral Pilzfrei Spiess-U. Rosenspray Saprol Rubigan u.a.		O, Z O, Z O, Z O, W O, Z Z Z O, Z
Flusilazol	Benocap		O
Iprodion	Rovral	Xn	O, G, Z, W
Kaliseife	Neudosan		O, G, Z
Kresoxim-methyl	Discus		O
Kupferoxychlorid	BASF Grünkupfer Cuprasol Cupravit OB 21 Funguran Kupferkonzentrat Kupfer flüssig 450 Kupferkalkpräparate (versch. Herst.) Kupferspritzmittel		O, G, Z, W W O, G, Z, W O, G, Z, W O, G, Z, W W O, G, Z, W O, G, Z, W
Kupferoxychlorid + Schwefel	Kupfer 83V		O, W
Kupferhydroxid	Cuprozin WP Funguran-OH		O O
Lecithin	Bioblatt Mehltaum.		O, G, Z
Mancozeb	Detia Pflanzen Paral Dithane Ultra Pencozeb Mancofol	Xi Xi Xi Xi	O, G, Z, W O, G, Z, W Z O, G, Z, W
Mancozeb + Fosetyl	Mikal MZ	Xi	W
Mancozeb + Penconazol	Omnex Plus	Xi	O
Maneb	Maneb Manex	Xi	G, Z G, Z
Metiram	Polyram WG	Xi	O, G, Z, W
Myclobutanil	Systhane 6W	Xi	O
Penconazol	Omnex Topas	Xi Xi	O W
Propamocarb	Previcur N		G, Z
Propineb	Antracol WG		O, G, W
Pyrifenox	Dorado	Xi	Z
Pyrimethanil	Scala		O, W
Pyrimethanil + Fluquinconazole	Vision		O
Schwefel	Asulfa Compo Mehltau Cosan 80 Hora Thiovit Kumulus WG Netzschwefelit Netzschwefel Stefes Instant Sufran Supersix Thiovit		O, W, Z, G O, W, Z, G O, W, Z, G O, W, Z, G O, W, Z, G O, W, Z, G O, W, Z, G O, W, Z, G O, W, Z, G W O, W, Z, G
Thiophanat-Methyl	Cercobin Fl	Xn	O
Thiram	Aopirol Staub Aatiram Arcotel HaTe-Pellacol TMTD Tutan Flüssigb.	Xn Xn Xn Xn Xn Xn	G G, Z Z O, Z G, Z G, Z
Triadimenol	Bayfidan Bayfidan spez.		G O, G, W
Triforin	Pilzfrei Saprol Neu Saprol Neu	Xi Xi	O, G, Z O, G, Z
Vinclozolin	Ronilan WG	Xn	O, G, Z, W

Verzeichnis der im Werk erwähnten und in Deutschland 1998 zugelassenen Insektizide

Wirkstoff	Handelsbezeichnung	Gefahrensymbol	Anwend.-Gebiet
Abamectin	Vertimec	Xn	G , Z
Amitraz	Mitac	Xn	O
Apfelwickler-Granulosevirus	GRANUPOM. Granupom N, MADEX 3, Obstmadenfrei Granupom	Xi	O
Azadirachtin	Neem Azal/T-S	Xi	Z
Azocyclotin	Peropal	T+	G
Bacillus thuringiensis	Bactospeine FC, Bactospeine XL , BIOBIT (BBN 0017), Dipel, Dipel 2 X, Dipel ES, Neudorffs Raupenspritzmittel, Novodor FC, Turex		G , O, W, Z
Bacillus thuringiensis	Xen Tari , Delfin	Xi	O, W
beta Cyfluthrin	Bulldock, Bulldock Gemüseschädlingsfrei, Contur plus	Xn	G, O, Z
Buprofezin	Applaud		G , Z
Butocarboxim	Blattlaus-frei Spiess-Urania für Rosen, Blattlausfrei Neu Spiess-Urania, Blituran Xi Neu Sprühschutz gegen Blattläuse, Blusana Systemschutz, D-Hydro, Detia Rosen- und Zierpflanzen-Spray, Pflanzen Paral Blattlaus-Frei, Pflanzen Paral Blattlausspray		Z
Butocarboxim -Stäbchen	Combi-Stäbchen Neu Pflanzen Paral Pflanzenschutz-Zäpfchen, Pflanzen Paral Kombi-Stick, Plant pin combi, Plant pin		Z
Carbofuran	Carbosip	Xn	G, Z
Carbofuran	Curaterr Granulat	Xn	G , Z
Chinomethionat	Morestan	Xi	O, Z
Chlorfenvinphos	Birlane-Fluid, Birlane Granulat	T	G, Z
Chlorpyrifos	Ameisen Streu- und Gießmittel, Ameisenmittel HORTEX, Ameisenmittel-forte-Ameisenmittel-N-Dow-Elanco, Gabi Ameisenmittel, Garten-Loxiran, Dursban fest, Insekten-Streumittel NEXION NEU, Ridder Gemüsefliegenmittel		G , Z
Clofentezin	Apollo		O, W, Z
Codlemone	RAK 3+4, Check Mate		O
Cyfluthrin	Baythroid 50, Baythroid Schädlingsfrei	Xn	G , O, Z
Cypermethrin	Ripcord 10, Ripcord 40	Xn	G
Deltamethrin	Decis flüssig, Schädlings-Vernichter Decis	Xn	G, O, W, Z
Diflubenzuron	Dimilin 80 WG		G
Dimethoat	Adimethoat 40 EC, Bi58, DANADIM 400 EC, Danadim Dimethoat40, Insekten-Spritzmittel Roxion, PERFEKTHION, Rogor, Rogor 40 L, Roxion	Xn	G, O, Z
Dimethoat -Stäbchen	Bi 58 Combi-Stäbchen, Combi-Stäbchen, COMPO Pflanzenschutz-Stäbchen, Detia Pflanzenschutz-Stäbchen, Etisso Blattlaus-Sticks, Etisso Combi-Düngerstäbchen, Florestin Pflanzenschutz mit Langzeitwirkung, Gabi-Combi-Pflanzenschutz-Düngestäbchen,		Z

Wirkstoff	Handelsbezeichnung	Gefahrensymbol	Anwend.-Gebiet
	Kraft Blattlaus-Killer mit Langzeitschutz		
Dimethoat -Spraydosen	Blattlaus-frei Spiess-Urania, Bi 58 Spray, COMPO Schildlaus-Spray, COMPO Zierpflanzen-Spray D, Gabi Pflanzenspray, Dehner Zierpflanzen-spray, Detia Pflanzenschutz-Spray, recozit Pflanzenspray		Z
Dimethoat -Pflaster	Blattlausfrei-Pflaster, Rosen-Pflaster		Z
Ethiofencarb	COMPO Blattlaus-frei, Croneton-Blattlausfrei, Croneton-Granulat		G, O, Z
Fenazaquin	Magister 200 SC, PRIDE ULTRA	Xn	O, Z
Fenoxycarb	Insegar		O, W
Fenpropathrin	Rody	T	G, Z
Fenpyroximat	Kiron	Xi	W, Z,
Hexythiazox	Ordoval	Xn	G, O, W, Z
Imidacloprid	Combi-Stäbchen Hortex Plus Lizetan Neu Zier-pflanzenspray, Lizetan-Combi-stäbchen		Z
Imidacloprid	Confidor WG 70,		O, Z
Kali-Seife	Blusana Pflanzen Sprühmittel, Blusana Pflanzenschutz, CHRYSAL Pflanzen-Pump-Spray, Neudosan (versch. Formulierungen), Pflanzen Paral Schäd-lings-Frei		G, O, Z
lambda-Cyhalothrin	Karate, KARATE WG FORST	Xn	G, Z
Metarhizium anisopliae	BIO 1020	Xi	W, Z
Methamidophos	Tamaron	T+	G, Z
Methidathion	ULTRACID 40 CIBA-GEIGY	T	W
Methiocarb	Mesurol flüssig	T	Z
Methiocarb + Imidacloprid	Lizetan Plus Zier-pflanzenspray		Z
Mineralöle	Austrieb-Spritzmittel Weißöl, Austrieb-Spritzmittel Weißöl FL, ELEFANT-SOMMER-ÖL, Kontralineum, OLIOCIN Austriebs-spritzmittel, Para-Sommer, Promanal (verschied. Formulierungen), CHRYSAL Schildlaus Pumpspray		O, W, Z
Omethoat	COMPO Zierpflanzen-Spray, Lizetan-Zierpflanzen-spray, Folimat-Rosenspray,		Z
Oxydemeton-methy	Metasystox R, Metasystox R spezial (Xn)	T	G, O, Z
Oxydemeton-methyl	Metasystox R	T	W
Oxydemeton-methyl + Parathion	E Combi	T+	G
Parathion	E 605 forte, P-O-X	T+	G, O, W, Z
Parathion-methyl	ME 605 Spritzpulver	T	O, W
Permethrin	Ambush, Pflanzol Kartoffel-käfer-Ex, Ribinol N, COMPO Insekten-mittel, COMPO Kartoffel-käfer-frei, ETISSO-Kartoffel-käfer-frei, Kartoffelkäfer-Frei Ambush, Talcord 5	Xi	G, O, Z
Phosphamidon	Detia Pflanzen-Unge-zieferfrei-Dimecron, Dimecron 20	T	O, Z
Phoxim	Ameisenmittel Bayer		Z
Pirimicarb	Blattlausfrei Pirimor G, ETISSO Blattlaus-frei, Pflanzol Blattlaus-Ex, Pirimor-Granulat zum Auflösen in Wasser	Xn	G, O, Z
Propoxur	Unden flüssig	T	G, O, Z
Pyrethrine + Piperonylbutoxid	Bio Insektenfrei, blitol Insektenfrei, COMPO Insekten-Spray, COMPO Schädlings-frei, Chrysal Pflanzenspray, Detia Pflanzen-Univer-sal-Staub,		G, O, Z

Wirkstoff	Handels-bezeichnung	Gefahren-symbol	Anwend.-Gebiet
	egesa-Pflanzen-Insekten-Spray NEU, ETISSO Blattlaus-Spray, Florestin Pflanzen-spray, Gartenspray Hortex		
Pyrethrine + Piperonylbutoxid + Lecithin	Bio-Myctan-Zimmerpflanzen-spray		Z
Rapsöl	Schädlingsfrei Naturen, Schädlingsfrei Naturen AF, TELMION		G, O, W, Z
Schalenwickler Granulosevirus	CAPEX 2		O
Sulfotep	Bladafum, Bladafum II	T	G, Z
Tebufenozid	Mimic		O, W
Tebufenpyrad	MASAI	Xn	O, W, Z
Teflubenzuron	NOMOLT		Z
Triazophos	Hostathion	T	G
Z,Z-3,13-Octadecadien-1-yl-a	RAK 7		O
Z-9-Dodecenylacetat	RAK 1 Plus Einbindiger Traubenwickler		W
Z-9-Dodecenylacetat+ (E)7-(Z)9-Dodecadienylacetat, E	RAK 1 + 2		W

Verzeichnis der im Werk erwähnten und in Deutschland 1998 zugelassenen Herbizide

Wirkstoff	Handels-bezeichnung	Gefahren-symbol	Anwend.-Gebiet
Amitrol + Diuron	Cumatol WG Rapir Neu	Xn Xn	O, W O, W
Bentazon	Basagran	Xn	G
Chloridazon	Pyramin Terlin WG		G G
Cyanamid	Alzodef	Xn	G
2,4-D + Dicamba	Unkrautvernichter mit Dünger (versch. Hersteller) Greenmaster Park UV neu UV Rasenfloranid		Z Z Z Z
2,4-D Mecoprop	Rasenunkraut frei (versch.Hersteller) Duplosan KV C Marks Optica MP Rasen-Duplosan Rasen-RA-6	Xn Xn Xn Xn Xn	Z Z Z Z Z
Dazomet	Basamid Grau	Xn	G, Z
Diclofop	Illoxan	Xi	G
Dichlobenil	Casoron G Gartenunkrautvern. Frankol-Spez. Gran. Gehölz-Unkrautfrei Prefix G Neu RA-4000-Granulat Tutakorn-ZA Unkraut-Stop Herbenta Unkrautfrei Ektorex Ustinex CN Streum. Vinuran		Z Z Z Z Z Z Z Z Z Z Z
Diuron	Diuron Bayer RA-15-Neu Vetyl Unkraut frei	Xn Xn Xn	Z Z Z
Diuron+Glyphosat	Adimitrol WG Neu Rapir Tuta Super Neu Ustinex G Neu Vorox G	Xn Xn Xn Xn Xn	O, Z, W O, Z, W O, Z, W O, Z, W O, Z, W
Diuron + Propyzamid	Auxuran PD Vorox WPD	Xn Xn	Z Z
Eisen-II-sulfat	Moosvernichter (versch. Anbieter) Moosvertilger (versch. Anbieter) Moos K.O Moos-Tod MV Rasenfloranid Rasenschön	Xi Xi Xi Xi Xi Xi	Z Z Z Z Z Z
Eisen-II-sulfat + Eisen-III-sulfat	Mooskiller Moosvernichter (versch. Anbieter)	Xi Xi	Z Z
Fenoxaprop	Depon Super	Xi	G
Fluazifop-P	Fusilade ME Fusilade Plus		O, G, Z Z
Glufosinat	Basta Celaflor Unkrautfrei Difontan Exakt-Unkrautfrei Liberty RA-200-flüssig Unkrautfrei Weedex	Xn Xn Xn Xn Xn Xn Xn	O, G, Z, W O, G, Z, W O, G, Z, W O, G, Z, W O, G, Z, W O, G, Z, W O, G, Z, W
Glyphosate	Cardinal Unkrautvernichter Filatex u. a. Total Neu Unkr.vern. Durano Egret	Xi Xi Xi Xi Xi	O, Z, W O, Z, W O, Z, W O, Z, W O, Z, W

Wirkstoff	Handelsbezeichnung	Gefahrensymbol	Anwend.-Gebiet
Glyphosate	Total Unkrautfrei	Xi	O, Z, W
	Glyphos(er)	Xi	O, Z, W
	Kepper Unkrautfr.	Xi	O, Z, W
	Roundup	Xi	O, Z, W
	Saki	Xi	O, Z, W
	Solstis	Xi	O, Z, W
	Mamba	Xi	O, Z, W
	Swing	Xi	O, Z, W
	Unkraut-Stop	Xi	O, Z, W
	Touch down	Xi	Z
MCPA	Herbizid M DU PONT		W
	Hora M		Z, W
	M 52		O, W
	Marks M Herbizide		W
	Orbitox M		O
	U 46 M Fluid		O, W
	Utox M		O, W
MCPA + Chlorflurenol	Rasenunkrautvernichter (versch. Anbieter)		Z
	UV Unkrautvernichter		Z
	Mannadur UV		Z
	Gartenkraft Unkrautvernichter		Z
MCPA + Dicamba	Banvel M	Xn	Z
	Rasenunkrautvernichter (versch. Anbieter)	Xn	Z
	Rasenunkrautfrei (versch. Anbieter)	Xn	Z
	Rosen Utox flüssig		
MCPA + Mecoprop	Brennnesselgranulat		O
Mecoprop-P	Optica MP (versch. Anbieter)	Xn	W
	Duplosan KV	Xn	W
Metamitron	Goltix Compact		O
	Goltix WG		O
Metazachlor	Butisan S	Xn	G
Metobromuron	Patoran FL	Xn	G
Metribuzin	Sencor WG		G
Pendimethalin	Stomp SC		G
Phenmediphan	Betanal	Xn	O, G
	Betosip	Xn	O, G
	Rubenal ES	Xn	O, G
	Stefes EMP	Xn	O, G
Propyzamid	Kerb 50 W	Xn	O, G, Z, W
	Kerb WGD	Xn	Z
	Kerb Streugr.		Z
Propyzamid + Isoxaben	Proxuran Streugr.		Z
	Vorox Streugr.		Z
Pyridate	Lentagran WP	Xi	G
Quinoclamin	Mogeton	Xn	Z
Simazin	Gesatop 2 Gran.	Xn	O, Z
Terbutryn	Hora-Tryn 500		G
	Igran 500		G
	Terbutryn (versch. Anbieter)		G
Trifluralin	Demeril 480 EC	Xn	G
	Treflan	Xn	G

Verzeichnis der im Werk erwähnten und in Deutschland 1998 zugelassenen Desinfektionsmittel

Wirkstoff	Handelsbezeichnung	Gefahrensymbol	Anwend.-Gebiet
Benzoesäure	Menno Florades	Xi	Z

Verzeichnis der im Werk erwähnten und in Deutschland 1998 zugelassenen Wachstumsregulatoren

Wirkstoff	Handelsbezeichnung	Gefahrensymbol	Anwend.-Gebiet
Chlormequat (CCC)	Basacel		Z
Dicegulac	Atrinal		Z
Ethephon	Flordimex	Xi	Z
4-(–3)-Indolyl-Buttersäure	Chryzoplus		Z
	Chryzopon		Z
	Chryzopan		Z
	Chryzotek		Z
	Chryzotop		Z
3-Indolylessigsäure	Rhizopon A		Z
	Rhizopon AA		Z
	Rhizopon B (verschiedene)		Z
Flurprimidol	Topflor	Xi	Z

Verzeichnis der im Werk erwähnten und in Deutschland 1998 zugelassenen Veredlungswachse und Wundverschlusspräparate

Wirkstoff	Handelsbezeichnung	Gefahrensymbol	Anwend.-Gebiet
Baumwachse, Wundverschlussmittel **ohne Fungizid**	Baumwachs (versch. Anbieter)		O, Z
	Baumharz		O, Z
	Baum-Wundplast		O, Z
	Dendrosan		O, Z
	Lacbalsam		O, Z
	NEU 1131		O, Z
	Novaril Rot		O, Z
	Tervanol		O, Z
	Wundbalsam		O, Z
	Wundtinktur		O, Z
	Wundverschluß		O, Z
	Wundwachs		O, Z
Carbendazim	Santar SM Neu		O, Z
8-Hydroxichinolin Dichlorbenzoesäure	Rebwachs		W
Imazalil + Azaconazol	Lac Balsam plus F		O, Z
	Nectec Paste		O, Z
Thiabendazol + Imazalil + Azaconazol	Tervanol 3F	Xi	O, Z
Thiabendazol	Tervanol F		O, Z
	Wundverschluss (versch. Anbieter)		O, Z
Triadimefon	Bayleton-Rinden -wundverschluss	Xi	O, Z

Verzeichnis der im Werk erwähnten und in Deutschland 1998 zugelassenen Molluskizide

Wirkstoff	Handelsbezeichnung	Gefahrensymbol	Anwend.-Gebiet
Eisen-III-phosphat	Ferramol Schneckenkorn		G, O, Z
Metaldehyd	Antischneck Schnecken-Korn		
	COMPO Schneckenkorn		
	DELU Schneckenkorn		
	Etisso Schneckenfrei		
	Garda Schneckenkorn		
	Glanzit Schneckenkorn		
	METAREX		
	Pflanzol Schnecken-Ex		
	Pro-Limax		
	SCHNECKENKORN		
	Schneckenkorn degro		
	Schneckenkorn Dehner		
	Schneckenkorn Helarion		
	Schneckenkorn Limex		
	Schneckenkorn Spiess-Urania		
	Schneckenkorn Super		
	Schneckentod		
	Snek-Vetyl «neu»		G, O, Z
Methiocarb	Mesurol Schneckenkorn, Schneckenkorn Mesurol	Xn	G, O, Z

Verzeichnis der im Werk erwähnten und in Deutschland 1998 zugelassenen Nematizide

Wirkstoff	Handelsbezeichnung	Gefahrensymbol	Anwend.-Gebiet
Dazomet	Basamid Granulat	Xn	G, Z
Triazophos	Hostathion	T	Z

Verzeichnis der im Werk erwähnten und in Deutschland 1998 zugelassenen Rodentizide

Wirkstoff	Handelsbezeichnung	Gefahrensymbol	Anwend.-Gebiet
Aluminiumphosphid	Detia Wühlmaus-Killer, DGS Wühlmauskiller, NEUDO-Phosphid S , Phostoxin WM, Super Schachtox, Wühlmauspille	F	G, O ,Z
Begasungsmittel	Wühlmaus-Patrone Arrex		G, O, Z
Calciumphosphid	Polytanol	T+	G, O, Z
Chlorphacinon	Casit F		O
Chlorphacinon	Ratron – Feldmausköder, Ratron-Pellets «F»		G, O, Z
Zinkphosphid	DELU Wühlmausköder, Detia Wühlmausköder, Detia Mäuse Giftkörner, Giftweizen Fischar, Giftweizen Neudorff, Giftweizen P 140, Mäusegiftweizen «Schacht», Pollux Giftkörner, Recozit-Mäusefeind Giftweizen, Segetan Giftweizen	T+	G, O, Z

Gefahrensymbole:
F = feuergefährlich
T+ = sehr giftig
T = giftig
Xn = mindergiftig
Xi = reizend

Anwendungsgebiete:
F = Freilandanbau
G = Gemüsebau
N = Nichtkulturland
O = Obstbau
W = Weinbau
Z = Zierpflanzenbau

Übersicht der verfügbaren Nützlinge

Anschriften siehe Seite 311

Schädlinge	Nützlinge	Preis* in DM/100m^2	PK	Sautter	Welte	Wilhelm	AGRINOVA	AMW	BioNova	Flora	Merulin	Neudorff	Öre	STB	Temmen	re natur
Weiße Fliegen	**Encarsia formosa – Schlupfwespen**	11,00		X	X	X	X		X	X	X	X	X	X	X	X
Weiße Fliegen	Eretmocerus mundus – Schlupfwespen	13,00		X	X					X	X	X				
Weiße Fliegen	Macrolophus caliginosus – Raubwanzen	25,00			X	X				X	X					
Spinnmilben	**Phytoseiulus persimilis – Raubmilben**	13,00		X	X	X	X		X	X	X	X	X	X	X	X
Spinnmilben	Metaseiulus occidentalis – Raubmilben	auf Anfrage				X										
Spinnmilben	Amblyseius californicus – Raubmilben	20,00		X		X					X	X				
Spinnmilben	Amblyseius sp. – Raubmilben	12,00		X	X	X	X		X	X		X	X	X	X	
Spinnmilben	Feltiella acarisuga – Gallmücken	auf Anfrage								X	X					
Thripslarven	**Amblyseius sp. – Raubmilben**	12,00		X	X	X	X		X	X	X		X	X	X	X
Thripse	Orius sp. – Raubwanzen	17,00	X	X	X	X	X		X	X	X	X	X	X	X	X
Thripse	Franklinothrips vespiformis	107,00										X				
Thripse	**Chrysoperla carnea – Florfliegenlarven**	12,50	X	X	X	X	X		X	X		X	X	X	X	
Thripse im Boden	**Hypoaspis – Arten – Raubmilben**	59,00		X	X	X	X		X	X		X				X
Blattläuse	**Aphidius colemani – Schlupfwespen**	10,90		X	X	X	X		X	X	X	X	X	X	X	X
Blattläuse	**Aphidius ervi – Schlupfwespen**	19,60		X	X	X	X		X	X	X	X	X	X	X	X
Blattläuse	Aphelinus abdominalis – Schlupfwespen	19,80		X	X	X	X			X	X	X	X	X	X	X
Blattläuse	Praon volucre – Schlupfwespen	auf Anfrage					X									
Blattläuse	Praon bicolor – Schlupfwespen	auf Anfrage		X												
Blattläuse	Lysiphlebus testaceipes – Schlupfwespen	auf Anfrage											X			
Blattläuse	Episyrphus balteatus – Schwebfliegen	auf Anfrage	X													
Blattläuse	**Aphidoletes aphidimyza – Gallmücken**	10,00		X	X	X	X		X	X	X	X	X	X	X	X
Blattläuse	**Chrysoperla carnea – Florfliegenlarven**	12,50	X	X	X	X	X		X	X		X	X	X	X	X
Blattläuse	Coccinella septempunctata – Marienkäfer	12,50	X	X	X		X						X		X	
Trauermückenlarven	**Hypoaspis – Arten – Raubmilben**	59,00		X	X	X	X		X		X	X				
Trauermückenlarven	**Steinernema feltiae – Nematoden**	51,00		X	X	X	X		X	X	X	X	X	X	X	X
Minierfliege, Maden	Dacnusa sibirica – Schlupfwespen	12,80		X	X	X	X			X	X	X	X	X	X	X
Minierfliege, Maden	Diglyphus isaea – Schlupfwespen	14,80		X	X					X	X					

Anschriften siehe Seite 311

Schädlinge	Nützlinge	Preis* in DM/100m²	PK	Sautter	Welte	Wilhelm	AGRINOVA	AMW	BioNova	Flora	Merulin	Neudorff	Öre	STB	Temmen	re natur
Minierfliege	Opius pallipes – Schlupfwespen	auf Anfrage								X						
Woll-Schmierläuse	Anagyrus fusciventris – Schlupfwespen	auf Anfrage										X				
Woll-Schmierläuse	Aphytis holoxanthus – Schlupfwespen	auf Anfrage										X				
Woll-Schmierläuse	Leptomastix dactylopii – Schlupfwespen	65,00	X	X	X	X	X			X	X	X	X		X	X
Woll-Schmierläuse	Leptomastix epona – Schlupfwespen	57,00								X		X		X		
Woll-Schmierläuse	Leptomastidea abnormis – Schlupfwespen	65,00	X							X		X				
Woll-Schmierläuse	Pseudaphycus maculipennis – Schlupfwespen	auf Anfrage									X					
Woll-Schmierläuse	Cryptolaemus montrouzieri – Marienkäfer	65,00	X	X	X	X	X		X	X	X	X	X	X	X	
Deckelschildläuse	Chilocorus circumdatus – Marienkäfer	auf Anfrage										X				
Deckelschildläuse	Chilocorus nigritus – Marienkäfer	221,00										X				
Deckelschildläuse	Lindorus lophantae – Marienkäfer	auf Anfrage										X				
Deckelschildläuse	Aphytis melinus – Schlupfwespen	auf Anfrage										X				
Deckelschildläuse	Encarsia citrina – Schlupfwespen	auf Anfrage										X				
Napfschildläuse	Encyrthus infelix – Schlupfwespen	156,00										X			X	
Napfschildläuse	Metaphycus helvolus – Schlupfwespen	auf Anfrage	X		X		X					X			X	
Napfschildläuse	Coccophagus lycimnia – Schlupfwespen	auf Anfrage										X				
Napfschildläuse	Microterys flavus – Schlupfwespen	120,00										X				
Napfschildläuse	Encyrtus lecaniorum – Schlupfwespen	auf Anfrage										X				
Maiszünsler, Raupen	Trichogramma evanescens – Schlupfwespen	auf Anfrage			X	X		X			X					
Apfel-, Schalenwickler	Trichogramma dendrolimi – Schlupfwespen	auf Anfrage						X								
Raupen	Podisus maculiventris – Raubwanzen	auf Anfrage									X					
Sumpffliegenlarven	Hypoaspis-Arten – Raubmilben	59,00		X	X	X	X		X			X				
Nacktschnecken	Phasmarhabditis hermaphrodita – Nematoden	64,00		X								X				X
Dickmaulrüßlerlarven	Steinernema carpocapsae – Nematoden	53,00		X	X	X	X		X	X		X	X	X	X	
Dickmaulrüßlerlarven	Heterorhabditis sp. – Nematoden	42,00			X	X	X		X	X	X	X	X		X	X

Die Angaben beruhen auf dem Stand November 1998, es können sich laufend Änderungen ergeben, Bitte fragen Sie telefonisch nach.

* Die angegebenen Preise können nur als grobe Orientierung angesehen werden. Bei wesentlich höheren Abnahmemengen können Abschläge erreicht werden.

Sachregister

Im Buch vorkommende Schädlinge, Krankheiten, Wirtspflanzen, Nützlinge (N) und physiologische Wachstumsstörungen.

Literaturnachweis

Die nachfolgenden Werke wurden beim Verfassen dieses Werkes benützt. Sie können dem interessierten Fachmann in Detailfragen weiterhelfen.

Agrar, Landwirtschaft, Chemie, Nahrung, Informationsstelle SGCI 1985

Airwick, Handbuch der Pflanzenpflege, Ciba-Geigy

Alford V.A., Farbatlas der Schädlinge an Zierpflanzen, Enke Verlag, Stuttgart 1997

Alford D.A., Farbatlas der Obstschädlinge, Enke Verlag, Stuttgart 1987

Andermatt Biocontrol AG, Biologischer und biotechnischer Pflanzenschutz im Zierpflanzenbau 1993, Preislisten Gemüsebau, Obstbau, Weinbau und Zierpflanzenbau 1993

Andermatt Biocontrol AG, Handbuch zum Nützlingseinsatz in Gewächshäusern und Innenbegrünung 1996

Autorengruppe VSG, Pflanzenschutz für Gärtner, LLM Zollikofen 1986

Bayer, Gesunde Zierpflanzen, Bayer

Bicknell A., Der Pflanzendoktor, Herder-Verlag 1981

Biologische Bundesanstalt für Land- und Forstwirtschaft, Pflanzenschutzmittelverzeichnis Teil 2 (Gemüsebau, Obstbau, Zierpflanzenbau) 46. Aufl., Saphir Verlag, Ribbesbüttel 1988

Börner Horst, Pflanzenkrankheiten und Pflanzenschutz, Ulmer-Verlag 1983

Bundesamt für das Gesundheitswesen, Der Geltungsbereich der Giftgesetzgebung, EDMZ Bern 1982

Bundesamt für das Gesundheitswesen, Bern, Fachbewilligung für die Verwendung von Pflanzenbehandlungsmitteln im Gartenbau 1998

Chinery Michael, Pareys Buch der Insekten, Parey-Verlag 1987

Colditz Gabriele, Nützlinge und Schädlinge, Naturbuch-Verlag 1982

Crüger G., Pflanzenschutz im Gemüsebau, Eugen Ulmer Verlag, Stuttgart 1991

Eidg. Bundeskanzlei, Bundesgesetz über den Verkehr mit Giften, EDMZ Bern 1982

Eidg. Bundeskanzlei, Verordnung über umweltgefährdende Stoffe, EDMZ Bern 1987

Eidg. Bundeskanzlei, Verordnung über die Fachbewilligung für die Verwendung von Pflanzenbehandlungsmitteln im Gartenbau (VFBG), EDMZ Bern 1993

Eidg. Forschungsanstalt für Wein-, Obst- und Gartenbau, Wädenswil, Verschiedene Publikationen über den Feuerbrand 1997 bis 1998

Escherich K., Die Forstinsekten Mitteleuropas, Parey-Verlag Berlin 1931

FAW Wädenswil, Index Pflanzenbehandlungsmittel 1993/94, EDMZ Bern

Fördergesellschaft «Grün ist Leben», Pinneberg D, Schadbilder an Gehölzen

Greenwood Pippa und Halstead Andrew, Schädlinge und Krankheiten, Mondo-Verlag 1998

Häni F., Dr., Integrierter Pflanzenschutz im Ackerbau, LMZ Zollikofen 1987

Hartmann G., Nienhaus F., Butin H., Farbatlas Waldschäden, Eugen Ulmer Verlag, Stuttgart 1988

Hassan S.A., Albert R., Rost W.M., Pflanzenschutz mit Nützlingen, Ulmer Verlag, Stuttgart 1993

Heddergott H., Taschenbuch des Pflanzenarztes, Landwirtschaftlicher Verlag München 1984

Keller E., Einführung in den Pflanzenschutz, LMZ Zollikofen 1976

Kotte W., Krankheiten und Schädlinge im Obstbau, Parey-Verlag 1960

Kreuter Marie-Luise, Pflanzenschutz im Biogarten, BLV-Verlag 1995

Lamparter B., Nützlingseinsatz im Gemüsebau unter Glas, Bernhard Thalacker Verlag, Braunschweig 1992

Maag, Integrierte Produktion Obstbau 1991

Maag, Ratgeber Pflanzenschutz 1994/95, Maag

Menzinger W. und Sanftleben H., Parasitäre Krankheiten und Schädlinge an Gehölzen, Parey-Verlag 1980

Michel und Umgelter, Pflanzenschutz im Garten, Ulmer-Verlag 1982

Mourier H. und Winding O., Tierische Schädlinge, BLV 1979

Pape H., Krankheiten und Schädlinge an Zierpflanzen und ihre Bekämpfung, Parey-Verlag 1964

Plüss Stauffer AG, Biologischer Pflanzenschutz im Gewächshaus 1994

Sachweh U., Grundlagen des Gartenbaus, Der Gärtner 1, Ulmer-Verlag 1987

Schmid O. und Henggeler S., Biologischer Pflanzenschutz, Ulmer-Verlag 1984

Siegfried Agro AG, Preisliste und Empfehlungen 1994

Stahl, Dr., und Sohn, Nebelmethode im Pflanzenschutz und Pulsfogmethode, Dr. Stahl und Sohn, D-Ueberlingen 1986

Stahl, Umgelter, Jörg, Merz, Richter, Pflanzenschutz im Zierpflanzenbau, Ulmer Verlag, Stuttgart 1993

Steiner H., Nützlinge im Garten, Ulmer-Verlag 1985

SUVA, Merkblatt Gift, Suva Luzern

Bildnachweis

Dieses umfangreiche Fachbuch über Krankheiten und Schädlinge im Bereich Zier- und Nutzpflanzen konnte nur dank der grosszügigen Mithilfe der nachgenannten Firmen, Institutionen und Fachleute realisiert werden. Einen besonderen Dank richten wir an die Firma Dr. R. Maag AG in Dielsdorf, insbesondere an deren Beratungsdienst. Die Firma hat uns das umfangreiche Bilderarchiv zur freien Auswahl zur Verfügung gestellt und bei fehlenden Quellenangaben die notwendigen Literaturhinweise vermittelt.
Grosser Dank gebührt auch Herrn Walter Dürig, diplomierter Gärtnermeister und Fachberater der Firma Dr. R. Maag AG, der ebenfalls seine Bilder zur Verfügung stellte und uns aus seinem langjährigen Erfahrungsschatz viele Hinweise gab.
Auch die Firma Andermatt, Biocontrol AG, in Grossdietwil, darf nicht unerwähnt bleiben. Im Bereich Nützlinge für den Gartenbau sind sie Pioniere und so durften wir aus ihren Dokumentationen und ihrem reichen Fachwissen grosse Hilfe erfahren.
Der Feuerbrand, die gefürchtete Bakterienkrankheit besonders an Obstplantagen und an Ziersträuchern, ist neu in der 3. Auflage aufgenommen worden. Die Eidgenössische Forschungsanstalt für Wein-, Obst- und Gartenbau in Wädenswil hat ihrerseits umfangreiches Bild- und Aufklärungsmaterial zur Verfügung gestellt. Ihr und insbesondere Herrn Dr. Th. Hasler der beste Dank.

Bildnachweis

Andermatt Biocontrol AG, Grossdietwil: 31c, 32b, 33b, 34a, 35a, 35b, 35d, 35e, 36a, 37a, 37b, 39a, 39b, 40a, 41c, 118c; *Biobest:* 30b, 31a, 31e; *Biohelp:* 37c; *Biolab:* 32a, 34b; *Biotop:* 38b; *Helmut Haardt:* 31d, 33a

A. Auer †, Schaffhausen: 25a, 29a, 29b, 29c, 41b, 41d

Moritz Bürki, Langendorf: 11a, 11b, 11c, 11d, 13a, 13b, 13c, 13d, 16a, 16b, 16c, 16d, 19a, 19b, 19c, 19d, 20a, 20b, 20c, 23a, 23c, 24a, 24b, 24c, 24d, 26c, 33d, 35c, 35e, 37e, 39c, 40c, 41a, 42a, 42b, 42c, 42d, 44a, 44b, 45a, 45b, 45c, 45d, 45e, 46b, 47b, 47c, 47d, 47e, 49a, 49b, 49c, 52a, 53a, 57a, 57b, 67b, 67d, 69b, 71a, 76b, 77a, 77b, 79a, 79b, 82b, 82c, 82d, 83a, 83b, 83c, 85b, 87a, 87b, 90c, 90d, 95c, 101b, 104a, 104b, 104c, 107a, 107b, 108b, 109b, 111d, 112c, 115a, 116b, 121a, 121c, 121d, 122e, 127c, 130b, 132b, 138a, 138b, 149b, 150a, 151b, 151d, 153b, 154a, 154b, 154c, 155a, 159a, 159c, 160c, 161c, 163a, 163c, 168a, 168d, 170a, 171b, 177a, 177b, 178b, 179a, 179b, 180c, 181a, 182a, 189a, 189b, 190b, 191d, 193b, 202a, 209a, 212a, 212c, 216a, 217a, 217b, 218c, 219b, 223a, 223b, 227a, 227b, 227c, 228c, 229a, 229b, 231c, 231d, 234b, 234d, 237c, 242b, 243a, 244e, 245b, 245c, 246a, 247b, 248a, 249a, 250b, 251a, 252a, 252b, 253b, 254a, 254b, 254c, 254d, 257a

Walter Dürig †, Roggwil: 17a, 25b, 25c, 26a, 28a, 60b, 61a, 61b, 61c, 62a, 62b, 63b, 63d, 64a, 65b, 65c, 66a, 66b, 67a, 67c, 68a, 68c, 69a, 69c, 69d, 69e, 70a, 70b, 70c, 71b, 72c, 73c, 74a, 74b, 74c, 75a, 75b, 75c, 75d, 75e, 76a, 80a, 81a, 82e, 87c, 87d, 88a, 89a, 89b, 89c, 89d, 90a, 90b, 91a, 92a, 94a, 94b, 95b, 97b, 97c, 98a, 98b, 99a, 102a, 103b, 103c, 105a, 105b, 105c, 106a, 106c, 108a, 110d, 114c, 119a, 120a, 122c, 123a, 123b, 124c, 125b, 128b, 129c, 130a, 131a, 131b, 133a, 133b, 135c, 139a, 140c, 141a, 145b, 147a, 147b, 147d, 148b, 149c, 150c, 151c, 152b, 156a, 158b, 158c, 159b, 160b, 161a, 161b, 162a, 165a, 166a, 166b, 167a, 168c, 169a, 169b, 169c, 171a, 172c, 174a, 174b, 175b, 176b, 176c, 177c, 178a, 178c, 180c, 181b, 181c, 181d, 182b, 182c, 182d, 183a, 184c, 185a, 186a, 186b, 186c, 187a, 187b, 187c, 188b, 188c, 191a, 191c, 192a, 192b, 196a, 196b, 196c, 197a, 197b, 198a, 198b, 199a, 199c, 200b, 200c, 200d, 201a, 201c, 202b, 204b, 205a, 207c, 208a, 208b, 209b, 210a, 210b, 210c, 213a, 216b, 217c, 220a, 220b, 221a, 221b, 221c, 225b, 226a, 226b, 228b, 229c, 232a, 232b, 233b, 234a, 236d, 242c, 243b, 247a, 249c, 249d, 251b, 253c, 255b

Eidgenössische Forschungsanstalt für Wein-, Obst- und Gartenbau, Wädenswil: 23b, 26d, 31b, 31d, 33c, 38a, 39d, 39e, 82a, 119b, 235a, 235b, 238a, 238b, 239a, 239b, 239c, 239d, 240a, 240b, 240c, 240d, 240e, 240f, 241a, 241b, 241c, 241d

Bernhard Frutschi, Koppigen: 53b, 53c, 56a, 56b

Werner Grossmann, Ersigen: 244c, 244d

Philipp Gut, St. Urban: 156b, 156c, 157c

Firma Dr. Rudolf Maag AG, Dielsdorf: 27a, 27b, 27c, 27d, 28b, 28c, 33e, 36b, 57c, 60a, 63a, 63c, 64b, 64c, 65a, 68b, 72a, 72b, 73a, 73b, 73d, 78a, 78b, 79c, 79d, 80b, 80c, 81b, 81d, 84a, 85a, 86a, 86b, 86c, 88b, 88c, 88d, 91b, 92b, 92c, 93a, 93b, 95a, 96a, 96b, 97a, 99b, 100a, 100b, 101a, 101c, 102b, 102c, 102d, 103a, 106b, 109c, 109d, 110a, 110b, 110c, 113a, 113b, 114a, 114b, 114d, 115b, 116a, 116c, 116d, 117a, 117b, 117c, 117d, 118a, 118c, 120b, 120c, 121b, 122a, 122b, 124a, 124b, 125a, 126a, 127a, 127b, 128a, 128c, 129a, 129b, 130c, 132a, 133c, 134a, 134b, 136a, 136b, 136c, 137a, 137b, 137c, 139b, 140a, 140b, 141b, 142a, 143a, 144a, 144b, 145a, 146a, 146b, 146c, 146d, 147c, 148a, 149a, 150b, 151a, 152a, 152c, 157a, 157b, 158a, 160a, 167b, 168b, 170b, 170c, 170d, 172a, 172b, 173a, 173b, 173c, 174c, 175a, 176a, 180a, 180b, 183b, 183c, 183d, 184a, 184b, 185b, 188a, 190a, 190c, 191b, 193a, 194a, 194b, 195a, 195c, 199b, 200a, 201b, 203a, 203b, 205b, 205c, 205d, 206a, 206b, 207b,

209c, 211b, 211c, 212b, 214a, 214b, 215a, 215b, 215c, 217d, 218a, 218b, 218d, 219a, 222a, 222b, 224a, 224b, 224c, 225a, 225d, 228a, 231a, 231b, 233a, 233c, 235c, 236a, 236b, 236c, 237a, 237b, 242a, 245a, 246b, 249b, 250a, 252c, 253a, 253d, 255a, 255c, 256a, 256b, 256c, 257b, 258a, 258c

Plüss Stauffer AG, Oftringen: 40b

Wolfgang Schloz, Egg: 81c, 98a, 109a, 111a, 111b, 111c, 112a, 112b, 119d, 126b, 135a, 135b, 142b, 143b, 153a, 153c, 155b, 159d, 171c, 187d, 194c, 195b, 207a, 207d, 211a, 213b, 215d, 215e, 220c, 225c, 230a, 230b, 244a, 244b

Fachhochschule Weihenstephan D: 30a, 37d

Fritz Wiedmer †, Bellach: 40d, 45a, 46a, 47a, 258b

Schweizerische Zentrale für Obstbau, Koppigen: 122d, 162b, 162c, 163b, 257c

Total 700 Farbbilder

Bezugsquellen der Nützlinge in Deutschland

AGRINOVA, Biologische Präparate, Hauptstrasse 13, 67283 Obrigheim-Mühlheim, Telefon: 06359/96811, Fax: 06359/3214

AMW Nützlinge GmbH, Außerhalb 54, 64319 Pfungstadt, Telefon: 06157/990595, Fax: 06157/990597

BioNova, Gesellschaft für angewandte Biologie mbH, Josefstrasse 102–104, 41462 Neuss, Tel.: 02131/541071, Fax: 02131/541072

Flora Nützlinge, Biologischer Pflanzenschutz, Diakonisches Werk, Friedhofstrasse 1, 15517 Fürstenwalde, Telefon: 03361/301088, Fax: 03361/590840

MERULIN, Gartenbauservice Gmbh & Co. KG, Karl Aernold Strasse 25, 47638 Straelen, Telefon: 02834/9190, Fax.: 02834/919210

W. Neudorff GmbH KG, Abt. Nutzorganismen, Postfach 1209, 31857 Emmertal, Telefon: 05155/6240, Fax: 05155/624246 oder 6010

PK-Nützlingszuchten, Industriestrasse 38, 73642 Welzheim, Telefon: 07182/4326, Fax: 07182/3962

Öre-Bio-Protect GmbH, Kieler Strasse 41, 24223 Raisdorf, Telefon: 04307/6981, Fax: 04307/7128

re natur GmbH, Hof Aqua Terra, Am Pfeiffenkopf 9, 24601 Stolpe, Telefon: 04326/98610, Fax: 04326/98611

Sautter & Stepper GmbH, Rosenstrasse 19, 72119 Ammerbuch, Telefon: 07032/957830, Fax: 07032/957850

STB Control, Schwenk Technologie Biologischer Pflanzenschutz, Schaltenbach 1, 65326 Aarbergen, Telefon: 06120/900870, Fax: 06120/900871

Temmen GmbH, Postfach 1451, 65783 Hattersheim, Telefon: 06145/9919-0, Fax: 06145/9919-19

Hatto Welte, Biologischer Pflanzenschutz, Maurershorn 10, 78479 Insel Reichenau, Telefon: 07534/7190, Fax: 07534/1458

Wilhelm Biologischer Pflanzenschutz GmbH, Neue Heimat 25, 74343 Sachsenheim, Telefon: 07046/2386, Fax: 07046/12198

Bezugsmöglichkeiten von Gelb- und Blautafeln in Deutschland

Aeroxon GmbH, Schädlingsbekämpfungsmittel, Postfach 1471, 71304 Waiblingen, Telefon: 07151/17150, Fax: 07151/171530

IVOG, H. Schneider, Almenrauschstrasse 5a, 86179 Augsburg, Telefon: 0821/881490

W. Neudorff GmbH KG s. l.

Sautter & Stepper GmbH s. l.

Temmen GmbH s. l.

Hatto Welte s. l.